こどもと読む東洋哲学

易《えき》経《きょう》

自分の足で歩いていくってどういうこと？

青《せい》龍《りゅう》の巻

竹村亞希子
都築佳つ良

新泉社

易経《えききょう》　青龍《せいりゅう》の巻

～自分の足で歩いていくってどういうこと?～

竹村亞希子
都築佳つ良

もくじ

※『こどもと読む東洋哲学　易経《えききょう》　陽《よう》の巻』『こどもと読む東洋哲学　易経《えききょう》　陰《いん》の巻』の続編《ぞくへん》です。

第二部 自分の磨《みが》き方

登場人物

天野《あまの》乾太《けんた》
谷岡《たにおか》美歩《みほ》
テツ（山岡《やまおか》鉄生《てつお》）
観崎《かんざき》先生《せんせい》（ラブちゃん）
マキさん（牧田《まきた》部長）
沖永《おきなが》さん

お母さん（天野《あまの》時子《ときこ》）

弟（天野《あまの》坤太《こんた》）

お父さん（天野《あまの》孚《まこと》）

ゴロさん（大地雷蔵《だいちらいぞう》）

おじいちゃん（天野《あまの》龍之助《たつのすけ》）

田中《たなか》　純《じゅん》
ミヤ（宮崎《みやざき》明人《あきひと》）
ハル（川田《かわだ》晴孝《はるたか》）
富永《とみなが》春香《はるか》
内野《うちの》　剛《つよし》
秋本《あきもと》かなえ

イラスト：黒崎玄
ブックデザイン：守先正

高校の入学式が終わってから、ぼくは乾惕堂《けんてきどう》へ行った。ゴロさんはじいちゃんの幼《おさな》なじみで、ぼくの『易経《えききょう》』の先生だ。鬼《おに》がわらみたいなおっかない顔をしていて、ガマガエルの親分のような声で話す。

ゴロさんが営《いとな》む乾惕堂《けんてきどう》は古典《こてん》ばかりをあつかう、ちょっと変《か》わった本屋だ。はじめて乾《けん》惕堂《てきどう》に行ったのは、小学五年生の夏休みだった。ゴロさんはおっかなくて、「もう行きたくねー！」って何度思ったことか。でも、不思議《ふしぎ》とまたすぐに会いたくなるんだ。

「高校に入学しました」と報告《ほうこく》したら、ゴロさんはニカッと笑《わら》って、またぼくがドキッとするようなことを言った。「おめでとう。早いもんだな、もう高校生か。これからはしっかりと将来《しょうらい》を描《えが》いていくんだぞ。ぼやぼやしていたら三年なんてあっという間だからな」

そう言われたら、急に中学生の気分から高校生にスイッチが切り替《か》わって、「将来《しょうらい》」っていうものが、ぐん！　と近づいてきた気がしたんだ。そういえば、お父さんも高校二年生になったら、もう大学のことを決めなくちゃならないって言ってたな。

将来《しょうらい》か……。ぼくは本当にパイロットになりたいんだろうか？　今は野球のことで頭がいっぱいで、打ち立てたはずの志《こころざし》を忘《わす》れがちになっている。

前にゴロさんは、「志《こころざし》はほうっておけば、しぼんでいくんだぞ」って言っていたけれど、本当にしぼんでいくものなんだな。

『易経《えききょう》』の龍《りゅう》の話と、牝馬《ひんば》の話、両方を勉強して、少し成長《せいちょう》できたかなと思っている。でも、ぼくの将来《しょうらい》はもやがかかったみたいにまだはっきりしていない。これから、しっかりした志《こころざし》を打ち立てることができるだろうか？

まだまだ学ぶことはたくさんありそうだ。

第一部 一人歩きのはじまり

アクシデント発生！

1

順応《じゅんのう》高校に入学して今日で三日目。

「高校って自由だなー！」と感激《かんげき》しっぱなしだ。たとえば、昼食の弁当《べんとう》は、自分のクラスの教室で食べてもいいし、ほかの教室やクラブの部室、中庭のテーブルで食べてもいいんだ。学食もあって、日替《ひが》わり定食、カツ丼《どん》、カレーライス、オムライス、ラーメン、うどん、プリンまでなんでもある。

スマートフォンは授業《じゅぎょう》や行事の最中《さいちゅう》に使ったり、大きな音を出したりしなければ、なにも言われない。昼休みはみんなスマホやタブレットを使いながら、ワイワイガヤガヤ話している。

校則《こうそく》はそんなに厳《きび》しくないみたいだ。アルバイトも学校に届《とど》けを出して、許可《きょか》されたらやってもいいらしい。とはいっても、部活があるからバイトなんてできないな。

入学前にじいちゃんにいろいろ学校のことを聞いても、「まあまあ、行けばわかるだろう」って、なんにも答えてくれなかった。今はなんでそう言ったのかわかったよ。

ぼくのじいちゃんは、十年前までこの順応《じゅんのう》高校の校長だった。でも、じいちゃんや両親に順応《じゅんのう》に入りなさいと言われたわけじゃない。じいちゃんが校長だった学校ってどんなところだろうって前から気になっていて、自分から受験《じゅけん》したいと言ったんだ。

この学校に入りたいと思ったのは、順応《じゅんのう》高校の卒業生《そつぎょうせい》でじいちゃんの教え子だった謙介《けんすけ》兄ちゃんの影響《えいきょう》もある。ぼくも弟の坤太《こんた》も、小さい頃《ころ》からよく遊んでもらった。謙介《けんすけ》兄ちゃんは男らしくて、やさしい。泰平《たいへい》中学の不良《ふりょう》にすごまれた時も助けてもらった。

幼稚園《ようちえん》から中学までずっと一緒《いっしょ》だった剛《つよし》は、空手部の強豪校《きょうごうこう》、貞徳学園《ていとくがくえん》高校に入った。でかい剛《つよし》がそばにいないっていうのははじめてで、まだ慣《な》れないせいか、体のまわりの空気がスカスカした感じがする。

ミヤと純《じゅん》は、県立八陽《はちよう》高校に入った。ハルは星光大学付属《せいこうだいがくふぞく》の中高一貫校《ちゅうこういっかんこう》に通っているから、そのまま高等部に進んだ。小学校から仲《なか》のいい友だちと離《はな》れて一人になって寂《さみ》しいかと思ったら、意外と平気なんだ。みんなとはしょっちゅう会っているからさ。

同じ化成《かせい》中学から順応《じゅんのう》高校に入ったのは三人だけで、そのうち一人が秋本《あきもと》かなえ。小学一年生から同じスイミングスクールに通っていて、合唱団《がっしょうだん》でも一緒《いっしょ》だった。そして中学、高校と同じ学校に通うことになった。ぼくの初恋《はつこい》はずーっと片思《かたおも》いのまま継続中《けいぞくちゅう》。かなえはかわいいから中学でモテまくり、ハルとつきあったり、剛《つよし》を好《す》きだと言ったり、気持ちを打ち明けることもないまま、二度も失恋《しつれん》した。今はまあ、ふつうよりちょっと仲《なか》がいい友だちで、この距離感《きょりかん》でいいやって思っている。入学式のあと、かなえはすぐに五、六人の女子でグループになって、すでに学年の中でも目立っている。

ぼくは野球部に入るという杉田勝《すぎたまさる》と席《せき》がとなりになって、よく話すようになった。まだ、ほかの同級生とはあまり話していない。

2

今日は新入生歓迎会《かんげいかい》があって、上級生が部活動の紹介《しょうかい》をした。そのあと、各部の見学会と仮入部《かり》の受付《うけつけ》があって、ほかの生徒《せいと》はあちこちの部室をのぞいたりしていたけど、もちろんぼくは野球部に直行して届《とど》けを出した。化成《かせい》中学野球部の元キャプテンの黒木先輩《くろきせんぱい》にも会って、あいさつした。来週からはじまる練習が楽しみだ。

順応《じゅんのう》高校は野球部専用《せんよう》のグラウンドが二年前にできて、部員が六十名近くにふえたそうだ。順応《じゅんのう》高校を受験《じゅけん》すると決めた時、化成《かせい》中学野球部の美村監督《みむらかんとく》に「順応《じゅんのう》なら甲子園《こうしえん》も夢《ゆめ》じゃないぞ」と言われた。それをお父さんに話したら「乾太《けんた》、お父さんは行けなかったけど、がんばって甲子園《こうしえん》に行け！」と、ぼくよりも熱《あつ》くなっていた。

「けんたー！　乾太《けんた》！」

今日、一年生は早めの下校になって、下駄箱《げたばこ》の前で靴《くつ》を履《は》きかえていたら、かなえが大声を出しながら、すごいいきおいでこっちに走ってきた。

「これ、持ってて！」

そう言うと、自分のスクールバッグをぼくの胸《むね》に押《お》しつけた。そして、片手《かたて》にスマホだけ持ったかなえは、クルッとぼくに背中《せなか》を向けて走りだした。

「なんだよ！　これ、どうするんだよ」

「新藤《しんどう》くんがいるの！　写真撮《と》ったら戻《もど》ってくるから、待っててえ！」

かなえはピョンピョンはねながら校庭のほうへ走っていった。まわりにはほかの生徒《せいと》がたくさんいて、ぼくを見てクスクス笑《わら》っている。

新藤先輩《しんどうせんぱい》は、例《れい》の万引《まんび》き事件の時にぼくと剛《つよし》とミヤと、一緒《いっしょ》にスーパーでつかまったあの人だ。あれから新藤先輩《しんどうせんぱい》はもう一度、サッカーをやるために順応《じゅんのう》高校のサッカー部に入った。去年の全国大会では新藤先輩《しんどうせんぱい》が活躍《かつやく》して、ベスト4まで勝ち進んだそうだ。今では学校のスター的存在《てきそんざい》で、歓迎会《かんげいかい》でも一年生の女子がキャーキャー騒《さわ》いでいた。どうやら、かなえもその一人だったんだな。

少しして戻《もど》ってきたかなえは、「サンキュ！」とバッグを受けとると、女子仲間《なかま》とサッサと帰っていった。まったく、なんでカバン持ちしなきゃいけないんだよ。ムカつきながら、ちょっぴり喜《よろこ》んでいる自分がいて複雑《ふくざつ》な気分だ。チクショー。

3

朝、駅から学校へ向かう道を一人で歩いていた。高校で剛《つよし》、ミヤ、純《じゅん》、ハルみたいになんでも話せる仲間《なかま》ができるとはまだ思えなかった。少し仲《なか》よくなった杉田勝《すぎたまさる》からも「天野《あまの》くん」なんて呼《よ》ばれて、ぼくも「杉田《すぎた》くん」なんて呼《よ》んでるしさ。

「乾太《けんた》！」

そんなことを思っていたら、いきなり後ろから呼《よ》びとめられて、びっくりした。

「靴《くつ》ひも、ほどけてるよ」

「あっ、ほんとだ」

顔を見て、ああ、同じクラスで窓側《まどがわ》の一番後ろの席《せき》に座《すわ》っているヤツだとわかった。名前は……、たしか、山なんとかだったかな。まだ話したこともないのにどうしてだ？

道路の脇《わき》によけて、ひもを結《むす》んでいる間にそいつはスーッと歩いていってしまった。結《むす》びおわって走って追いかけた。

「ありがと！　なんでおれのこと？」

「昨日《きのう》、元気がいい女子にそう呼《よ》ばれてただろ。一発で覚《おぼ》えたよ」

かなえだ。あんな大声で呼《よ》ぶからだよ。

「ごめん、名前、なんだっけ」

「おれ？　山岡《やまおか》です！　よろしく。ハハ！　鉄生《てつお》だからテツでいいよ」

おどけて笑《わら》った顔が涼《すず》しげで、さわやかな風が吹《ふ》いたような気がした。

それからはテツがぼくを「乾太《けんた》」と呼《よ》ぶから、同級生から乾太《けんた》と呼《よ》ばれるようになって、だいぶ友だちらしくなってきた。テツのおかげっていうか、かなえのおかげか。

うちのクラスはほかのクラスに比《くら》べておとなしめで、和気あいあいとした雰囲気《ふんいき》だ。

そんな中、テツだけはちょっと異色《いしょく》なんだ。顔は悪くないのにあまり見かけを気にしないのか、髪《かみ》はいつもボサボサ。話せば明るくて気さくなヤツだけど、みんなでワイワイ話していると、気がつくと一人でスッとどこかに消えている。少し変《か》わってるみたいだ。

杉田《すぎた》と野球部の話ばっかりしていたら、野球部に入るという富沢《とみざわ》と中西《なかにし》も加《くわ》わってきて、四人でいることが多くなった。

みんな少年野球からはじめていて、中学でもクラブチームに所属《しょぞく》して硬式《こうしき》野球をしてきたという。それぞれ中学もチームも違《ちが》うけれど、練習試合《じあい》や大会で対戦《たいせん》したことがあって、顔見知《かおみし》りらしい。

小学一年生からずっとピッチャーをやってきた富沢《とみざわ》は、スポーツ推薦《すいせん》で順応《じゅんのう》に入ったそうだ。クラブチームで子どもの頃《ころ》から野球に打ちこんできた三人の話に、ぼくは時々ついていけなかった。

順応《じゅんのう》高校に受かった時、黒木先輩《くろきせんぱい》から「順応《じゅんのう》へ入ったらそうとうがんばらないと試合《しあい》に出られないぞ」と、言われた。黒木先輩《くろきせんぱい》はピッチャーからファーストにポジションを転向して、レギュラーになれたと聞いた。中学でエースだった先輩《せんぱい》がピッチャーになれないくらいだから、自分のことも少しは想像《そうぞう》はついていた。

順応《じゅんのう》高校の野球部員は、二年生、三年生が合わせて四十三名。仮入部の新入生は二十九名もいる。

仮《かり》入部して最初《さいしょ》に三年生のエースピッチャーの球を見た時は、さすが高校野球だな〜と驚《おどろ》いた。二年生のピッチャーも速い球を投げる。

ほかのポジションもレギュラー入りを目指して、競争《きょうそう》が激《はげ》しそうだ。ぼくは今のままじゃピッチャーにはなれそうもない。でも、だれよりも努力《どりょく》して、ピッチャーでレギュラー入りしたい。

四月いっぱいは仮入部《かり》だから、軽い練習や球拾いだろうと思っていたら、ずっと走らされて終わりだった。毎朝、ランニングを続《つづ》けてきたから持ったようなものの、思っていたよりもかなりきつい。二回目の練習のあと、三人がやめていった。

このくらいでやめるなんて考えられないよ。ぼくは龍《りゅう》のように前へ進み、牝馬《ひんば》のようにしぶとくやるぞ。

4

日曜日の午後、壁当《かべあ》ての投球練習ができる川の森公園へ行くことにした。仮入部《かり》の一年生は日曜日の練習はまだないから、今から自主練してがんばらないと。

「ただいま。あら乾太《けんた》、出かけるの？　まだ小雨が降《ふ》ってるわよ」

玄関《げんかん》で靴《くつ》を履《は》いていたら、ばあちゃんが買いものから帰ってきた。

「うん、天気予報《よほう》だと雨はもうすぐ止《や》むでしょ。川の森公園まで行ってくる」

「ずいぶん遠くまで行くのね」

「自転車ならすぐだよ、行ってきます！」

自転車に飛《と》び乗って急いで走り出したら、背中《せなか》のほうから、「気をつけて行くのよー」とばあちゃんの声がした。

河川敷《かせんじき》に向かう長い坂道を下《くだ》って、角を曲がろうとしてブレーキをちょっとかけた時だった。ズルッと自転車のタイヤが滑《すべ》った。

「わっ！」

一瞬《いっしゅん》のことでどう転んだかわからなかった。右ひじのあたりでバキッと鈍《にぶ》い音がして、激痛《げきつう》が走った。自転車が道路の脇《わき》までザーッと音を立てて滑《すべ》っていくのが見えた。

「痛《い》ってえ……」

腕《うで》を押《お》さえて、しばらくうずくまっていた。

立ちあがって、自転車を起こそうとしたら、右ひじが猛烈《もうれつ》に痛《いた》くて伸《の》ばせなかった。

これじゃ、とても投球練習なんてできない。ヤバイな……家に帰って早く冷《ひ》やさないと。

なんとか片手《かたて》で自転車を押《お》して、坂道を登って家に帰った。

「ただいま」

「乾太《けんた》？　もう帰ってきたの？」

家族はみんな出かけていて、家にはばあちゃんしかいなかった。

「うん、自転車でコケちゃってさ」

「ええ！　やだ、血が出てるじゃないの」

ばあちゃんはぼくの姿《すがた》を見るなりびっくりして、救急箱《きゅうきゅうばこ》を取りに行った。そう言われたら、右足のひざのあたりもヒリヒリしていた。見るとジャージが少しすり切れていて血がにじんでいた。

ひざのすり傷《きず》は大したことはなかった。それよりひじのほうが痛《いた》かったから、すぐに野球で肩《かた》を冷《ひ》やす時に使っている氷《ひょう》のうで冷《ひ》やした。すぐ治《おさ》まるかと思ったけれど、冷《ひ》やしても痛《いた》みが引かなかった。

それからまもなく、お母さんが帰ってきて大騒《おおさわ》ぎになった。

頭は打ってないかと心配したと思ったら、自転車は気をつけなさいといつも言っているのにと怒《おこ》られた。それから、ぼくのひじを見て顔色が変《か》わった。

「ひじの形が変《へん》じゃない！　救急《きゅうきゅう》で病院に行かないと！」

「いいよ、大したことないって！　頭は打ってないし、病院はいいよ」

大丈夫《だいじょうぶ》だと思いたい気持ちと、お母さんのあわてた様子を見て、病院に行くのがおっかなくなった。しばらく抵抗《ていこう》していたら、名古屋《なごや》に単身赴任《たんしんふにん》しているお父さんに電話したらしい。お父さんからぼくのスマートフォンに「今すぐ、病院に行け！」とメッセージが送られてきた。

5

西南総合病院《せいなんそうごうびょういん》の薄暗《うすぐら》い待合ロビーの椅子《いす》に腰《こし》かけて、しばらくぼーっとしていた。

松葉杖《まつばづえ》をついた人が前をゆっくり横切っていく。足をギプスで固《かた》められて、骨《ほね》を折《お》ったのかな、痛《いた》そうだ。きっと腕《うで》にギプスして包帯《ほうたい》グルグル巻《ま》きのぼくも、あの人みたいに痛《いた》そうに見えるんだろうな。あんなにあせって自転車を飛《と》ばすことなかったんだよな。今さら後悔《こうかい》しても遅《おそ》いけど。

「乾太《けんた》、帰るわよ」

会計の窓口《まどぐち》のほうから、お母さんが戻《もど》ってきた。

「あの先生さ、大げさだよね？　そんなに痛《いた》くないから、もっと早く治《なお》るよ」

「そうだといいけどね」

「三か月も投げられないって、ムリだよ」

右ひじはけっこうひどいケガだった。関節《かんせつ》が外《はず》れて脱臼《だっきゅう》していたから、関節《かんせつ》を元に戻《もど》すために腕《うで》をぐーっと引っぱられて、グリグリされて、ギャー！　っと叫《さけ》びそうになるくらい痛《いた》かった。骨《ほね》は折《お》れてないのに、こんな大げさなギプスをつけられるとは思わなかった。

中学からピッチャーをやっていると整形外科の先生に話したら、検査《けんさ》したひじの写真をもう一度見直して、「ピッチャーか、うーん」と、うなった。それから、「くわしい検査《けんさ》の結果《けっか》を見てからですけど、投球ができるようになるまで少なくとも三か月はかかるかな」なんて言ったんだ。

「ひじは野球で負担《ふたん》がかかるところだから、しっかり治《なお》しましょうって、先生が言ってたじゃない。言うことを聞いて、早く治《なお》さないとね」

お母さんがちょっと困《こま》ったような顔をして、ぼくの背中《せなか》をなぐさめるようになでてからポンポンと二回、やさしくたたいた。まったくもう。子どもじゃないんだからさ！　背中《せなか》の手を振《ふ》りはらうようにして立ちあがった。

病院から帰ってきたら、お父さんから電話があった。

お母さんが病院でメモしていた診断結果《しんだんけっか》をお父さんに話している。ぼくは後ろからそのメモをのぞきこんだ。

（右ひじ脱臼《だっきゅう》、靭帯損傷《じんたいそんしょう》。ギプスは三週間の予定、その間は運動禁止《きんし》。投球ができるまでに三か月以上かかるかもしれない）

でも、ぼくはまだ医者の診断《しんだん》を信《しん》じていなかった。

「乾太《けんた》、お父さんが代われって」

お母さんがぼくに電話を差《さ》しだす。

「ああ、乾太《けんた》、骨折《こっせつ》していなくてよかったけれど、治《なお》るまでに少しかかりそうだな。まあ、あせらずにしっかり治《なお》せよ」

（大丈夫《だいじょうぶ》だ、すぐに治《なお》るぞ！）って、言ってくれると思ったのにな。

「うーん、でも、そんなに長くかかるかなあ。ギプスが取れたら、気をつけて練習すればいいんだろ？」

「いや、靭帯《じんたい》も痛《いた》めていたらしばらくは投球はできないな」

電話の向こうでお父さんは少し黙《だま》ってからフウーッと息をはいた。三か月も投げられないって本当なんだ……　まじかよ。

中学野球部の美村監督《みむらかんとく》からよく「そんな投げ方じゃ、ひじを痛《いた》めるぞ！」って怒《おこ》られて、直された。野球ひじとか、野球肩《かた》っていうのは骨《ほね》や靭帯《じんたい》を痛《いた》めてしまうことだとは知っている。それにしても野球じゃなくて転んで痛《いた》めてしまうなんて。右腕《みぎうで》のギプスをあらためて見たら、やっぱり、ただごとじゃないんだよなと思って、がっくりきた。

それからお父さんは「少しの辛抱《しんぼう》だ。がんばれよ」とか、励《はげ》ましてくれた。うん、うんと相づちを打ったけれど、頭の中が真っ白でほとんど聞いていなかった。夕飯《ゆうはん》の時も、お母さんとじいちゃん、ばあちゃんが励《はげ》ましたり、なぐさめたりしてくれたんだ。だけど、それにもなんだかイラついた。そう簡単《かんたん》に納得《なっとく》できないよ。

「大丈夫《だいじょうぶ》だって！　ギプスが取れたら投げられるよ」

「投げたら治《なお》らねんじゃやね？」

テレビを見ていた弟の坤太《こんた》がぼくのほうを振《ふ》りかえって、神妙《しんみょう》な顔で言う。ふだんなら言い返すところだけど、今日はなんだか説得力《せっとくりょく》がある。

「そっか……」

みんなに同情《どうじょう》されて、なんだか居心地《いごこち》が悪くて、ぼくは自分の部屋に行った。

「うっそだろー！」

部屋のドアをいきおいよく閉《し》めてから叫《さけ》んで、ベッドに寝転《ねころ》がった。

まだ仮入部して十日も経《た》ってない。練習できなきゃどうしたらいいんだよ。


「こんばんはー！」

でかい声で剛《つよし》が来たとすぐにわかったけど、ぼくは部屋でベッドにあおむけになったまま、起きあがれなかった。お母さんと剛《つよし》が話す声がしてから、ドス、ドスと今度はでかい足音がこっちに近づいてきた。

「おーい、入るぞー」

ドアが開いて剛《つよし》が入ってきたら、重くよどんでいた部屋の空気がスーッと晴れた気がして、ぼくはようやく起きあがった。

「おお、剛《つよし》」

「おお、じゃねーよ。ひじ、どうしたかと思ってさっき乾太《けんた》に電話したら出ないからさ、来たほうが早いやと思って」

そういえば、買ってもらったばかりのスマホを居間《いま》に置《お》きっぱなしだった。病院に行く前に、剛《つよし》から「ちょっと行っていいか？」とメッセージが来たので、自転車でコケてひじ痛《いた》めたから病院行くって返信《へんしん》したんだ。

「そっか、ごめん、ごめん。しばらく投げられないってさ」

「うん、今、おばさんに聞いた。けっこう重傷《じゅうしょう》なんだな」

剛《つよし》は心配そうな顔で腕《うで》のギプスを見た。剛は高校では空手部に入ると決めて、野球はもうやらないのに、ぼくのために春休みも投球《とうきゅう》練習につきあってくれたんだ。自分の不注意《ふちゅうい》でこんなことになって、申し訳《わけ》ない気持ちがした。

「野球じゃなくて、転《ころ》んでこんなんなってさあ、おれ、だっせーよな、へへ」

笑《わら》った顔が引きつっているのが自分でもわかった。

「痛《い》ってえだろ？　おれも小学生の時、ひざの靭帯《じんたい》を痛《いた》めたろ。すっげえ痛《いた》かったよ。でも今はなんともないから治《なお》るよ」

そうだ、剛《つよし》は三年生くらいの時に一か月くらい足を引きずってたことがあった。じゃ、しばらくすれば、治《なお》るんだなと少し気持ちが軽くなった。

でも、剛《つよし》が帰ったあと、また一人でドーンと落ちこんだんだ。中学でも、入ってすぐ万《まん》引《び》きについていってしまって、野球ができなかった。よりによって今度も自分の失敗《しっぱい》だ。これじゃ牝馬《ひんば》にもなれないじゃないか。龍《りゅう》がどんどん遠くに去っていくような、そんな気がした。

6

ギプスをした腕《うで》で学校へ行くのは、えらく恥《は》ずかしかった。

制服《せいふく》のジャケットの袖《そで》に腕《うで》が通ればギプスは隠《かく》れると思って、入れようとがんばってみたけど、入るわけないよな。仕方なくジャケットの右側の袖《そで》は肩《かた》にかけていった。

教室に行く途中《とちゅう》、廊下《ろうか》で杉田と中西と会った。

「おはよー」

二人ともギプスを見て、ギョッと驚《おどろ》いた顔をした。でも、すぐにはなにも聞いてこなかった。教室に入った時も、同級生はだれも声をかけてこない。なんだか遠巻《とおま》きに見られているようで、すっごくかっこ悪い。

「おはよう！　あれ？　乾太《けんた》、それ、どーした！」

教室に入ってくるなり、大声出してこっちに走りよってきたのは、テツだった。

みんなの視線《しせん》がいっせいにこっちに集まった。恥《は》ずかしいけど、遠巻《とおま》きに見られるより、こうやって聞かれたほうがいいや。

「なに、部活で？」

「いや、自転車でコケちゃってさ。ハハハ！」

かっこ悪すぎて、もう笑《わら》うしかない。

「そうかあ。昨日《きのう》、雨降《ふ》ってたもんな。魔《ま》のマンホールで滑《すべ》った？」

え、そう言われてみたら、そうだ。記憶《きおく》をたどってみると、マンホールの上を通った時にズルっと滑《すべ》って、すごいいきおいで転んだんだ。

「ああ、そうかも」

「バッカだな～。雨のマンホールは滑《すべ》るからだめだ、よけなきゃ。骨折《ほねお》ったのか？」

テツと話していたら、杉田と中西、富沢の野球部のメンバーも加《くわ》わってきた。

「どうしたんだよ。骨折《こっせつ》？」

富沢が腕《うで》のギプスを見ながら言った。心なしかちょっと冷《つめ》たい視線《しせん》だった。

「昨日《きのう》、自転車で転んで脱臼《だっきゅう》してさ。骨《ほね》は折《お》れてないけど、靭帯《じんたい》も痛《いた》めたみたいなんだ」

「じゃ、しばらく練習に出られないじゃん」

杉田にあらためてそう言われると胸《むね》にグサッときて、くやしさがこみ上げてきた。

「うーん、医者はギプスが取れるまでは運動禁止《きんし》だって言うんだけどさ、顧問《こもん》の先生と監《かん》督《とく》に相談してみるよ」

「それ、やばいな。野球ひじより悪いんじゃないか？　おれの友だちは野球ひじで全力投球できるまでに半年かかったぞ」

少年野球から活躍《かつやく》していた富沢はいろいろとくわしい。

「半年！　そんなに？」

それなら、「三か月」という医者の診断《しんだん》を信《しん》じようと思った。

杉田たちとしゃべっている間に、ふと気づくとテツはいなくなっていて、自分の席《せき》に座《すわ》って窓《まど》の外をながめていた。

その日の放課後《ほうかご》、顧問《こもん》の先生と話して、しばらく練習は休むことになった。

1 自分で考えるってどういうこと？

乾惕堂《けんてきどう》の扉《とびら》を開ける前から、ゴロさんはぼくが来たことに気づいて、うむ？　と不思議《ふしぎ》そうな顔をしてこっちをにらむように見ていた。

「こんにちは」

「なんだ、その腕《うで》は。どうした」

ゴロさんはいつもの「はい、こんにちは」のあいさつを省略《しょうりゃく》して、聞いてきた。口調《くちょう》は怒《おこ》っているのか、心配してくれているのか、わからない。

「昨日《きのう》、自転車で転んで、ひじを脱臼《だっきゅう》したんです。野球ができるようになるまで三か月くらいかかるって言われました」

「そりゃ災難《さいなん》だったな。大事にして今日は帰れ」

眉間《みけん》にしわを寄《よ》せたゴロさんの顔を見たら、なんだか自分が情《なさ》けなくなった。中学を卒《そつ》業《ぎょう》した時にたのもしくなったとほめられたばかりだったのに。

「ほかはなんともないんで大丈夫《だいじょうぶ》です」

本当はひじが痛《いた》くてどうしようもなかったけど、帰りたくなかった。

ゴロさんは黙《だま》って机《つくえ》の上に置《お》いてあった本を一冊《さつ》持って、ぼくの前を通り過《す》ぎ、店の入り口の脇《わき》にある小さな棚《たな》に戻《もど》した。なんだかゴロさんは最近《さいきん》、歳《とし》をとったのか、歩き方がすごくゆっくりだ。

「突《つ》っ立ってないで座《すわ》れ。まあ、心中は察《さっ》しがつくが、人生終わったような顔をするな。大したことじゃない」

（いえ、大したことです）と心の中でつぶやいた。レギュラーになるためには、こんなことで遅《おく》れをとっては絶対《ぜったい》にいけなかったんだ。


春休みの間、ぼくはよく乾愓堂《けんてきどう》に来ていた。ゴロさんから卒業祝《そつぎょういわ》いにもらった新しい易経《えききょう》の本で最初《さいしょ》に書いてある龍《りゅう》の話を読んでみたけれど、言葉の意味がさっぱりわからなくて、聞きに来ていたんだ。

龍《りゅう》の話は正式な名前があって、「乾為天《けんいてん》」というんだ。次に書いてあるのが牝馬《ひんば》の話で、「坤為地《こんいち》」、とゴロさんに教わった。どっちもめっちゃ変《へん》な名前だけど、ぼくの「乾太《けんた》」と、弟の「坤太《こんた》」の名前は、この「乾《けん》」と「坤《こん》」の字から、じいちゃんがつけたそうだ。

ぼくは小学五年生の時にはじめて龍《りゅう》の話を知って、それから龍《りゅう》の国へ二度、行った。自分でもあれは夢《ゆめ》なのか？　って思うこともある。だけど、たしかに龍《りゅう》の話と牝馬《ひんば》の話を、龍《りゅう》の国の王様に教えてもらったんだ。このことはたぶん、剛《つよし》に話したとしても信《しん》じてもらえないだろうな。

「乾為天《けんいてん》」には六匹《ぴき》の龍《りゅう》が登場する。最初《さいしょ》に登場するのは、深い淵《ふち》に潜《ひそ》み隠《かく》れている「潜《せん》龍《りゅう》」。じっくり力を養《やしな》ってしっかりとした 志《こころざし》 を打ち立てる。次は人を見て学ぶ「見龍《けんりゅう》」になる。師《し》となる人、つまり先生に出会って、その先生を見てまねて、基本《きほん》を学ぶ。

次に毎日、努力《どりょく》して前に進む「乾惕《けんてき》」、大空へ飛《と》び立とうとする「躍龍《やくりゅう》」、そして 志《こころざし》 を達成《たっせい》して天に飛《と》び立つ「飛龍《ひりゅう》」になる。飛龍《ひりゅう》は龍《りゅう》の王で雲を呼《よ》び、地上に恵《めぐ》みの雨を降《ふ》らせる。だけど、飛龍《ひりゅう》がみんなにほめられていい気になると、おごり高ぶった「亢龍《こうりゅう》」になって地に落ちてしまう。

春休みに潜龍《せんりゅう》と見龍《けんりゅう》をおさらいして、やっぱり龍《りゅう》はかっこいいと思ったんだ。続《つづ》きは高校に入ってからということになったけれど、また部活で忙《いそが》しくなるから、部活が休みの月曜日の夕方、ゴロさんに用事がなければ、来ていいと言われていた。

ぼくはもう一度、龍《りゅう》の話を勉強して、野球の練習にも生かすぞとはりきっていたんだけどな。あーあ、こんなことになるなんて。

ため息が出そうになったけど、ため息をつくとゴロさんが怒《おこ》るからあわててごまかした。

「えっーと！　今日から乾惕《けんてき》ですね」

ぼくはゴロさんの机《つくえ》の前にある椅子《いす》に座《すわ》って、通学用のリュックの中から、易経《えききょう》の本とノートを出した。ページをめくったりするのも左手を使うからもたついた。

「それじゃメシを食《く》うのも大変《たいへん》だろう」

「左手でスプーンとフォークで食べてるけど、なんかおいしくないです」

きっと、ごはんがおいしくないのは痛《いた》みもそうだけど、テンションがどーんと下がっているせいもある。

「しばらくは仕方《しかた》ないな。無理《むり》をするなよ。さて、音読はしてみたか」

「はい」と、うなずいた。この前、龍《りゅう》の話のところを音読してから来るようにと宿題を出された。もらった易経《えききょう》の本にはふりがなが振《ふ》ってあるから読むだけは読めるけど、ゴロさんに教えてもらわなければ意味不明《いみふめい》。だけど、意味がわからなくても声に出して読むことがいいんだと、ゴロさんは言う。

2

「乾太《けんた》、おまえは龍《りゅう》の話の中でどこの段階《だんかい》が一番重要《じゅうよう》だと思う」

「えっと、好《す》きなのはもちろん、空を飛《と》んで雲とともに恵《めぐ》みの雨を降《ふ》らせる飛龍《ひりゅう》ですけど、重要《じゅうよう》なのは確乎不抜《かっこふばつ》の志《こころざし》を立てる潜龍《せんりゅう》かな」

こんな質問《しつもん》ははじめてだ。なんだかおとなあつかいしてもらっている気がした。

「ふむ、それも正しい。潜龍《せんりゅう》が志《こころざし》を打ち立てなければ、飛龍《ひりゅう》にはなれないな。次の見龍《けんりゅう》が手本になる人を見て、基本《きほん》を学ぶことも大切だ」

「ゴロさんはどこが重要《じゅうよう》だと思っているんですか？」

「じつはどこが重要《じゅうよう》と言えるものじゃない。どの段階《だんかい》も重要《じゅうよう》なんだ。しかし、あえて言うなら乾惕《けんてき》に重きを置《お》いている」

へえ、そうなんだ。それはじめて聞いた。

「あっ、だから、ここは乾惕堂《けんてきどう》なんですか？」

「そうだ。飛龍堂《ひりゅうどう》にしたら、ふんぞり返って亢龍《こうりゅう》になってしまうからな。ワハハハ！」

ゴロさんが笑《わら》いながら冗談《じょうだん》を言うなんて、天然記念物《てんねんきねんぶつ》ものだ。ぼくは自分が調子に乗って亢龍《こうりゅう》みたいになった時のことを思い出した。

「だけど乾惕《けんてき》って、むちゃくちゃ難《むずか》しそうですね」

乾惕《けんてき》について書いてあるところは、この間、ゴロさんに教わって線を引いた。読んでみたら、こんなことわかるか？　ってくらい難《むずか》しいんだ。

たとえば、（至《いた》るを知りてこれに至《いた》る……　終わりを知りてこれを終わる……）なんて書いてあって、考えただけでも頭がぐるぐるして催眠術《さいみんじゅつ》にかけられているみたいだった。

「ああ、難《むずか》しいぞ。乾惕《けんてき》は自分で考えなければならないからな」

「え？」

「乾惕《けんてき》は師《し》のもとを離《はな》れて、一人歩きする段階《だんかい》だ。自分の頭で考えて、努力邁進《どりょくまいしん》と反省《はんせい》を繰《く》り返すんだ」

見龍《けんりゅう》は手本になる先生を見よう見まねして学ぶ。基本《きほん》を教えてくれる先生がずっとそばで教えてくれる。その段階《だんかい》が終わったってことを言っているんだな。ゴロさんは話しながら紙に乾惕《けんてき》の最初《さいしょ》の言葉を書いた。


君子《くんし》終日《しゅうじつ》乾乾《けんけん》す。夕《ゆう》べに惕若《てきじゃく》たり。厲《あや》うけれども咎《とが》なし。

志《こころざし》ある者は朝から晩《ばん》まで前へ前へと進んで努力《どりょく》する。そして、夜になったら恐《おそ》れるほどに反省《はんせい》する。そのようであれば危《あや》うい時ではあるが、咎《とが》めを受けるようなことはない。

「乾太《けんた》の『乾《けん》』は健《すこ》やかで元気がいいという意味がある。『乾乾《けんけん》』と、乾《けん》の字が二つ重なっているのは、朝から晩《ばん》まで、元気いっぱいに前へ前へとやり過《す》ぎるくらいに進むということだ」

乾乾《けんけん》か。そうやって進んでいきたいよ。今は正直、健《すこ》やかでもなく元気もない。

「乾惕《けんてき》のところには師《し》のもとを離《はな》れて成長《せいちょう》するために、必要《ひつよう》なことが書いてある。乾惕《けんてき》でやるべきことは、朝から晩《ばん》まで自分の向上を目指して前へ前へと進む。そして夜になったら、一日を振《ふ》りかえってこれでよかったのか、これでよかったのか、と恐《おそ》れるごとく反省《はんせい》する。これを怠《おこた》らないで繰《く》り返し継続《けいぞく》することだったな。そのためには……」

「ちょ、ちょっと待ってください！　手がこんなでメモがうまく取れないんで」

ゴロさんがいきなりたくさん話しだしたから、あわててストップをかけた。

「聞いて覚《おぼ》えろ」

そんなむちゃな。ゴロさんはそのまま話し続《つづ》けた。

「そのためには、まず、自分の頭で考えて行動すること。そして勇気《ゆうき》と意欲《いよく》を持って進むことだ」

「あ、質問《しつもん》、いいですか？」

「なんだ」

一度に聞いても、絶対《ぜったい》に覚《おぼ》えられないからいつもどおり、質問《しつもん》しながら進めてもらおう。

「勇気《ゆうき》を持って、っていうのははじめて聞きました。勇気《ゆうき》が必要《ひつよう》なんですね？」

「さあ一人でやってみろと言われたら、最初《さいしょ》は不安《ふあん》や恐《おそ》れを感じるものだ。たとえば、海外へ一人で留学《りゅうがく》することになったら、最初《さいしょ》は不安《ふあん》も感じるだろうな」

「はい、留学《りゅうがく》なんて考えたこともないけど、きっと怖《お》じ気《け》づきます」

「そういう恐《おそ》れや不安《ふあん》を胸《むね》に抱《かか》えたまま新たな一歩を踏《ふ》み出すから勇気《ゆうき》というんだ。恐《おそ》れや不安《ふあん》がなく、無鉄砲《むてっぽう》に進んだり、やけになったりするのは勇気《ゆうき》とは言わない」

勇気《ゆうき》ってそういうことか。不安《ふあん》や心配、恐《おそ》れをなくすことが勇気《ゆうき》だと思っていた。忘《わす》れないように頭の中にしっかり記憶《きおく》しておこう。

「失敗《しっぱい》を恐《おそ》れて縮《ちぢ》こまるな。自力で前へ前へ進もうとすれば、かならず失敗《しっぱい》する。予想外のケガをしたり、トラブルが起こったり、思ったように進めないこともある」

今のぼくは思いっきり縮《ちぢ》こまっている。あれから自転車にはもう乗りたくないなんて思っているんだ。それじゃいけないってことだな。

「失敗《しっぱい》やトラブルを起こさないことよりも、勇気《ゆうき》を持って前に進んで失敗《しっぱい》に学ぶことのほうが大切だ」

失敗《しっぱい》を恐《おそ》れて縮《ちぢ》こまらない、失敗《しっぱい》したりトラブルを起こさないことより失敗《しっぱい》に学ぶことが大切か。ぼくは頭の中でゴロさんが言ったことを忘《わす》れないように繰《く》り返した。

「失敗《しっぱい》に学ぶために反省《はんせい》が必要《ひつよう》なんですね」

「そうだ。だが、反省《はんせい》はクヨクヨすることじゃない。『なにがいけなかったのか、どうしたらいいのか』と考え、『明日はこうしてみよう』と思ったら、すぐ実行する。順調《じゅんちょう》にうまくいった時も、これでよかったのか、もっといい方法《ほうほう》はないのかと考えるんだ」

その考えるってことが難《むずか》しいんだ。もう今なんか、パニクっていて、どうしたらいいかなんて考えられないのに、今日はゴロさん、ずいぶん話のペースが速い。

3

「だけど、ゴロさん、今はケガしてしまって、乾惕《けんてき》のように元気に前へ進むってことができないです。しばらく野球ができないって言われて、頭の中が真っ白で、どうしていいかわからないんです」

野球部に入ったら、もう一度、見龍《けんりゅう》のように手本を見て学んで、乾愓《けんてき》のように努力《どりょく》と反《はん》省《せい》を繰《く》り返すことをしようと思っていた。それから、牝馬《ひんば》の話で教わった、徹底的《てっていてき》に従《したが》って耐《た》えること、その両方をやっていくつもりだった。

「情《なさ》けない顔をするな。まずはケガを治《なお》せ。それも前に進むということだ」

「はい……早くひじを治《なお》して、もっと強くなりたいです」

乾愓《けんてき》は一人歩きの段階《だんかい》っていったって、ゴロさんがいなかったら、情《なさ》けなくクヨクヨしているだけだっただろう。

「ただ、考えすぎるなよ。おまえは考えすぎてすぐ落ちこむからな。反省《はんせい》は毎日、夜寝《ね》る前に二、三十分すればいいんだ。わしもそうしている」

「え、ゴロさんも毎日反省《はんせい》しているんですか？」

言ったとたん、ギロ―ッとにらまれた。

「当たり前だ。毎日しなくては意味がない。失敗《しっぱい》に繰《く》り返し学ぶことが、禍転《わざわいてん》じて福《ふく》と成《な》す力にもなるんだ」

毎晩《まいばん》の反省《はんせい》は前にも教わったのにすっかり忘《わす》れてやってない。禍転《わざわいてん》じて福《ふく》と成《な》す、か。そうなるといいな。

「今、話しているのは、野球のことだけじゃないぞ。これから高校、大学と進んでいくだろう。そのなかで潜龍《せんりゅう》の志《こころざし》、見龍《けんりゅう》の基本《きほん》を学ぶこと、そして乾惕《けんてき》が教えていることを学んでいく機会《きかい》はたくさんあるはずだ」

「乾惕《けんてき》が教えていることは高校生、大学生にとって重要《じゅうよう》なんですか？」

ゴロさんはこくりとうなずいた。

「とくに乾惕《けんてき》はこれからのおまえのテーマだ。乾惕《けんてき》の段階《だんかい》で飛龍《ひりゅう》になるためのあらゆる力が身につくんだ。時間をかけて、きっちり勉強したほうがいい。それから、龍《りゅう》の成長《せいちょう》の裏《うら》には、必《かなら》ず聞き従《したが》い耐《た》える牝馬《ひんば》の隠《かく》れた努力《どりょく》があることを忘《わす》れるな」

それならできるかなと思えた。でも、乾惕《けんてき》を学ぶのにどうしてそんなにかかるんだろう？

「乾惕《けんてき》の段階《だんかい》ってなんだか大変《たいへん》そうですね」

「易経《えききょう》が教えていることは、いくら本を読んだり聞いたりして頭で理解《りかい》したと思っても、実際《じっさい》にやってみないとわからない。乾惕《けんてき》は学ぶことが山ほどある。だから時間がかかる」

「どうやって勉強していったらいいんですか？」

ぼくの質問《しつもん》にゴロさんはニッと笑《わら》った。

「自由に青春を楽しめ。そしてたくさん失敗《しっぱい》しろ」

「青春？　えーー！」

なんだそれ。あごが外れそうになったよ。ゴロさんの口から青春なんて言葉が出ると思わなかった。

「ガッハハハ！　ハトが豆鉄砲《まめでっぽう》くらったみたいな顔だな。あいたたた」

びっくりした顔がそんなにおもしろかったのか、ゴロさんはお腹《なか》を抱《かか》えている。

「まじめに聞いてるのに、もう～からかわないでくださいよ！」

「いや、からかったわけじゃない。乾惕《けんてき》は若《わか》くて元気で前へ前へと進む力がある。だが、まだ一人前になりかけの青い龍《りゅう》だから危《あや》うい。前に進もうとしてちょこちょこと失敗《しっぱい》するが、その失敗《しっぱい》から多くを学ぶんだ」

たくさん失敗《しっぱい》しろと言われたら、ケガのことで重く落ちこんでいた気持ちがふっと軽くなって、少し元気が出てきた。

「さて、今日はここまでにしておくか。腕《うで》を大事にしろ」

「あの、野球部の練習はしばらく休めと言われたんで、月曜日以外《いがい》も来ていいですか？」

練習に出られなくて家にいるのもいたたまれない。それで、月曜日じゃなくても乾惕堂《けんてきどう》に来てもいいか聞いてみようと、学校からの帰り道に考えていたんだ。

ゴロさんが返事をくれるまでに少し間があった。そんなに来たら迷惑《めいわく》かもしれないな。

「もちろん、忙《いそが》しい時は帰りますから」

「……ああ、のぞいてみろ」

「よろしくお願《ねが》いします。ありがとうございました！」

4

その晩《ばん》、純《じゅん》とミヤが見舞《みま》いと称《しょう》してぼくの部屋に遊びに来て大騒《おおさわ》ぎしたり、ハルが電話をくれたりして、気がまぎれて元気を取りもどした。ケガをしたことは剛《つよし》から聞いたのかと思ったら、かなえがＳＮＳでみんなに速報《そくほう》したらしい。学校で「どうしたの？」とは聞かれたけど、「自転車で転んだ」って言ったら、「えー！」ってそれだけだった。ミヤに見せてもらったら、いつ撮《と》ったのかギプス姿《すがた》の写真まで添《そ》えられていた。

みんなのおかげでだいぶ気持ちが晴れたのに、病院へくわしい検査《けんさ》の結果《けっか》を聞きに行ったら、まるでジェットコースターで下《くだ》る時みたいに腹《はら》のあたりがヒューとなって、またがっくりと落ちこんだ。

医者は診断《しんだん》の最初《さいしょ》に「野球やりたいよね？」と意味深な表情《ひょうじょう》でぼくに聞いた。ぼくのひじは靭帯《じんたい》が部分的《ぶぶんてき》に切れていて、このままギプスで経過《けいか》を見て必要《ひつよう》なら手術《しゅじゅつ》すると言われた。手術《しゅじゅつ》したら野球ができるまでに半年くらいかかるらしい。

翌日《よくじつ》、ケガの経過《けいか》を野球部顧問《こもん》の竹中《たけなか》先生に報告《ほうこく》したあと、今西監督《いまにしかんとく》が部室にいるというので行ってみた。

「失礼《しつれい》します。天野乾太《あまのけんた》です」

部室の前で声をかけ、ドアを開けた。

「ああ、ひじを脱臼《だっきゅう》したっていうのは君か。黒木《くろき》の中学の後輩《こうはい》だそうだな。雑用《ざつよう》もよくやるとほめていたよ。それでどうだ？」

「はい、靭帯《じんたい》も痛《いた》めたので、まだかなり痛《いた》いです。このまま様子を見て、必要《ひつよう》だったら手術《しゅじゅつ》すると言われました」

「右投げ、右打ちか？」

「はい、そうです」

監督《かんとく》はそうか、と言うようにうなずいただけで、仮入《かり》部の用紙にぼくがピッチャー希望《きぼう》と書いたことには触《ふ》れなかった。

「無理《むり》しない程度《ていど》に下半身のストレッチと筋《きん》トレはやっておけよ」

「はい、そうします」

ストレッチと筋《きん》トレをやっておけと言われただけでも、救《すく》われた気がした。

「それとも、君はマネージャーをやる気はないか？　女子マネージャーだけでなく男子がいればなと思っていたところなんだ。マネージャーとして入部するのはどうだ？」

「選手《せんしゅ》じゃなくて、マネージャーですか？」

それっきり言葉が出なかった。ひじが治《なお》っても見込《みこ》みがないと思われたんだろうか？　ショックだった。

「ああ、マネージャーとしてやってみないか？」

監督《かんとく》はもう一度、ぼくに聞いた。「はい」ともう少しで答えそうになった時、（イチニサンシ！　イチニサンシ！）化成《かせい》中野球部のランニングのかけ声が頭の中で響《ひび》いた。

「ありがとうございます。あの、少し考えてさせてください」

そう言うのがやっとだった。

5

マネージャーか……牝馬《ひんば》の役目だな。牝馬《ひんば》のように人を支《ささ》えて、努力《どりょく》するのはいやじゃない。でも、選手《せんしゅ》になれないってことだ。

ゴロさんに聞いたら、きっと、「やれ」と言われるだろうな。帰り道、ぼくの足は自然《しぜん》に乾惕堂《けんてきどう》へと向かっていた。

乾惕堂《けんてきどう》の入り口のガラス扉《とびら》から中をのぞいたら、ゴロさんはいつもどおり、店の奥《おく》の机《つくえ》に本を広げて読んでいる。忙《いそが》しそうなら黙《だま》って帰ろうと思ったけれど、大丈夫《だいじょうぶ》そうだ。

「こんにちは」

「はい、こんにちは。なにかあったって顔だな」

いつものことだけど、すっかり見抜《みぬ》かれてしまった。本当に顔に書いてあるんじゃないか？　頬《ほお》をなでながら、ぼくは素直《すなお》にうなずいた。

「なんだ」

ゴロさんは本にしおりをていねいにはさんで、パタンと閉《と》じた。

「昨日《きのう》、病院に行ったんです。ひじが治《なお》るまでにまだかかるみたいで、経過《けいか》を見て、手術《しゅじゅつ》するかもって言われました。それで野球部の顧問《こもん》と監督《かんとく》に話しに行ったら、監督《かんとく》から選手《せんしゅ》じゃなくてマネージャーをやらないかって言われて……」

「ふむ、どうしたらいいかってことか。自分で考えて決めろ」

ゴロさんはやけにやさしい口調《くちょう》で言ってから、再《ふたた》び本を開いて読み出した。店の中はシーンと静《しず》けさに包《つつ》まれた。

「へ？」

突然《とつぜん》、ジャングルにぽーんと放り出されたような気がした。ゴロさんは上目づかいに、突っ《つ》立っているぼくを見た。

「自分でどうしたいか考えてから来い」

ゴロさんの目を見ていたら、わかった。乾惕《けんてき》は自分で考えるってこのことか。

「そっか……。はい、考えてきます」

とは言ったものの、どうしたらいいかなんてわからない。その日の夜から二晩《ばん》、ぼくはじいちゃんにもらった易経《えききょう》の本を枕元《まくらもと》に置《お》いて寝《ね》た。龍《りゅう》の国の夢《ゆめ》を見られるかもしれないと期待して。だけど王様は現《あらわ》れず、なにも起こらずに朝早く目が覚《さ》めた。これはきっと、もう自分で考えろってことだよな。それから、ベッドの中で自分はどうしたいんだろうとしばらく考えた。

6

週末、お父さんが名古屋《なごや》から帰ってきた。明日からゴールデンウィークだ。学校の帰り、商店街《しょうてんがい》を歩いていたら、見慣《みな》れた後《うし》ろ姿《すがた》が前を歩いているのに気づいた。

「お父さん！」

後ろから声をかけたらお父さんは驚《おどろ》いた顔をして振《ふ》り向いて、それから、ぼくの右腕《みぎうで》のギプスをじっと見た。

「おっ、乾太《けんた》。同じ電車だったのか。どうだ痛《いた》みは？」

「おかえり。早かったね。ほら、こんなだよ。まだ動かすとものすごく痛《い》てえ」

並《なら》んで歩きながら、腕《うで》のギプスをちょっと持ちあげてみせた。

「写真や動画はさんざんお母さんが送ってきたけど、やっぱり実際《じっさい》に見ると痛々《いたいた》しいな」

「心配かけてごめん……」

「明日、グローブとスパイク、買いに行くか？」

「うーん、まだいいや」

連休《れんきゅう》に新しいグローブとスパイクを買ってくれるというのは、前からの約束《やくそく》だった。お父さんは「甲子園《こうしえん》に行けるかもな！」と喜《よろこ》んでいたから、こんなことになって、がっかりしているだろう。だけど、そんな気になれなかった。それより、ぼくはずっと監督《かんとく》に言われたことを考えていた。

「じゃ、治《なお》ってからにするか！」

元気づけようとしているのか、お父さんはやたらと明るい。考えたことをちゃんと話さなくちゃなと思った。

「うん、あのさ、野球部に入部するのは治《なお》ってからにしたいんだ。治《なお》るまでしばらくかかりそうだからさ」
「そうか……まあ、あせっても仕方ないからな」
「入部して筋《きん》トレやストレッチだけでもって思ったんだけど、この間、野球部の監督《かんとく》から
マネージャーにならないかって言われたんだ」
このことはまだ、お母さんには話していない。
「マネージャーか。いいじゃないか。治《なお》るまでだろ？」
「それが、男子のマネージャーが欲《ほ》しいって言っていて、選手《せんしゅ》じゃなくて、マネージャー
だけやってくれってことみたいなんだ」
選手《せんしゅ》じゃ使えないと思われたのかどうかは、わからない。黒木先輩《くろきせんぱい》が心配してくれて、
監督《かんとく》にスコアブックもつけられるし、裏方《うらかた》のこともよくやると話してくれたみたいだ。
「そうか、マネージャーに専念《せんねん》してくれってことか」
「サポート役をやるのがいやなわけじゃないんだけど、まだ監督《かんとく》には投球も見てもらって
ないからさ。このまま選手《せんしゅ》になれないのは絶対《ぜったい》にいやなんだ」
引き受けるべきかどうか、ずっと考えてみたけれど、マネージャーだけだと思うと、心
の中は「いやだー！」って叫《さけ》んでいるんだ。牝馬《ひんば》のように人に従《したが》って支《ささ》えるサポート役が
大切なことは、化成《かせい》中の野球部でよくわかったつもりだった。高校に入っても、牝馬《ひんば》の精《せい》

神《しん》でチームを支《ささ》えようと思っていた。だけど、マネージャーだけに徹《てっ》するのはどうしてもいやだった。

「そりゃそうだな。お父さんが監督《かんとく》に話しに行こうか？」

お父さんは、今すぐにでも話しに行きそうな口調《くちょう》だった。

「そんなことしなくていいよ。ケガして、野球ができないのは自分のせいだし、監督《かんとく》には考えてきますって言ってきた。相談には乗ってほしいけど、自分で考えてどうするか決めたい。いい？」

お父さんは少しの間、真顔《まがお》でぼくをじっと見た。

「わかった。自分で決めろ」

「うん、そうする。まだお母さんには話してないんだ。お父さんが帰ってきたら話そうと思ってたから」

「なんだか高校生になって急におとなになったなあ。うれしいけど、お父さん、少し寂《さび》しいぞ！」

そう言って、ぼくの頭を手でゴシゴシッとなでた。お父さんが三年前に単身赴任《たんしんふにん》して以《い》来《らい》、ほとんど一緒《いっしょ》にいないからな。

でも、おとなになったかといえば、そうでもないな。ゴロさんに「自分で考えて決めろ」ってあっけなく帰されなかったら、こんなにいろいろ考えなかった。

7

ぼくは考えた結果《けっか》、マネージャーをことわって、入部届《とどけ》も出さなかった。それでケガを治《なお》してからあらためて野球部に入部させてくださいと顧問《こもん》と監督《かんとく》にお願《ねが》いした。

マネージャーになるのはくやしくていやだ。この選択《せんたく》が正しいかどうかわからないけれど、ゴロさんはたくさん失敗《しっぱい》しろと言っていたし、自分で考えて決めたとおりに進んでみたかった。

そしてケガをしてから三週間が経《た》って、ようやくギプスが取れてサポーターに替《か》わった。きついギプスを外した時は、腕《うで》も気持ちも軽くなったと思ったら、それもつかの間、すぐに次の試練《しれん》が待っていた。ひじがギプスをしていた形のままで動かず、ぜんぜん曲がらないし伸《の》ばせないんだ。医者にリハビリをがんばらないとひじが固《かた》まってしまうと言われて、背筋《せすじ》がゾクッとした。

すぐにリハビリがはじまった。家でも毎日、ストレッチをしたほうがいいと言われた。軽い筋《きん》トレやランニングもしていいと許可《きょか》がおりたので、久《ひさ》しぶりに河川敷《かせんじき》でのランニングを再開《さいかい》した。早く治《なお》すぞ！　と最初《さいしょ》ははりきっていたけれど、走りだしたらなぜか気持ちがどんどん沈《しず》んでいった。

ひじが治《なお》ってもピッチャーになれるかどうかわからない……なんて思うと、ランニングしていても足が止まりそうになる。いくら龍《りゅう》の話を勉強したって、やっぱり龍《りゅう》になる素質《そしつ》がないんじゃないか？

ぼくはランニングコースを外れて乾惕堂《けんてきどう》へ向かって走っていった。

止められても前に進める？

1

またすぐに帰されるかもしれないな。マネージャーを引き受けなかったことの報告《ほうこく》だけして帰ろう。ぼくははじめて乾惕堂《けんてきどう》に来た時のように恐《おそ》る恐《おそ》る入り口の扉《とびら》を開けた。

「こん……にちは」

「はい、こんにちは」

ゴロさんはじーっとこっちを見て、ぼくが次に何を言うか、待っているみたいだった。

「あのー、少しだけ、いいですか？」

「なんだそれは。もっと堂々《どうどう》と明るく元気に入ってこい。『乾乾《けんけん》』だぞ。やり直せ」

ゴロさんがぼくを外に追い払《はら》うように手をパッパッと振《ふ》ったからあわてて外に出た。

堂々《どうどう》と明るく元気にか……「乾乾《けんけん》」は積極的《せっきょくてき》に前へ前へと進むんだった。それからぼくは来た道を少し戻《もど》りながら考えた。

ゴロさんに話を聞いてもらいたいなら、思いっきり元気に行かなきゃな。よし！　と気合を入れて、回れ右して乾惕堂《けんてきどう》へ走っていった。扉《とびら》の前で一回、深呼吸《しんこきゅう》。

「こんにちは！　ゴロさん、聞いてください！」

扉《とびら》を開けて、笑顔《えがお》であいさつ。店の奥《おく》までズンズンと大またに歩いていった。ゴロさんは「おう」と言って軽くうなずいた。ホッ、どうやら合格《ごうかく》だったらしい。

「どうした」

「野球部のマネージャーは引き受けないことに決めました。それから、ひじを治《なお》してからあらためて入部したいと思って、顧問《こもん》と監督《かんとく》にそうお願《ねが》いしました」

「そうか。ギプスが外れたんだな」

「あ、はい。やっと解放《かいほう》されました。でも、ぜんぜん動かせません」

マネージャーにならなかったこと、入部もしなかったことは、うなずいただけでノーコメントか。これでいいのかどうか、この先はどうしたらいいのかが、まったくわからない。

（教えてください！）と、言いかけた時、

「来たら話そうと思っていたことがある。まあ、座《すわ》れ」

え、なんだろう話って。乾惕《けんてき》の続《つづ》きではなさそうだ。ゴロさんはゆっくりとした動作で開いていた本を閉《と》じ、鼻にかけたメガネを外してメガネケースに入れた。

「易経《えききょう》には六十四の話が書いてあるのは教えたな」

「はい」

易経《えききょう》の本の目次には、ずらっと六十四の話の名前が書いてある。

「まだ龍《りゅう》の話と牝馬《ひんば》の話しかしていない。そのほかの六十二の中に『山天大畜《さんてんたいちく》』と名づけられている話がある」

もしかして、新しい話を教えてくれるのかな？　今度はどんな話だろう？　ちょっとワクワクしてきた。

「さんてんたいちく……すみません。今、ランニングしてきたんで、易経《えききょう》の本を持ってこなかったんです」

「これを使え」

ゴロさんは机《つくえ》の上にあった、ぼくにくれたのと同じ本を指さした。

「大いに蓄《たくわ》えるという意味だ。探《さが》してみろ。大きな山の中に大いなる力を蓄《たくわ》えるという話だ」

手に取って目次を開いて探《さが》してみたら、あった。山天大畜《さんてんたいちく》。

「力の蓄《たくわ》え方の話なんですか？」

「そうだ。世の中の役に立つ力はどう蓄《たくわ》えられるのかを教えている」

「世の中の役に立つ力って飛龍《ひりゅう》が降《ふ》らせる恵《めぐ》みの雨のことですか？」

「そうとらえてもいいだろう。易経《えききょう》では『天』のシンボルは天から恵《めぐ》みの雨を降《ふ》らせる龍《りゅう》だ。そして『天』は『乾《けん》』とも言う。元気で健《すこ》やかに前へ進むという意味だ」

「『天』は飛龍《ひりゅう》のような大きな力か。でもなんで山の中に力を蓄《たくわ》えるんだろう？」

「じゃ、山にもなにか意味があるんですか？」

「山は止《とど》めるという意味だ。『天』の上に『山』があるな。たとえば、上を目指して進もうとして大きな山にドンと乗っかられたら、どうなる。想像《そうぞう》してみろ」

そりゃ、山に乗っかられたら重いだろうなと想像《そうぞう》してみた……ああ、少しわかった気がする。まるで身動きがとれない今のぼくみたいだ。

「押しつぶされて進めなくなります。今のぼくがそんな気持ちです」

「そうだな。乾太《けんた》のようにケガをして止《とど》められることもある。あるいは困難《こんなん》な壁《かべ》が立ちはだかって挫折《ざせつ》せざるを得《え》ないこともある。だが、止《とど》められるからこそ、大きな力が蓄《たくわ》えられると教えている」

それって龍《りゅう》になろうとして止《とど》められて、牝馬《ひんば》になるってことじゃないか？

「どうしてですか？　前に進めなくちゃ飛龍《ひりゅう》のようにはなれないですよね？　それは牝《ひん》馬《ば》の……」

するとゴロさんは、ぼくに「止《とど》まれ」と制止《せいし》するように手のひらを向けた。やばい。あせって先走りすぎた。

「まあ、聞け。龍《りゅう》の話と牝馬《ひんば》の話は易経《えききょう》の中でも代表的な話だ。易経《えききょう》の基本《きほん》でもある。だが、それだけじゃない。易経《えききょう》の知恵《ちえ》は広大で、奥深《おくぶか》い」

2

「山天大畜《さんてんたいちく》の話は、今のおまえのように前に進もうとする力を止《とど》められた時にどう考えて行動したらいいか、その参考《さんこう》になるはずだ」

ゴロさんはぼくがこの先はどうしたらいいか、と迷《まよ》うのをわかってたのかもしれない。

「話を続けるぞ。上を目指して進もうとする力を止《とど》められて、ぎゅーっと圧迫《あっぱく》されたら……」

ゴロさんは両手の手のひらを机《つくえ》の上にぎゅーっと押《お》しつけるようにした。

「進む力は止《とど》められ、山に隠《かく》されてしまうから目立った活躍《かつやく》もできない」

それを聞いて胸《むね》を圧迫《あっぱく》されたような気分になった。がっかりだ。

「だが、その分、いろいろなことを見たり、聞いたりして多くの知識《ちしき》や経験《けいけん》を積《つ》んでいくことができる。それが将来《しょうらい》、社会の役に立つ力としてゆっくり、ゆっくり蓄積《ちくせき》される」

ぼくは頭の中で、大きな山の中に小さな箱《はこ》が積《つ》みあがっていくところを想像《そうぞう》した。

「すごく時間がかかりそうですね」

「そのとおりだ。一日一歩ずつ進むように積《つ》み重ねていかなければならないから、そうとうな時間がかかる。才能《さいのう》として外に表れるまでには何十年もかかるんだ」

何十年もかかったら、高校ではもう無理《むり》だってことじゃないか。

「なんだかつらそうですね」

「つらいかもしれんな。だが、止《とど》められなければ、大きな力は養《やしな》えない。止《とど》められた時こそ力を蓄《たくわ》えるチャンスだと思えたらしめたものだ」

うーん、大きな蓄積《ちくせき》か。それがすごいことだというのはわかる。でも、そんなに長く止《とど》められたら、牝馬《ひんば》よりも厳《きび》しそうだ。圧迫《あっぱく》されたまま、どうなっちゃうんだ？

「山天大畜《さんてんたいちく》は『大器晩成《たいきばんせい》』を教えている話だ。大器晩成《たいきばんせい》の意味は知ってるか」

「えっと、わかるようでよくわかりません」

「大きな器《うつわ》は作るのに時間がかかる。大人物は、若い頃《ころ》に目立たなくても、ゆっくりと力を蓄《たくわ》えて、後にすぐれた才能《さいのう》を世の中に現《あらわ》すという意味だ」

長い間、押《お》しつぶされて、そのあとにってことか。

「あの、それは、ぼくはやっぱりマネージャーをやったほうがいいってことですか？」

ゴロさんはぼくに自分で決めろと言ったから、マネージャーをやれとは言わず、この話をしているのかと思った。

「自分でやらないと決めたんだろう。どんな選択《せんたく》をしようが止《と》められた時を生かせと言っているんだ。ケガをしたおかげで学べること、できることが広がるはずだ」

「ケガをしたおかげ……ですか」

「おかげで時間もできただろう」

たしかにケガをしなかったら、自分で考えて決めるなんてことしなかったかもしれない。部活があったら、乾惕堂《けんてきどう》にもあまり来られなかった。

「時を生かす……あ、そうか。ケガをして時間があるから、ゴロさんに山天大畜《さんてんたいちく》の話を教えてもらってる。そう思ったらいいんですか？」

ゴロさんはうむ、とうなずいた。

「あの、それで、山天大畜《さんてんたいちく》の話は最後《さいご》にどうなるんですか？」

しまった。また先走ってしまったと思ったら、ゴロさんは答えてくれた。

「山天大畜《さんてんたいちく》の最後《さいご》の段階《だんかい》には、広く果《は》てしない空を自由自在《じざい》に駆《か》けめぐるように世の中の役に立つ才能《さいのう》を発揮《はっき》すると書いてある」

「空を駆《か》けめぐるって、まさか飛龍《ひりゅう》と同じような働《はたら》きをするってことですか？」

「龍《りゅう》とは言わんが、そうだ。山が龍《りゅう》を押《お》さえつけているようなものだからな」

ええ！　龍《りゅう》の話以外《いがい》にも飛龍《ひりゅう》のようになれることがあるんだ……しかも、思ったように進めなくても、だ。

「どうしたらそんな力を蓄《たくわ》えていけるんですか？」

「まず、止《とど》められたからといって、あきらめるな。どうにかして進む方向を考えろ。動けないながらも自分を育てるために活動しろ。そして日々、新たな発見や経験《けいけん》をすることだ」

自由に青春を楽しめってことに似《に》てるな、と思った。

「やってみます。でも、ちょっと頭がごちゃごちゃして……。止《とど》められても『乾乾《けんけん》』と進めってことですか？」

「そうだな。止《とど》められても意欲《いよく》を失《うしな》わず進めと教えている。自由に発想《はっそう》してやってみろ。創意工夫《そういくふう》が大切だ。……ふう、今日はここまでにしておくか」

ゴロさんは椅子《いす》の背《せ》もたれに寄《よ》りかかって、目を閉《と》じた。質問《しつもん》したいことがまだたくさんあったけど、ゴロさん、今日はめずらしく疲《つか》れているみたいだ。忙《いそが》しかったのかもしれないな。

「ありがとうございました！　また来ます」

3

高校に入ってはじめての中間テストがはじまった。

部活がないから中間テストの勉強は余裕《よゆう》を持ってできて、初日《しょにち》の今日はばっちりだった。これもケガをしたおかげってことだよな。学校帰りの電車の中でそんなことを考えていたら、テスト中だけどちょっと乾惕堂《けんてきどう》に寄《よ》ってみたくなった。

店の中をのぞいたら、ゴロさんはいなくて、奥《おく》さんの春子《はるこ》おばさんがいた。

「こんにちは！　今日はゴロさん、出かけているんですか？」

「あっ、乾太《けんた》くん、こんにちは。ごめんなさい。龍之助《たつのすけ》さんに連絡《れんらく》しようと思っていて、まだしていなかったわ。じつはゴロさんね、夕べ入院したのよ」

「えっ！」

心臓《しんぞう》がドキンとした。あんまりびっくりして息をのんだまま、言葉が出てこない。ゴロさんが……どうしよう。本棚《ほんだな》にびっしり並《なら》んでいる本が動き出して、ぼくのまわりをぐるぐると二回転くらいした気がした。

「あ、あ、でも、大丈夫《だいじょうぶ》よ。重病じゃないから。驚《おどろ》かせちゃってごめんなさいね」

「ど、どうしたんですか？」

重病じゃないと聞いて、ようやく言葉が出せた。

「少し前に腰《こし》を痛《いた》めてね。治《なお》ると思っていたんだけど、夕べ、痛《いた》くて起き上がれなくなって、救急車《きゅうきゅうしゃ》で西南総合病院《せいなんそうごうびょういん》に運んだの。明後日《あさって》、手術《しゅじゅつ》するのよ」

「え、手術《しゅじゅつ》……」

それからまたなにも言えなくなった。今になって気がついた。この間も疲《つか》れた顔をしていたし、最近《さいきん》、ゴロさんの歩き方がやけにゆっくりだった。ふだんのゴロさんはスタスタと速く歩くんだ。笑《わら》った時も腹《はら》が痛《いた》くて抱《かか》えてたんじゃなくて、あれは腰《こし》を押《お》さえていたんだ。

「手術《しゅじゅつ》したらよくなるんですか？」

「ええ、よくなるでしょうってお医者様は言ってたわ。丈夫《じょうぶ》な人なのに鬼《おに》の霍乱《かくらん》ね」

春子おばさんはニコニコ笑《わら》っているけど、少しやつれた顔をしていた。

「はあ〜、びっくりした」

まだ心臓《しんぞう》がドキドキしていた。

「乾太《けんた》くんもひじをケガしたって聞いていたのよ。大変《たいへん》だったわね」

「いえ、ぼくなんか大したことないです」

本当に大したことじゃないって思った。春子おばさんの足もとには本が入った段《だん》ボール箱が二箱、開いてあった。本が入荷《にゅうか》したり、棚《たな》の本を並《なら》べかえたりする時に、何度か手伝ったことがある。

「あ、手伝います」

「大丈夫《だいじょうぶ》、大丈夫《だいじょうぶ》！　だめよ。腕《うで》が悪くなるといけないから」

「左手で持てますから！」

自分のことばかりで、ゴロさんのこと、なにも気づかなかったのが情《なさ》けなかった。

それからお客さんに本を送ったり、棚《たな》に本を収《おさ》めたりするのを手伝った。そして春子おばさんは乾惕堂《けんてきどう》を早めに閉《し》めて病院へ行った。ぼくも一緒《いっしょ》に行きたかったけれど、「手術《しゅじゅつ》が終わってから会いに来て」と言われたから、そうすることにした。

春子おばさんと別《わか》れてから、ぼくはすぐに走りだした。家に電話すればいいことなんだけど、走らずにいられるかって気持ちだった。

「ただいま！　お母さん、じいちゃんはもう、帰ってきた？」

「さっき帰ってきたわよ。今日はゴロさんとお酒を飲みに行くから出かけるみたいだけど。どうしたの？」

春子おばさんから、今日はそんなことで行けないと、じいちゃんへの伝言を預《あず》かった。

ぼくはお母さんの脇《わき》をなにも言わずに通り過《す》ぎて、じいちゃんたちの部屋へ走った。

「じいちゃん、大変《たいへん》だよ！　ゴロさんが夕べ、腰《こし》が痛《いた》くて救急車《きゅうきゅうしゃ》で運ばれた。明後日《あさって》、手《しゅ》術《じゅつ》だって」

「え、手術《しゅじゅつ》？　腰《こし》を痛《いた》めたって聞いたが、そんなにひどくなったのか。どこの病院だ？」

ぼくが通っている西南総合病院《せいなんそうごうびょういん》だと教えたら、じいちゃんはちょっと様子を見に行ってくるとすぐに出かけていった。

じいちゃんは一時間くらいで帰ってきた。

「ゴロさん、どうだった？」

「ああ、かなりつらそうで、今は寝《ね》たきりで起きあがれない。だが、まあ、ゴロさんのことだから大丈夫《だいじょうぶ》だろう。医学も発達《はったつ》しているからな」

頑丈《がんじょう》なゴロさんのつらそうな姿《すがた》なんて想像《そうぞう》できない。

ゴロさんが手術《しゅじゅつ》した日の夜、無事《ぶじ》に終わったと春子おばさんからじいちゃんに電話があって、一安心した。

学校の帰りに乾惕堂《けんてきどう》へ寄《よ》ったら、店の扉《とびら》に「都合《つごう》によりしばらく休みます」と、はり紙がしてあった。それを見たら、胸《むね》にぽっかりと穴《あな》があいたようだった。いつもここにいるゴロさんがいないとこんなに頼《たよ》りない気持ちになるんだな。

数日後、じいちゃんがゴロさんの見舞《みま》いに行くと言うので一緒《いっしょ》に行きたいと言ったら、

「乾太《けんた》は来なくていい。ケガをしてからいろいろと相談していたようだが、行けばゴロさんが気を使うだろう」

と、あっさり言われた。たしかに今までゴロさんに頼《たよ》りきりだった。負担《ふたん》をかけないように、一人歩きできるようにならなくちゃな。そう思ったら、ケガをしてからガックリしてグダグダになっていた気持ちが消えて、スッと背筋《せすじ》がまっすぐに伸《の》びた気がした。

4

土曜日は月に二回、授業《じゅぎょう》があって午前中で終わる。授業《じゅぎょう》のあと、ひとしきりざわざわとしてから、みんなあわただしく教室を出ていく。だいたいは部活の仲間《なかま》と昼ごはんを食べて、部活へ行くんだ。今のぼくは数少ない帰宅部《きたくぶ》の一人で、シーンとした教室にいると世界から取り残《のこ》されたような気分になる。だから今日は早めに教室を出た。

「乾太《けんた》、じゃな！」

杉田が笑《わら》ってぼくの肩《かた》をポンとたたいて走っていった。野球部の杉田、富沢、中西にま

だ入部はしないと話した時、杉田はがっかりした顔をして、「なんだよ、そうなんだ。ランニングと筋《きん》トレだけでもやればいいのに」と言ってくれた。でも、杉田にも監督《かんとく》からマネージャーをやってほしいと言われたことは話していない。選手《せんしゅ》から外されたと思われたくないって意地もあって、話そうとすると胸《むね》になにかが突《つ》っかかる。

今日は天気がよくて、さわやかな風が吹《ふ》いている。グラウンドでの練習は気持ちいいだろうな。そんなことを考えながら廊下《ろうか》を歩いていたら、向こうからかなえが歩いてきた。

「あ、乾太《けんた》！　朝、電車でミヤと会ったんだけど、連絡《れんらく》あった？」

「ないけど」

「明日、文化センターのスタジオ借《か》りてバンドの練習するんだって。見に来れば？　って言ってたよ。水沢《みずさわ》先生も来てくれるから、乾太《けんた》もさそうって。私《わたし》は明日、部活で行けないんだけどね」

かなえは中学と同じく、テニス部に入ったみたいだ。ラケットを脇《わき》に抱《かか》えていた。

「へえ、そういえば、スタジオってドラムやキーボードもあったな。行きたいな」

「まだ腕《うで》、だめなんだ。痛《いた》いの？」

かなえが急に心配そうにぼくに顔を寄《よ》せて聞いた。

「う、うん、まだね、リハビリしてるよ。サンキュー、じゃな！」

顔が赤くなりそうになって、あわてて立ち去ってしまった。少しは心配してくれているんだな、なんて思いながら廊下《ろうか》の角を曲がった。

「天野《あまの》、なんだかうれしそうだな」

顔を上げたら、国語教師《きょうし》の観崎《かんざき》先生が目の前に立っていてギョッとした。やばっ、きっと顔がにやついていたんだ。

「ひじはどうだ？　リハビリしてるのか？」

ケガをした週の国語の授業《じゅぎょう》のあと、観崎《かんざき》先生は腕《うで》をどうしたと聞いてくれて、少し話をした。先生の授業《じゅぎょう》はおもしろくて、あっという間に時間が過《す》ぎていく。はじめての授業《じゅぎょう》で一人ひとり自己紹介《じこしょうかい》をしたら、すでにぼくら生徒《せいと》の名前と顔を覚《おぼ》えていて、驚《おどろ》いた。先生は「三十八歳《さい》、モテないから独身《どくしん》だ！」と、自虐《じぎゃく》ネタばかりの自己紹介《じこしょうかい》をしてみんな爆笑《ばくしょう》していた。うわさによると、二年生になったら作文の課題《かだい》でラブレターを書かされるらしい。

「あ、はい。週に二、三日、通ってます」

「リハビリをがんばれば早く治《なお》るぞ。部活もできなくて、いろいろともどかしいだろうが、ヤケになってグレるなよ」

「もうグレそうですよ～。最初《さいしょ》はぜんぜん曲がらなくて、リハビリがこんなにつらいと思わなかったです」

ハハハっと笑《わら》う神崎《かんざき》先生の顔が、あれ？　だれかに雰囲気《ふんいき》が似《に》てると一瞬《いっしゅん》、思った。

「先生も大学生の時に山で手首を骨折《こっせつ》して長くリハビリしたんだ。毎日の積《つ》みかさねが大事だぞ。一日一ミリでも進歩すればいいって心持ちであせらないでがんばれよ」

「先生は治《なお》ったんですか？」

神崎《かんざき》先生は右手を上げて手首をブラブラと振《ふ》ってみせた。

「ああ、ほら、もうなんの不自由《ふじゆう》もない。天野《あまの》もきっと治《なお》るから心配するなよ」

一日一ミリの進歩か。山天大畜《さんてんたいちく》の話ってそういうことを教えているのかもしれない。いいことを聞いた。

5

夕方、河川敷《かせんじき》を走りに行った。化成《かせい》中学の前から泰平大橋《たいへいおおはし》までのランニングコースを走っていたら、ひじのことやゴロさんの入院でざわついていた気持ちが少し落ち着いてきた。河川敷《かせんじき》の木々の青葉が日ざしに照《て》らされてきらきらしている。さわやかな風に吹《ふ》かれて泰《たい》平大橋《へいおおはし》までゆっくり走った。

泰平大橋《たいへいおおはし》の下にはゴミが山のようにあったのを、万引《まんび》き事件のあとのゴミ拾いで剛《つよし》とミヤと三人できれいに片《かた》づけた。最近《さいきん》、見に行ってなかったけど、どうなっているだろう？　気になって土手を下りて、橋の下へ向かった。橋の下は大きなゴミもなくきれいだった。だけど、橋の下の階段状《かいだんじょう》の護岸《ごがん》ブロックのところで足を投げ出すようにして座《すわ》りこんでいる人が見えた。大きな荷物を持って、ホームレスの人じゃないか？　ゴミを捨《す》てたりしないだろうな。近くを走って通り過《す》ぎてみようと、近づいていった。

「あれ……？　テツ？」

あのボサボサの髪《かみ》は間違《まちが》いなくテツだ。下を向いて何かやっていて、まだこっちに気づかない。

「テツー！」

「え？　おー！　乾太《けんた》」

橋の下で大声が響《ひび》きわたった。テツは満面《まんめん》の笑顔《えがお》で両手を振《ふ》っている。

「なにやってんの？　こんなところで」

よれよれのTシャツにジャージ、足にはごついブーツを履《は》いて、リュックが脇《わき》に置《お》いてあった。

「いや、ここ、いい場所だなって思ってさ。家、近くなんだっけ？」

「うん、ここから二キロくらいかな。今、ランニングしてきた」

「へえ」

ぼくはテツの横に座《すわ》って水を飲んだ。なにかの道具を出していじっていたらしい。

「テツの家ってこのへんじゃないよな？」

「ああ、ここから十キロくらいかな。おれは歩いてきた」

リュックはかなりでかくて、子どもの背丈《せたけ》くらいある。中には荷物がいっぱいに詰《つ》まっていそうだ。これを担《かつ》いで十キロも歩いてきたのか。

「なんでそんな荷物持って歩いてんだよ。山でも行くのか？」

「トレーニングだよ。知らなかったっけ？　おれ、ワンゲル部なんだよ」

「ワンゲル？」

「ああ、正式にはワンダーフォーゲル部。山岳部《さんがくぶ》みたいなもんだよ」

上級生が部活の紹介《しょうかい》をした時、そんな名前があったな。野球部しか考えてなかったから、ほかの部はよく見てなかった。たしか……。

「部活紹介《しょうかい》の時にテント広げてた？」

「そうそう！　今日、おやじにこのザックとザングツ買ってもらってさ。試《ため》しにフル装備《そうび》をパッキングしてみたら歩きたくなって、そのまま背負《しょ》ってきた」

「ザングツってなに？」

ザックはでかいリュックのことだとわかったけど、ザングツがわからない。

「これ、登山靴《とざんぐつ》、略《りゃく》してザングツだよ」

テツはハイカットの革《かわ》のブーツを指さした。本当だ、よく見たらおろしたての新品って感じだった。

「へえ〜、それ、かっこいいな」

「だろ？」

それからテツは橋の下からのぞくようにして西の空を見た。

「あー、乾太《けんた》、早く帰ったほうがいいよ」

「なんだよ、じゃまか？」

テツは一人が好《す》きみたいだから、もうぼくがじゃまになったのかと思った。

「そうじゃないよ。風も出てきたし、雨が来るぞ」

「そうかあ？　雨が降《ふ》ったらテツはどうするんだよ」

そういえば、天気予報《よほう》は見てなかったな。さっきまで空は晴れ渡《わた》っていたのに、少し雲が出てきた。

「ここにいれば濡《ぬ》れないだろ。なんだったらそこらで寝《ね》てもいいしさ」

そう言って、橋の下の平らな地面を指さして、へへへと笑《わら》う。

「え、ここに泊《と》まるってこと？　野生児《やせいじ》かよ！」

「ハハ！　おれ、どこでも寝《ね》られっからさ。でも山で雨が降《ふ》るとつらいんだよな〜」

「山で雨降《ふ》ると大変《たいへん》そうだな。でも、雨は龍《りゅう》が降《ふ》らす恵《めぐ》みの雨だからな」

　あれ、テツは話しやすいから、つい龍《りゅう》なんてつぶやいてしまった。聞き流すかと思ったら、テツは目をきらきら輝《かがや》かせて聞いてきた。

「え？　なに、雨は龍《りゅう》が降《ふ》らせてる？　おもしれえなあ！　それ、なんの話？」

「易経《えききょう》って中国の古典《こてん》があってさ、その中に書いてあるんだよ……」

話しながら空を見上げると、もくもくした黒い雨雲が西の空からせまってきていた。まじで飛龍《ひりゅう》がやってきそうだ。

「わ、本当にヤバくなってきた。テツ、うちに来いよ！」

6

家まであと百メートルってところで、ぼくたちは雨に追いつかれた。

「ワー！　来たぞ！」

「ヒャー、ハハハ！　すげえ雨だ！」

雨に濡《ぬ》れるのはいやだけど、今日の雨は龍《りゅう》の国で飛龍《ひりゅう》が降《ふ》らせた雨みたいにザーッといきおいよく降《ふ》って、気持ちよかった。テツとぼくは笑《わら》いながら走った。

「ただいま！」

タオルで濡《ぬ》れた体を拭《ふ》いていたら、お母さんが居間《いま》から出てきて、でかいザックを背負《しょ》ったテツを見て、ギョッと驚《おどろ》いた顔をした。

「あら、こんにちは……」

髪《かみ》も濡《ぬ》れてボサボサでカッパみたいだったから、そりゃ、驚《おどろ》くな。

「高校の友だち。テツっていうんだ。テツはワンダーフォーゲル部でさ、トレーニングで歩いてて会ったんだ」

「こんにちはー！　山岡鉄生《やまおかてつお》です。おじゃましまーす！」

テツはニコニコしながら、ばかでかい声であいさつした。

「すげえ、山小屋だ！　いいじゃん、いいじゃん」

テツはぼくの部屋がそうとう気に入ったみたいだ。ようやく山小屋と言ってもらったから、馬小屋と呼《よ》ばれているとは言わなかった。

「あんたたち、お腹《なか》すいてるでしょう？」

お母さんがお茶のペットボトルとどら焼《や》きを持ってきた。

「テツくん、この雨じゃしばらく帰れないでしょうから夕飯《ゆうはん》、食べていかない？　ご飯《はん》を今から炊《た》くから少し時間かかるけど」

「はい、いただきまーっす！」

遠慮《えんりょ》するかと思ったら、さわやかな即答《そくとう》でお母さんはプッと噴《ふ》きだした。

「あっ、今日、おれ、米も持ってるからメシ炊《た》きましょうか？」

そう言って、ザックの中をガサガサやりだした。ぼくもお母さんも「米？」と、ポカンとして見ていた。

「なんで米まで持ってんの？　本当にあそこで泊《と》まるつもりだったのか？」

「新しいザックに山に行く装備《そうび》一式《いっしき》、詰《つ》めてみたかったんだよ」

テツは米と、袋《ふくろ》に入った丸いものを取り出した。袋《ふくろ》を開けると鍋《なべ》が入っていた。それからなにかの道具と小さなタンクも出してきた。

「すごいわねえ、その鍋《なべ》のセット。フライパンとやかんまであって、コンパクトにまとまってるのね。そのタンクはカセットボンベみたいなものなの？」

テツが広げた道具をお母さんは興味深《きょうみぶか》そうに見ている。鍋《なべ》はだいぶ使いこんだ感じだった。

「そうです。それでこれがバーナーで、これをこうすると……五徳《ごとく》になります」

小さな金具は折《お》りたたみ式になっていて広げると四枚の羽根《はね》のようになった。その金具をタンクに取り付《つ》けて、スイッチを押《お》すとぱちんと音がしてボーッと火がついた。

「へえ！　ガスコンロになるんだ」

「はじめて見たわ。よくできているのねえ。あ、だけどご飯《はん》は炊《た》かなくても大丈夫《だいじょうぶ》よ」

お母さんがそう言うと、テツはとたんにシュンとした顔をした。

「いやあ、すごい雨だな。ほう、飯《はん》ごう炊《すい》さんか。なつかしいな」

声に振《ふ》り向くとじいちゃんがドアのところに立っていた。

「あ、じいちゃん、おかえり。高校の友だちの……」

「こんにちは！　山岡鉄生《やまおかてつお》です。おじゃましてます」

テツはピンと立ちあがって、じいちゃんにあいさつした。

「ああ、こんにちは。いらっしゃい。祖父《そふ》の天野龍之助《あまのたつのすけ》です。飯《はん》ごうのメシはうまいんだよなあ」

じいちゃんはいつも、はじめて会う人にはフルネームであいさつしなさいと言っているから、テツを気に入ったみたいだ。

「じゃ、炊《た》きます！　おれ、おやじに仕込《しこ》まれたからメシ炊《た》きうまいっすよ。おこげのところが一番好《す》きなんですけど、今日は龍之助《たつのすけ》さんに差《さ》しあげます！」

思わずお母さんと顔を見合わせたら、お母さんはまたプッと噴《ふ》きだした。テツはうれしそうに米の袋《ふくろ》を鍋《なべ》にあけた。やっぱりちょっと変《か》わっていて、おもしろいヤツだな。

7

雨があがって、庭の軒先《のきさき》でテツがご飯《はん》を炊《た》いた。ぼくとじいちゃん、坤太《こんた》も来て、縁側《えんがわ》に座《すわ》ってそれを見ていた。じいちゃんとテツはすっかり意気投合《いきとうごう》して山の話や道具の話で盛《も》りあがっている。ぼくがじいちゃんにはなんでも話してしまうのと同じく、テツもずっとしゃべりっぱなしだ。龍之助《たつのすけ》さん、龍之助《たつのすけ》さんと連発《れんぱつ》している。どちらかと言えば無口《むくち》なヤツかと思ったら、そうでもないんだ。

じいちゃんが若《わか》い頃《ころ》に山に登っていたというのは初耳《はつみみ》だった。テツは大学で山岳部《さんがくぶ》だったお父さんに連《つ》れられて子どもの頃《ころ》から高い山に登っていたらしい。

「へえ、お父さんが山が好《す》きなんだ。それでワンゲル部に入ったんだ」

だんだんテツのことがわかってきたぞ。少し変人《へんじん》なのかと思っていたけど、山男ってきっとこんな感じだよなと思った。

「おやじは最近《さいきん》、仕事が忙《いそが》しくて、山に連《つ》れていけないからワンゲル部のある順応《じゅんのう》高校に行けって言われたんだ」

「それでザックや登山靴《とざんぐつ》も買ってくれたんだ」

「いや、買ってもらったけど、これから夜に働《はたら》いて返すんだよ」

「アルバイトして返すのか。それはえらいな」

じいちゃんは感心しているけど、夜に働《はたら》くってやばいバイトじゃないだろうな。

「あー、テツ、じいちゃんはさ……」

まずいことを言う前に、じいちゃんが順応《じゅんのう》高校の校長だったことを言おうとしたら、じいちゃんはそっとぼくに手を振《ふ》って、言わなくていいと合図した。

「アルバイトっていうか、おやじの工場《こうば》を手伝えってことなんですけどね」

「ほう、お父さんはどういう仕事をしているんだね？」

「自動車部品を作っている町工場《まちこうば》です」

なんだ、そうか。あせって損《そん》したよ。

「乾太《けんた》、そういえばさっきの〝龍《りゅう》が恵《めぐ》みの雨を降《ふ》らす〟っていいな。恵《めぐ》みの雨って思えば雨もいやじゃないって思ったよ。どんな話なんだ？」

「それはあとでじいちゃんに聞いたほうがいいよ」

夕食の時、テツが炊《た》いたご飯《はん》はみんなで分けて味わった。大好評《だいこうひょう》だった。坤太《こんた》はテツのコンロで目玉焼《めだまや》きを焼《や》きたいと言いだして、テツと目玉焼《めだまや》きを六個《こ》焼いた。ご飯《はん》はちょっと焦《こ》げた匂《にお》いが香《こう》ばしくて、うまい。ばあちゃんはふるさとの味がすると喜《よろこ》んで、坤太《こんた》はおこげに醬油《しょうゆ》をちょっとたらして食べるのがえらく気に入ったみたいだ。

夕飯《ゆうはん》のあと、じいちゃんは、潜龍《せんりゅう》にはじまって、見龍《けんりゅう》、乾惕《けんてき》、躍龍《やくりゅう》、飛龍《ひりゅう》、亢龍《こうりゅう》までを話して聞かせてくれた。

「大切なのは、しっかりとして揺《ゆ》れ動かない確乎不抜《かっこふばつ》の志《こころざし》だ。すべては志《こころざし》からはじまる。そしてこの龍《りゅう》の段階《だんかい》を進んでいけば、志《こころざし》はかならず実現《じつげん》すると教えているんだ」

最後《さいご》にじいちゃんがそう言うと、黙《だま》って聞いていたテツがハッとしたような顔をした。

「テツ、もう今日は遅《おそ》いから、家に電話して泊《と》まっていきなさい」

じいちゃんがそう言ってくれて、ちょっとホッとした。このまま帰したら、きっと泰平《たいへい》大橋《おおはし》の下で寝《ね》るつもりだったんだろう。

「やった、今日は山小屋泊《ど》まりだ〜！」

テツは大喜《おおよろこ》びで、お母さんが布団《ふとん》を持ってくると言うのをことわって、サッサと床《ゆか》に自分の寝袋《ねぶくろ》を広げて潜《もぐ》り込《こ》んだ。

「乾太《けんた》、おれの志《こころざし》、エベレスト登頂《とうちょう》する！　まだ何にもできねえけど、行きてえ、絶対《ぜったい》に行く！」

「エベレストか！　かなったらすげえな！　……な！」

何にも反応《はんのう》がないなとのぞいたら、もうグーグーと熟睡《じゅくすい》していた。はや！　寝袋《ねぶくろ》に入ったテツは暗闇《くらやみ》でじっとしている潜龍《せんりゅう》みたいに見えた。

翌朝《よくあさ》、六時に目が覚《さ》めたら、テツは忍者《にんじゃ》のように消えていた。帰ったことにまったく気がつかなかった。起きあがって机《つくえ》をふと見ると、ノートをやぶった紙の置《お》き手紙があった。ものすごくヘタクソな龍《りゅう》の絵の横に「ありがとう！　めっちゃ楽しかった。また来ていいか？　みなさんによろしく！」と書いてあった。

青春のエンジン始動！

1

朝ごはんを食べていたら、ミヤから「文化センターで二時からバンドの練習やるから見に来いよ」と、電話があった。通り道だから迎《むか》えに行ってやるよとえらそうに言う。剛《つよし》は部活、ハルはサッカークラブの試合《しあい》があって来られない。

ミヤはきっと約束《やくそく》の時間に遅《おく》れてくるから、外で待ってようと玄関《げんかん》を出たら、ギターケースを持ったミヤが家の前に立っていた。

「お、時間前なんてめずらしいじゃん」

「バカ、五分前集合が基本《きほん》だろ」

いつもよりキリッとした顔に見えた。はじめてのスタジオ練習ではりきっているみたいだ。

「それか、買ってもらったエレキギター」

エレキギターの話はたくさん聞いていたけれど、見るのははじめてだった。

「へへ、音、聞いたらしびれるぜ〜。なーんてな、まだヘタクソだよ」

ミヤはギターを教わっていた化成《かせい》中野球部の美村監督《みむらかんとく》が知っている楽器店《がっきてん》で買ったと言っていた。「今日はなんの曲やるんだ？」

「スタンド・バイ・ミーだよ。純《じゅん》が歌えるし、まずはスタンダードな曲がいいって水沢先生が言うから練習した。合唱団《がっしょうだん》の練習が終わったら見に来てくれるってさ」

「スタンド・バイ・ミーか、いいじゃん」

みんなで必死《ひっし》に英語を覚《おぼ》えて、合唱団《がっしょうだん》で歌った唯一《ゆいいつ》の英語《えいご》の曲だ。「ソー、ダーリン、ダーリン……」ってところが好《す》きなんだ。

文化センターのスタジオに着いたら、純《じゅん》と、それから純《じゅん》とミヤと同じ高校でバンドメンバーになった二人と、大きな女子がいると思ったら、富永《とみなが》だった。

「富永《とみなが》、久《ひさ》しぶり！　剛《つよし》は部活で来られないって言ってたからさ、来ないと思ってた」

「乾太《けんた》！　腕《うで》はどう？　心配してたんだ」

剛《つよし》と富永《とみなが》は高校は別々《べつべつ》になったけれど、相変《あいか》わらず仲《なか》よくつきあっている。富永《とみなが》と話していたら、純《じゅん》がぼくに同じ高校のバンドメンバー二人を紹介《しょうかい》してくれた。

純《じゅん》は高校に入ってすぐ、あちこちに声をかけまくってメンバーを集めた。バンドのリーダーは自然《しぜん》と純《じゅん》になったそうだ。

「それからうちのキーボード、とみなが～」

純《じゅん》がふざけて両手をパーに開いて富永《とみなが》の頭のあたりでヒラヒラさせた。

「へえ、富永《とみなが》もバンドやるの？」

そんなこと剛《つよし》からなにも聞いてないぞ。富永《とみなが》は違《ちが》う違《ちが》うとでかい手を左右に振《ふ》った。

「やめてよ、今日は試《ため》しにって来ただけよ」

「キーボードに富永《とみなが》がいたらなって思ってさ、メンバーに誘《さそ》ってるんだよ」

それからみんなは、アンプにつないだり、楽器《がっき》をセットしたりして、練習をはじめる準《じゅん》備《び》をしだした。ミヤがギターをジャ、ジャーンと弾《ひ》いた時は、ちょっと鳥肌《とりはだ》ものだった。

バンドは、まだヘタだ。だけど楽しそうで、楽器《がっき》が弾《ひ》けるってうらやましい。

練習をはじめてから三十分くらいして、水沢先生が来たら、ガラッと空気が変《か》わった。

「お！　乾太《けんた》くんに富永《とみなが》さんも、久《ひさ》しぶりだなあ。乾太《けんた》くんケガしたんだってね、大丈《だいじょう》夫《ぶ》？」

さっそうと入ってきた瞬間《しゅんかん》から、スタジオ全体に水沢先生のエネルギーが充満《じゅうまん》した。久《ひさ》しぶりだな、この感じ。

「じゃ、聴《き》いてるから一回、演奏《えんそう》してみて」

それからはノリノリの熱血指導《ねっけつしどう》がはじまって、バンドのメンバーの表情《ひょうじょう》が真剣《しんけん》になった。

水沢先生はまるで全身が音楽って感じで、大きなアクションで手を振《ふ》ったり、首を揺《ゆ》らして踊《おど》ったりしながら、メンバーの間を動き回った。すると、みんなも引き込《こ》まれるように演奏《えんそう》がのってきた。

水沢先生がアドバイスしたら、その前は少し間延《まの》びしたようだったミヤのギターも同じ人が弾《ひ》いてるのか？　ってくらい格段《かくだん》にかっこよくなった。

最後《さいご》は純《じゅん》と一緒《いっしょ》に水沢先生が歌って、歌い方を教えた。先生はまるでロックバンドのヴォーカルみたいに迫力《はくりょく》があった。純《じゅん》はすぐにまねをして歌えるようになった。ぼくも歌《か》詞《し》を思い出して、口ずさんでいた。

「よーし！　いいね、こんな短時間ですごくかっこよくなった。繰《く》り返し練習すればもっとうまくなるよ。がんばって！」

「ありがとうございました！」

最後《さいご》にドラムを派手《はで》に鳴らして締《し》めくくった。ワー！　パチパチパチ、歓声《かんせい》と拍手《はくしゅ》、バンドっていいなあ、やっぱり音楽は好《す》きだ。

「先生、バンドも教えられるなんて、やっぱりすごいなあ。おもしろかったです」

「じつはバンドやってたんだよ。高校の時に少しね」

「ロックバンドを？」

「そう、親に隠《かく》れてライブハウスでも演奏《えんそう》していたよ。うちはクラシック音楽ばかりの家庭でロックなんて言ったら大反対だったけど、やりたくて、やりたくてさ」

先生はクラシック一筋《ひとすじ》だと思っていたからロックバンドなんて想像《そうぞう》できなかった。

「えー、ずっと隠《かく》れてやっていたんですか？」

富永《とみなが》も話に加《くわ》わってきた。

「そうそう、夜中にキーボードの練習したりして。若《わか》い頃《ころ》にいろんなことやってよかったし、楽しかったなあ」

「私《わたし》もバンド、やろうかなあ、すごく楽しかった」

「やれよ。楽器《がっき》が弾《ひ》けたらおれもやりたいよ」

自由に青春を楽しむって、きっとこういうことだよな。

文化センターを出て、みんなでファミレスに行った。

それぞれドリンクバーにジュースを取りに行って、テーブルに戻《もど》ってきたら、純《じゅん》がグラスを手に取った。

「じゃさ、スタジオ初《はつ》練習にカンパーイ！」

「カンパーイ!」

それからミヤは楽譜《がくふ》を広げて、さっき水沢先生に教えてもらったことを細《こま》かく書き込《こ》み始めた。なんか今日のミヤの行動は意外だ。

「ちゃんと書くんだ」

「うん、すげえ勉強になった。今まで気づかなかったこともあってさ。いつも教えてもらえたらいいよな」

「いつもは無理《むり》だよ。水沢先生はめっちゃ忙《いそが》しいんだぜ。しばらく練習してからまたお願《ねが》いして聴《き》いてもらおう」

いつもハルの後ろを歩いていた純《じゅん》がすっかりリーダーらしくなっている。純《じゅん》とミヤはずっと合唱団《がっしょうだん》で水沢先生に音楽を習ってきて、今度は先生から離《はな》れてバンドを組んで自分たちで前へ前へと進もうとしているんだな。だれに言われなくてもこうして反省《はんせい》もしてちゃんと乾惕《けんてき》が教えていることをやっている。

「お、富永《とみなが》、やる気じゃん!　な、乾太《けんた》も入るか!」

富永《とみなが》も楽譜《がくふ》を広げて書き込《こ》みはじめたら純《じゅん》が大きな声を出して言った。こっちを見つめる目がキラキラというより、ギラギラしている。

「おれは何も弾《ひ》けないよ」

「楽器《がっき》なんて言ってないよ。おれと乾太《けんた》のダブルヴォーカルでさ。試《ため》しにやってみようよ」

歌ならできるかも。やりたい！　と思ったけど部活を再開《さいかい》したらできないな。

「もう野球部は入らねえからヒマだろ？　やろうぜ」

ミヤがすかさず聞いてきた。相変《あいか》わらず鋭《するど》いヤツだ。

「治《なお》ったら入るつもりだよ。だけどこの間、監督《かんとく》からマネージャーにならないかって言われてさ」

「マネージャー？　おまえ、順応《じゅんのう》でレギュラーになれなくてもいい、なんて言ってたけど、意味ないんじゃねえか？　野球はおれもやってよかったよ。でも試合《しあい》に出られなかったらおもしろくねえ。最初《さいしょ》からマネージャーなんてもっとおもしろくねえだろ」

「だからマネージャーはことわったよ」

「ったく、ノリがわりいなあ、乾太《けんた》はまじめすぎるんだよ」

まじめでなにがいけないんだよ、ちょっとムッとした。こいつはいつも胸《むね》をえぐるようなことを言う。くやしいけど、それはそのとおりだ。最初《さいしょ》からマネージャーなんておもしろくねえっていうのがまさしく本音だ。

「なあ、純《じゅん》はサッカー部に入らないで後悔《こうかい》してないのか？」

純《じゅん》は小学校からずっと続《つづ》けてきたサッカーを高校の部活ではやらないと前から言って

いた。

「うん、今はサッカーよりバンドをやりたい。サッカーは謙介《けんすけ》さんのチームで週二回、練習してるし、試合《しあい》も月一回あるよ」

「そっか」

きっぱりと言える純《じゅん》がうらやましかった。

「サッカー部とバンドの両方も考えたけど、部活は毎日遅《おそ》くまで練習だから両方は無理《むり》だよ。それに高校のサッカー部は遠征《えんせい》も多くて、親も送り迎《むか》えや当番とかあって大変《たいへん》なんだよ。おれのうち、母親も仕事してるからさ。まあ、そーゆーこともあってやめた」

純《じゅん》はもともと落ち着いてクールなところがあったけど、それってイコールおとななんだと気がついた。自分の意志《いし》がはっきりしてて、まわりのこともちゃんと考えている。順応《じゅんのう》の野球部も保護者会《ほごしゃかい》があって、試合《しあい》の送り迎《むか》えや当番もある。お母さんが「やるわよ」と言ったから、大変《たいへん》だろうとは思ったけどそんなに気にしていなかった。

2

純《じゅん》に試《ため》しにバンドをやってみないかと誘《さそ》われて、すぐに「やる！」って言う気にはなれなかった。「自由に青春を楽しめ」ってことは、きっと、やりたいと思ったら、なんでも試《ため》してみろってことだよな。ミヤにノリが悪いって言われたことがずっと引っかかっていた。こうやって、あとからグダグダ考えるところが自分でもいやなんだ。

「なんだ？　すげえしかめっ面《つら》して。学食、行くだろ？」

「あ、行こう。おれ、今日はオムライスにしよ」

あれからテツと仲《なか》よくなって昼飯《ひるめし》は一緒《いっしょ》に食べている。

「今日さ、部活で炊事《すいじ》の練習があって、ワンゲル部伝統《でんとう》のシチューってやつを作るんだよ。うまいらしいよ。食いに来れば？」

テツがラーメンの汁《しる》を飲みながら言った。

「へえ、部員じゃなくても行っていいの？」

そんな話をされたら、食べたばっかりなのにもう腹《はら》がへってきた。

「ぜんぜんＯＫだよ。たくさん作るからだれか連《つ》れてこいってさ」

「うん、じゃ、行くよ」

放課後《ほうかご》、テツとワンゲル部の部室へ行ってみた。

「同じクラスの乾太《けんた》がシチュー食べに来ました！」

「いらっしゃーい！」

「天野乾太《あまのけんた》です。よろしくお願《ねが》いしまーす」

部室っていうより、友だちの家に遊びに来たって雰囲気《ふんいき》だ。あれ、部員ってこれだけ？今、部室にいるのは、テツを入れて九人だけだ。

壁《かべ》の棚《たな》にはザックや寝袋《ねぶくろ》、鍋《なべ》、ロープ、それから何に使うのかわからない道具がぎっしり詰《つ》まっていた。山の道具ってこんなにいろいろあるんだ。へえ、おもしろいなと見ていったら、壁《かべ》にたくさん写真が貼《は》ってあった。

その中の一枚にぼくの目はクギ付《づ》けになった。

（え！　こんなところまで行けるんだ。すごい……すげえー！）

それは雲の上に突《つ》きだしたような山の頂上《ちょうじょう》での記念《きねん》写真だった。青い空と雲海《うんかい》を背景《はいけい》に部員が肩《かた》を寄《よ》せあってVサイン。頭の中に、龍《りゅう》の国で飛龍《ひりゅう》を追いかけて空を飛《と》んだ時の景色《けしき》が広がった。しばらく見とれていたら、後ろからポンポンと肩をたたかれて、ハッと夢《ゆめ》から覚《さ》めた。

「じゃ、乾太《けんた》、せっかくだから手伝ってね」

じゃがいもを持った女子がニコッと笑《わら》って、はいっと小さな折《お》りたたみナイフをぼくに渡《わた》した。ジャージにTシャツ、長い髪《かみ》をゴムで後ろに束《たば》ねて、飾《かざ》り気《け》はないけどきれいな人だ。

「テツもほら、にんじんとたまねぎ切って」

「お、さっそく美歩《みほ》さんにつかまった。働《はたら》かされるぞー。あ、でも、美歩さん、乾太《けんた》は右腕《うで》ケガしてるからナイフは無理《むり》だよ」

美歩さんって呼《よ》ぶってことは先輩《せんぱい》なんだ。どうりでしっかりしていると思った。

「あ、ごめん。そうなんだ。じゃ、たまねぎの皮むくのは？」

「それならできます。ケガしてなくてもじゃがいもの皮はむけないし」

「え、もしかして、包丁《ほうちょう》使えないの？」

目をパチクリとしてぼくを見た。

「うん、料理《りょうり》は授業《じゅぎょう》の調理実習しかしたことない」

「まじで～。幸せなんだね」

そう言いながら、皮をむいたじゃがいもをまな板の上でトントンと器用《きよう》に切っていく。

「おれもワンゲルに入る前は料理《りょうり》なんてしたことなかったよ」

「ええ！　ワンゲル部のシェフ、マキさんが？」

美歩さんがマキさんと呼《よ》ぶってことは美歩さんは二年生、マキさんって人は三年生か。

「乾太《けんた》、この、ヒョロッとでかい人がワンゲル部の牧田《まきた》部長」

「こら、テツ、刃物《はもの》を人に向けるなー！」

「あっ、すみませーん！」

マキさんは笑《わら》いながらテツに注意した。さっきからずっと笑顔《えがお》でいい人そうだ。

ワンゲル部は運動部なのに、先輩《せんぱい》、後輩《こうはい》でも友だちみたいな話し方だ。後輩《こうはい》は先輩《せんぱい》をニックネームの下に「さん」を付《つ》けて呼《よ》んでいる。部員は一年生が三人でそのうち一人が女子、二年生は三人、三年生が三人だけみたいだ。みんな仲《なか》がよくてワイワイガヤガヤ、マキさんを中心にずっと話している。

先輩《せんぱい》たちはシチューを作りながら、一年生に道具の名前や使い方を教えている。いろいろ用語があるみたいで、鍋《なべ》はコッヘル、取っ手がついた金属の入れ物はシェラカップ、さっきのナイフはオピネルと呼《よ》んでいた。

「マキさん、乾太《けんた》の部屋は家の庭にあって、まるで山小屋なんだよ。それから乾太《けんた》のじいさんの話がすっごくいいんだ」

「へえ～」と、みんなが声を揃《そろ》えた。テツはうちに来て、そうとう楽しかったみたいだ。じいちゃんとずいぶん話していたもんな。

「山小屋、見てみたいなあ。今度、おれも遊びに行っていい？」

「私《わたし》も行きたい！」

美歩さんがハイっと手を高くあげた。なんだかちょっとうれしかった。

「おれも！」

ハイ！　ハイ！　とみんな手をあげた。

「えー、そんなに広い部屋じゃないですよ。もともと物置《ものおき》だったからすごく狭《せま》くて、六人でギューギューだけど、遊びに来てください」

3

「うん、うまい！　できたぞー！」

マキさんができあがったシチューを味見《あじみ》して、ＯＫサインを出した。トマト味で野菜《やさい》とソーセージもたっぷり入っている。鍋《なべ》をのぞいていたら腹《はら》がへってきた。

「ラブちゃん遅《おそ》いなあ。早く食《く》いたいのに」

ラブちゃんってだれだ？　と思ったら、部室のドアのくもりガラスに人影《ひとかげ》が見えた。パカッとドアが開いて観崎《かんざき》先生が入ってきた。ああ、そうか。

「あ、先生、うわさをすればカゲ」

「牧田《まきた》、正式にはうわさをすれば影《かげ》がさす、だ。ごめん、遅《おそ》くなった。おお、もうできた

のか? うまそうだなあ」

ワンゲル部の顧問《こもん》って観崎《かんざき》先生なんだ、知らなかった。だからワンゲル部はこんな雰囲《ふんい》気《き》なんだと納得《なっとく》できた。

「あれ、天野《あまの》? ワンゲル部だったっけ?」

ぼくを見つけた観崎《かんざき》先生がとぼけた顔をして聞くと、みんながドッと笑《わら》った。

「山岡《やまおか》に誘《さそ》われて、シチュー食べに来ました」

それから部員以外《いがい》の四、五人の一年生と、副顧問《ふくこもん》の保健《ほけん》体育の早坂《はやさか》先生も部室にやってきた。

床《ゆか》にシートを広げて、シチューの鍋《なべ》を囲《かこ》むようにみんなで座《すわ》った。シチューはシェラカップという食器《しょっき》によそって、食パンが配られた。トマト味で野菜《やさい》も柔《やわ》らかく煮《に》えていて、うまかった。

「どう？　うまい？　おかわりあるよ」

マキさんがぼくに聞いた。

「めっちゃうまいです！　学校でこんなことしていいんだ」

「ハハ、ワンゲル部だけの特権《とっけん》だよ。炊事《すいじ》練習とかいって、みんなコーヒー飲んだり、ラーメン食《く》ったりしてるよ」

先輩《せんぱい》なのにニコニコして後輩《こうはい》にシチューをよそってくれて、なんて面倒見《めんどうみ》のいい人なんだろう。

「これが森の中で食べると十倍うまいんだよ」

観崎《かんざき》先生がシチューの器《うつわ》を手に、ぼくのとなりに座《すわ》った。近くで見ると観崎《かんざき》先生は腕《うで》も足もしっかりと筋肉《きんにく》がついていて、鍛《きた》えられた体をしていた。

「まだボールは投げられないよなあ」

「はい、自主トレでランニングとストレッチはしています」

「野球部は休部してるのか？」

「いえ、入部しなかったんで今は帰宅部《きたくぶ》です……先生、登山は足腰《あしこし》のトレーニングになりますよね？　おれも山に行きたいな」

自然《しぜん》にスルッと言ってしまって、自分でもびっくりした。観崎《かんざき》先生も意外だったみたいで「オッ！」という顔をした。

「今週末、一泊《いっぱく》で山に行くけど来るか？　保護者《ほごしゃ》と医者の許可《きょか》をもらってきたら連《つ》れていくぞ。テント泊《はく》の練習がメインで初心者《しょしんしゃ》でも登れるコースだから、きっと大丈夫《だいじょうぶ》だ」

「本当ですか？　聞いてみます。でも、本格的《ほんかくてき》な登山はしたことないし、靴《くつ》も道具もなにも持ってないですけど」

　山に登ったことといえば、昔、家族で行った高尾山《たかおさん》だけだ。山に登ろうなんて考えたこともなかったのに、胸《むね》が躍《おど》るってこのことなんだな。さっきの山頂《さんちょう》の記念《きねん》写真を見たら、急に行きてえ！　って思ったんだ。

「ここにいる部員はほとんど経験《けいけん》なく入ってきたんだ。一年生では、山岡《やまおか》は山の経験《けいけん》ありだけど、あとの二人、岸本《きしもと》と板垣《いたがき》は経験《けいけん》なしで連休《れんきゅう》に行った日帰りの山行《さんこう》がはじめてだよな」

「そう、そう」

　同じ一年生の二人、キッサンと呼《よ》ばれている男子と、クミちゃんと呼《よ》ばれている女子がうなずいた。

「けんたー！　行こうぜ！　山は楽しいぞ〜！」

　黙《だま》ってシチューを食べていたテツが急にとなりで、耳がキーンとなるほどでかい声を出した。わかってきたけど、テツはスイッチのオンとオフの入り方が急なんだ。

「道具はここに揃《そろ》ってるよ。ザックも貸《か》し出しOK！　飛《と》び入り参加《さんか》も大歓迎《だいかんげい》！　今度がだめでも次があるからさ」

マキさんが道具が並《なら》んだ棚《たな》を指して言うと、みんなで「行こうよ、行こうよ」と誘《さそ》ってくれた。

「はい、よろしくお願《ねが》いします！」

「ようこそー！」

マキさんが手を大きく広げると、みんなが拍手《はくしゅ》してくれた。

それから靴《くつ》はどうするかと聞かれて、テツが、足のサイズが同じだから使っていたザングツを貸《か》すと言ってくれた。でも、みんなが口を揃《そろ》えて、「あれじゃボロボロだからダメだ」と大反対したから、テツはちょっとむくれている。

「あ、OBの山上《やまがみ》さんが新しく買ったからって、去年、置《お》いていってくれたやつ、もしかしたらサイズ合うんじゃないかな」

美歩さんが棚《たな》をゴソゴソやって靴《くつ》を出してきた。

「ああ、これ、古いけどいいやつなんだよ。おれがもらおうと思ったら小さかった。これが合えばソックス買うだけで行けるよ。履《は》いてみれば？」

三年生のハヤトと呼《よ》ばれている先輩《せんぱい》が言った。そして厚手《あつで》の登山用のソックスを貸《か》してくれて、靴《くつ》ひもの結《むす》び方を教えてくれた。みんな親切だな。履《は》いたらぴったりだった。

「すげえラッキーじゃん、これは山に行くって運命だったんだよ！　な！　なっ！」

「テツ、テンション高すぎ！」

美歩さんがテツの様子を見てケラケラ笑《わら》っている。

「先生、親と病院の許可《きょか》が出れば、入部してなくても行っていいんですか？」

「もちろん。体験《たいけん》入部で届《とど》けを出せばいい。靴《くつ》に慣《な》れたほうがいいから持って帰っていいぞ。それから明後日《あさって》のトレーニングから参加《さんか》したほうがいいな」

観崎《かんざき》先生から親に読んでもらうようにと保護者用《ほごしゃよう》のワンゲル部の冊子《さっし》を渡《わた》された。

4

帰りに乾惕堂《けんてきどう》をのぞいてみたら、店は開いていて、春子おばさんがいた。

「こんにちは！」

「あら、乾太《けんた》くん、こんにちは」

春子おばさんが笑顔《えがお》で「入って、入って」と手まねきしている。

「ゴロさんはどうですか？」

「おかげさまで、もう歩けるようになってお医者さんも驚《おどろ》いているのよ。予定どおり明日、退院《たいいん》になったわ。龍之助《たつのすけ》さんが病院に何回も来てくれて、元気づけられたみたい」

よかった、さすがゴロさんだ。春子おばさんも明るい顔になっている。

「あ、これ、また送るんですか？」

机《つくえ》の上にいろんな本が積《つ》みあがっていた。

「ええ、そうなの」

「じゃ、手伝います」

それから送る本と伝票《でんぴょう》を封筒《ふうとう》に入れるのを手伝った。春子おばさんはその間も本を整理したり、電話を受けたり、忙《いそが》しそうだった。

「もうこんなに重い本を持つのは無理《むり》かしらねえ」

春子おばさんがひとり言のように言ってドキッとした。それって乾惕堂《けんてきどう》を閉《し》めるってことじゃないか。

「でも、できるかぎり店は続《つづ》けたいんですって」

そう、ここは毎日努力《どりょく》し続《つづ》ける乾惕堂《けんてきどう》なんだからゴロさんが簡単《かんたん》にやめるわけないよ。だけど、乾惕堂《けんてきどう》もいつか店を閉《し》めるのか、なんて思ったら並《なら》んでいる大量《たいりょう》の本や壁《かべ》の振《ふ》り子時計《こどけい》が悲しく見えてきた。

そんなことを考えながら、本を送る準備《じゅんび》が終わって、春子おばさんがもう大丈夫《だいじょうぶ》よと言うので帰ることにした。

「助かったわ。乾太《けんた》くん、ありがとう」

「あの、ゴロさんはいつ頃《ごろ》から店に来られるんですか？」

「そうね、一週間くらいは家で安静《あんせい》にしてそれからね。椅子《いす》に座《すわ》って仕事するのは大丈夫《だいじょうぶ》だけど、しばらく重い物は持ったらいけないって言われているの。でも、なんとかなるでしょう」

「ひじがだいぶ動くようになってきたから、ぼくも手伝います」

「また来ます！」と言って、春子おばさんにあいさつして帰った。

5

さて、お母さんになんて話そうか。一つはゴロさんが退院《たいいん》したら、しばらく手伝いたいこと、もう一つはワンゲル部の合宿に行く許可《きょか》をもらわなくちゃな。

ゴロさんを手伝うことは、「そうね、お世話になっているんだから、お手伝いしなさい」

と、すんなりＯＫだった。山に行くのは反対される覚悟《かくご》で聞いた。

「それからさ、今度の土日、ワンゲル部が一泊《いっぱく》で山に行くんだって。おれも一緒《いっしょ》に行ってもいい？　足腰《あしこし》のトレーニングになるからさ。病院で聞いて許可《きょか》が出れば連《つ》れていってくれるって、顧問《こもん》の観崎《かんざき》先生に言われたんだ」

「あら、いいじゃない。明日、診察《しんさつ》でしょう。先生に聞いてみなさい」

じいちゃんも「おお、行ってこい、行ってこい」と大賛成《だいさんせい》。お父さんにはトレーニングになるから登山に行ってくると、メールを送ったら「テントに泊《と》まるのか。いいな！　気をつけて行ってこい」と返信《へんしん》があった。

病院に行って先生に聞いたら、最初《さいしょ》はうーんと腕《うで》を組んだ。まだ右手で重い物を持つのは禁止《きんし》だ。万が一、転んで手をついたらまた脱臼《だっきゅう》してしまう可能性《かのうせい》がある。

まだだめか、とあきらめかけた時、「なんとかして進む方向を考えろ」とゴロさんに言われたのを思い出した。「充分《じゅうぶん》気をつけて、絶対《ぜったい》に無理《むり》はしませんから」とお願《ねが》いしたら、許《きょ》可《か》がおりた。

よし！　すべてクリアだ。さっそく病院から商店街《しょうてんがい》のスポーツ用品店に直行して、登山用のソックスを買った。スポーツ用品店のおじさんは、「野球のストッキングじゃなくて、登山用の靴下《くつした》かい？」と、首をかしげていた。

夕方、貸《か》してもらった登山靴《とざんぐつ》を履《は》いて、河川敷《かせんじき》を歩いてみた。底《そこ》が硬《かた》くてランニングシューズや野球のスパイクとはぜんぜん履《は》き心地《ごこち》が違《ちが》う。はじめての感触《かんしょく》だ。この靴《くつ》は雲《うん》海《かい》が広がる頂上《ちょうじょう》まで行ったんだろうか。あの写真を思い浮《う》かべただけで胸《むね》が躍《おど》る。

ケガをしてからずっと心が干《ひ》からびたようになっていたけど、テツと河川敷《かせんじき》で会った日の雨は飛龍《ひりゅう》の恵《めぐ》みの雨だったのかな。今の気持ちは雨のち快晴《かいせい》。ようやく一歩前進できた気がした。ゴロさんがよくなったらいい報告《ほうこく》をしなきゃな。

6

「さあて、行きますか！」

マキさんのかけ声とともに、ザックを背負《しょ》ってワンゲル部の部員全員、ぞろぞろと部室を出た。荷物を背負《しょ》って山を歩くことを歩荷《ぼっか》と言うそうだ。歩荷《ぼっか》トレーニングは、ザックの中に石や水を入れたペットボトルの重りを詰《つ》めて、それを背負《しょ》って階段《かいだん》を上ったり下《お》りたりするトレーニング。男子のザックの重さは二十五キロだ。マキさんは三十キロにすると言っていた。

「乾太《けんた》は右手が使えないから、無理《むり》しないで少なめにしような」

マキさんは部室に置《お》いてあるザックに十キロを詰《つ》めて渡《わた》してくれた。まず、先輩《せんぱい》たちにザックの背負《しょ》い方から教えてもらった。最初《さいしょ》、十キロでも重いだろうと思ったけど、登山用のザックはよくできていて、きちんと背負《しょ》ったらそんなに重いとは感じなかった。

どこで訓練《くんれん》するんだろうと思ったら、着いたところは校舎《こうしゃ》の裏《うら》の非常階段《ひじょうかいだん》だった。

校舎《こうしゃ》の北側にある非常階段《ひじょうかいだん》は、ひっそりとしていて、グラウンドからほかの運動部のかけ声が遠く聞こえてくる。

「こんなところでトレーニングしてたんだ」

「ここは静《しず》かでいいのよ。夏も涼《すず》しいし」

美歩さんは二十キロを背負《しょ》ってニコニコ笑《わら》っている。強者《つわもの》だ。

どうりでワンゲル部が練習しているところって見たことがないと思ったんだ。歩荷訓練《ぼっかくんれん》の前のランニングも校舎《こうしゃ》の外周を走ってから、人が通らない廊下《ろうか》でストレッチをした。

「乾太《けんた》、腕《うで》は大丈夫《だいじょうぶ》そうか？　痛《いた》くなったらやめとけよ」

階段《かいだん》に一歩、足をかけたマキさんが振《ふ》りかえって言った。

「はい。ぜんぜん大丈夫《だいじょうぶ》そうです」

五階までの階段《かいだん》の上り下りを三往復《おうふく》したら、一年生の女子、クミはもう顔が真っ赤になって息《いき》がハアハアしていた。十キロでもけっこう足にくるのに、クミは二十キロ背負《しょ》っているんだもんな。十五往復《おうふく》くらいして、休憩《きゅうけい》になった。

「あっちぃー！」

テツも汗《あせ》ダラダラで校舎《こうしゃ》の日陰《ひかげ》で休んでいる。

「二十五キロはきついだろ」

ぼくは十キロだし、慣《な》れてきたらそんなに苦にならない。

「でもまだまだ。夏の合宿に向けて五十往復《おうふく》くらいするってさ」

みんなが休んでいる間にクミの二十キロのザックを借《か》りて、試《ため》しに一往復《おうふく》してみた。上り下《くだ》りしても腕《うで》は何ともない。二十キロでもぜんぜんいけそうだ。けれど、荷物を背負《しょ》う時も下《お》ろす時もテツに手伝ってもらわないと、まだ一人でできない。マキさんがぼくは十キロからと言ったのは正解《せいかい》だった。

最後《さいご》のほうはみんなフー、フーと息をはきながら、ひたすら階段《かいだん》を上っていった。歩荷《ぼっか》は重い荷物を背負《しょ》って大地の果《は》てまで歩く牝馬《ひんば》そのものだ。

「こんなの背負《しょ》って山に登るなんてすごいな」

マキさんの三十キロのザックを持たせてもらったら片手《かたて》だけでは持ちあがらなかった。

みんなやれやれと疲《つか》れて休んでいても、三年生はさすが、あまりバテていない。

「実際《じっさい》は夏に二泊《はく》三日の合宿に行く時でも二十キロくらいかな。訓練《くんれん》だから重くしてるんだ」

「夏の合宿ってどこに行くんですか？」

もしかして、あの写真の山のようなところに行くんだろうか。

「今年は南八ヶ岳《みなみやつがたけ》に行く予定。腕《うで》が治《なお》ったら夏の合宿も来てよ。あ、でも野球部は部のかけもちは禁止《きんし》か」

「部のかけもちって二つの部に入ってる人もいるんですか？」

二つの部活に入るなんて考えてもみなかった。たしかに、野球部とワンゲル部のかけもちはとても無理《むり》そうだ。

「そう。副《ふく》部長のハヤトは写真部にも入っていて、山の写真を撮《と》りたくてワンゲル部に入ったんだ。な、ワンゲル部のカメラマン！」

ハヤトさんが笑《わら》いながらVサインした。ハヤトさんは力がありそうなガッチリした体をしている。

「もしかして、部室に飾《かざ》ってあった写真はハヤトさんが撮《と》ったんですか？」

「うん、おれが撮《と》ったのもあるよ」

「青空と雲海《うんかい》が見える山の頂上《ちょうじょう》で撮《と》った記念《きねん》写真がいいなと思って」

「あ〜　仙丈ヶ岳《せんじょうがだけ》か。あれはおれが撮《と》ったやつ」

山の名前を聞いてもどのあたりにあるのか、さっぱりわからない。

「どこにあるんですか？」

「仙丈ヶ岳《せんじょうがだけ》は南アルプスの女王と言われてる。標高《ひょうこう》三、〇三三メートル」

少し離《はな》れたところにいた三年生の沖永《おきなが》さんがひとり言のようにつぶやいた。

「三千メートル！」

高校の部活でそんな高い山に登れるなんて、知らなかった。

「おれ、あの写真見て、山に行ってみたいって思ったんです」

「へえ、それはうれしいな。行こうよ、三千メートルは別世界《べっせかい》だよ」

別世界《べっせかい》という言葉が胸《むね》に響《ひび》いた。いつか三千メートルの山頂《さんちょう》に立ってみたい。

第二部　自分の磨《みが》き方

そして新たな発見

1

山登りに行くことを「山行《さんこう》」と言うんだ。山行《さんこう》の前日、部室にある道具を貸《か》してもらった。ザック、レインウェア、寝袋《ねぶくろ》、マット、ヘッドライトという頭につける懐中電灯《かいちゅうでんとう》、コンパス、ザックにつける雨よけのカバーなどなど、どれも必需品《ひつじゅひん》だと言って先輩《せんぱい》たちが棚《たな》から出してきてくれた。それから全員で食料《しょくりょう》の買い出しに行った。

「はい、これ、ワンゲル部のしおりと土曜日からの登山計画書《とざんけいかくしょ》。かならず読んで」

マキさんから冊子《さっし》になったプリントをもらった。登山計画書《とざんけいかくしょ》をさっそく開いてみたら、週末の山行《さんこう》の予定が細《こま》かく書いてあった。登る山は笠取山《かさとりやま》という山梨県と埼玉県の境《さかい》、奥《おく》秩父《ちちぶ》にある山だそうだ。集合場所や出発時間だけでなく、交通機関《こうつうきかん》、どんな道を通って何時に目的地に着くか、歩く登山道の地図もついている。それから参加者《さんかしゃ》全員の名前と住所、電話番号。各自《かくじ》の持ち物と部で共有の持ち物のリスト、二日間の朝、昼、晩《ばん》の食事メニューまで書いてある。

「すごく細《こま》かいですね」

「うん、これを登山届《とざんとどけ》としていつもかならず所轄《しょかつ》の警察署《けいさつしょ》にも送るんだ。万が一、遭難《そうなん》した場合、探《さが》してもらえるようにね。今はインターネットで届《とど》けを出すことができるんだよ。おーい、二年生、乾太《けんた》に服装《ふくそう》のこととかいろいろ教えてあげてー」

マキさんが二年生の先輩《せんぱい》たち、三人を集めた。美歩《みほ》さんと、ダダと呼《よ》ばれている多田《ただ》さん、宮本《みやもと》さんはノリと呼《よ》ばれている。ワンゲル部はみんなニックネームで呼《よ》びあうみたいで、テツたち一年生はダダさん、ノリさんと呼《よ》んでいる。でも、観崎《かんざき》先生をラブちゃんと呼《よ》ぶのはさすがに先生がいないところだけみたいだ。

「部にあるものは貸《か》せるから、それ以外《いがい》、ここに書いてある各自《かくじ》個人《こじん》の持ち物は必ず持ってきてね。とくに山は朝晩《あさばん》、ぐっと寒くなるから長袖《ながそで》の防寒着《ぼうかんぎ》は忘《わす》れないで」

美歩さんからそう言われてメモを取った。なんかうちのお母さんみたいな言い方だ。

「それからパンツはＧパンはダメ。濡《ぬ》れたら最悪《さいあく》だよ。トレッキング用のパンツ持ってないなら速く乾《かわ》くジャージのほうがいいかも」

ダダさんと話すのははじめてだけど、髪《かみ》は肩《かた》くらいまでの長髪《ちょうはつ》でなんとなく女子っぽいっていうか、口調《くちょう》がやさしくておっとりしている。

「えっと、Ｇパンはダメ、速く乾《かわ》くジャージがいい、と」

ぼくがメモに書いているのを確認《かくにん》して、うんうんとうなずいている。

「Tシャツも速乾性《そっかんせい》のやつじゃないとダメだよ。おれ、先輩《せんぱい》に言われてたのに最初《さいしょ》の頃《ころ》、綿《めん》のシャツ着ていって汗《あせ》びっしょりかいて、次に寒くなってブルブル震《ふる》えた」

続《つづ》いてノリさんが言った。パンツも、Tシャツもすぐ乾《かわ》くもの、と書いた。これはランニングの時に着ているのでいいな。

「はい、ジャージもTシャツも持ってます。服装《ふくそう》は大事なんですね」

「そう！　あなどると命取りになる」

ノリさんがそう言うと、ダダさんも美歩さんもそうそう命取り、命取りと繰《く》り返した。冗談《じょうだん》かと思って、ハハハ！　と笑《わら》ったら、美歩さんがにっこり笑《わら》って、

「まじよ」

と、低い声で言う。おっかねえ。

「は、はい。服装《ふくそう》はちゃんとしていきます」

それからザックの荷造《にづく》りであるパッキングを教わった。ただ詰《つ》めればいいってものじゃなく、雨が降《ふ》った場合のことを考えて、荷物が濡《ぬ》れないようにビニール袋《ぶくろ》に入れる、とか、レインウェアや水筒《すいとう》は取り出しやすい一番上に。重い物を背中《せなか》の真ん中あたりにくるようにすると安定感があって、疲《つか》れにくいし、足がふらつかないそうだ。

「準備《じゅんび》だけでこんなにいろんなことがあるんだ」

「山は一歩間違《まちが》えばケガをしたり、遭難《そうなん》するからね。ぼくも失敗《しっぱい》して学んだよ」

失敗《しっぱい》に学んだ？　それって乾惕《けんてき》だ。

「ダダさん、失敗《しっぱい》したってどんなことですか？」

「いろいろあるけど、油断《ゆだん》して転んでひざを痛《いた》めてヒイヒイ言って帰ってきたことがある。山は楽しいけど危険《きけん》もいっぱい。実際《じっさい》に行ってちょっと怖《こわ》い思いしないとわからないんだけどね」

それってますます乾惕《けんてき》だ。ゆるーい雰囲気《ふんいき》の部だと思っていたけど、もしかして命がけで山に登ってるってこと？　よく考えたらそうだよな。三千メートルの山っていったら、テレビで見たことがあるけど、真夏でも雪が残《のこ》っていて両側《りょうがわ》が崖《がけ》みたいに切り立ったところを歩いていくんだ。

「へへ、乾太《けんた》、先輩《せんぱい》におどされてるな」

合宿の準備《じゅんび》をしていたテツがひょいと目の前に顔を出した。

「それから、ワンゲル部は単独行動《たんどくこうどう》は禁止《きんし》。テツのまねしないでね」

美歩さんがテツをちょっとにらんだら、テツは決まり悪そうに笑《わら》った。一人でどこかへ消えるクセがあるから、何かあったんだな。

「え〜、美歩さん、それ今、言う？」

テツは後ずさりしてノリさんの後ろに小さくなって隠《かく》れた。

「言う。テツは入部してすぐの新人歓迎《かんげい》の山行《さんこう》の時、集合場所の駅に来ないから電話したら前の晩《ばん》から現地《げんち》の駅に行って、駅で寝《ね》てたの」

思わず吹《ふ》きだしそうになった。テツがやりそうなことだ。

「ラブちゃん、鬼《おに》のように怒《おこ》ってたよな〜。帰れ！　入部させない！　ってあんなに怒《おこ》ったのはじめて見たよ」

ノリさんが背後《はいご》に隠《かく》れているテツを振《ふ》りかえって言う。

「はい、すみませんでした。もう二度としません」

テツはきちんと床《ゆか》に正座《せいざ》して、笑《わら》いながらペコペコしている。本当に反省《はんせい》してるのか、ちょっと怪《あや》しい。

「なんで前の晩《ばん》から行っちゃったんだよ」

間違《まちが》えたんじゃないよな？　と思って聞いたら、「うーん、なんでかな……」とテツがモゴモゴ言いだしたら、ノリさんが答えた。

「うれしくて朝が待ちきれなくて電車に乗っちゃったんだよな」

ハハハッ！　と男子四名は同時に笑《わら》った。けど、美歩さんは唇《くちびる》を真一文字にしてグッと笑《わら》いをこらえた。

「乾太《けんた》はワンダーフォーゲルの言葉の意味、知ってる？」

ぼくは、いいえ、と首を横に振《ふ》った。そういえば、何だろう？

「ドイツ語で渡《わた》り鳥《どり》の意味。山や野を自由に渡《わた》り歩いて、体と心を鍛《きた》えて、自然《しぜん》に親しむこと」

へえ、渡《わた》り鳥《どり》か。知らなかった。かっこいいな。

「うちの部は渡《わた》り鳥《どり》のようにみんなで同じ方向に向かって、助け合って行動するの。そして大切なのは、リーダーシップとメンバーシップだってラブちゃんはよく言ってる」

そう言って、部室の壁《かべ》に貼《は》ってある手描《が》きの大きなポスターを指さした。「ワンダーフォーゲル部　大自然《だいしぜん》に抱《いだ》かれよう」と書いてあって、そして高い山々と青い空に渡《わた》り鳥《どり》がV字になって飛《と》んでいるイラストが描《えが》かれている。なんだろうと思っていたけど、あれはそういう意味だったのか。渡《わた》り鳥《どり》の先頭《せんとう》の鳥に矢印《やじるし》して「マキ」と落書きしてある。ということは、その近くに少し大きな鳥が二羽いるのは、観崎《かんざき》先生と早坂《はやさか》先生だろうか。

「あ、そうだ、沖永《おきなが》さんに一羽、描《か》き加《くわ》えてもらわなくちゃな」

ノリさんがぼくを見てニッと笑《わら》った。

2

土曜日の朝はまだ薄暗《うすぐら》いうちに家を出発した。

テツと途中《とちゅう》の駅で待ち合わせして、集合場所の塩山駅《えんざんえき》へ行く。テツがちゃんと来るかどうか、心配だったけど、テツのほうがちゃんと早く来ていた。

駅で集合して、そこからバスに乗り継《つ》いだ。降《お》りたバス停《てい》から一時間半くらい歩いてようやく登山口に着いた。

「登山計画書《とざんけいかくしょ》」によると、ここから二時間くらい登れば今日の宿泊地《しゅくはくち》の山小屋に着く。笠取山《かさとりやま》についてちょっとネットで調べたら、この山は東京湾《わん》に注ぐ多摩川《たまがわ》の水源地《すいげんち》になっていて、登山道が整備《せいび》されていると書いてあった。

よし、ここから登山がはじまるんだと思った矢先、「クマ注意」の看板《かんばん》が目に入った。

「テツ、熊《くま》がいるってよ」

「ああ、熊《くま》よけの鈴《すず》持ってきた。先輩《せんぱい》たちも鈴《すず》や笛《ふえ》を持ってるし、人の話し声がすると逃《に》げていくっていうから大丈夫《だいじょうぶ》だよ」

「襲《おそ》ってきたらおっかねえよ」

動物園で熊《くま》を見たことがあるけど、二本足で立つとものすごくでかいんだぞ。おっかねえだろ。

「テツは熊《くま》に会ったことある？」

キッサンがテツに聞いた。キッサンは一見、弱々《よわよわ》しい感じで運動があまり得意《とくい》そうには見えないのに、性格《せいかく》は弱気な感じはなくてしっかりしているみたいだ。

「見たことねえけど、一度、ガサガサって逃《に》げていく音は聞いたことあるよ。おやじが熊《くま》だって言ってた」

ぼくはけっこうビビってるのに、みんなぜんぜん怖《こわ》がってない。恐怖《きょうふ》と不安《ふあん》を胸《むね》に抱《かか》えたまま一歩を踏《ふ》み出すから勇気《ゆうき》というんだったよな。

「さあて、行きますか！　クミはおれの後ろ、次は乾太《けんた》、ハヤトは乾太《けんた》の後ろについて」

「了解《りょうかい》！」

ハヤトさんの後ろに早坂《はやさか》先生、キッサン、テツ、と続《つづ》いた。最後尾《さいこうび》は観崎《かんざき》先生だ。顧問《こもん》の先生が先頭《せんとう》じゃなくて、あの渡《わた》り鳥《どり》のイラストのとおりマキさんが先頭《せんとう》だった。

「ハヤトさん、よろしくお願《ねが》いします！」

「よろしくー。腕《うで》が痛《いた》くなったら言えよ」

ハヤトさんがさわやかな笑顔《えがお》で言う。先輩《せんぱい》たちはキビキビとして学校で見るよりたのもしく見える。

天気もよくて、きれいな水が流れる沢《さわ》に沿《そ》って登っていくのは快適《かいてき》だった。テツと美歩《みほ》さんがザックに熊《くま》よけの鈴《すず》をつけている。歩くとリンリンリンと鳴って、音色も気持ちいい。

「乾太《けんた》、歩幅《ほはば》はもっと小さくしたほうが足に負担《ふたん》がかからないんだよ。それから前屈《かが》みにならないで背中《せなか》はまっすぐ。なるべく前を見て歩いたほうが疲《つか》れないよ」

快調《かいちょう》に大またで登っていたら、ハヤトさんがこのくらいの歩幅《ほはば》でと教えてくれた。さっそく見よう見まねしてみた。

「本当だ。こうして歩くほうが楽なんだ。ていねいに歩くってことですね」

「そう、長く歩くからなるべく足に負担《ふたん》をかけないで一歩一歩、進む感じ。滑《すべ》りやすかったり、石があったり、足場が悪いところがあるから、確《たし》かめながらな」

ていねいに歩くと体力を蓄《たくわ》えながら登っていけるんだな。教わったとおりに歩きながら山天大畜《さんてんたいちく》の話を思い出した。山の中に力を蓄《たくわ》えるってなんだかぴんと来なかったけど、あせらないで着実に進むってことなのかも。

最初《さいしょ》はなだらかだった登りが、だんだん山道らしくなった。息があがってきて、そのうちに足もパンパンになってきた。歩き方を教わっておいてよかった。登りながら山天大畜《さんてんたいちく》の話を考えたり、重いザックを背負《しょ》って歩くみんなの姿《すがた》に牝馬《ひんば》の美中《びちゅう》の姿《すがた》が重なったりした。ぼくは部の共有の荷物、テントや炊事道具《すいじどうぐ》、食料《しょくりょう》は持たなくていいと言われて、自分の分の荷物しか持ってないから、みんなよりつらくないはずだ。三年生の先輩《せんぱい》三人のザックが一番重そうだ。前を歩くクミは小柄《こがら》なのにでかいザックを背負《しょ》って、マキさんの後を遅《おく》れないでついていっている。その後ろ姿《すがた》を見ながら、クミも美歩さんも女子一人でワンゲル部に入るなんて、勇気《ゆうき》あるよなと思った。

途中《とちゅう》、途中《とちゅう》、道が分かれるところで二年生の先輩《せんぱい》たちはコンパスを持ち、地図を広げて、自分たちがいる場所を確認《かくにん》してマキさんと顧問《こもん》の先生二人に報告《ほうこく》していた。なんでだろうと思って、休憩《きゅうけい》の時に近くで水を飲んでいた沖永《おきなが》さんに聞いてみた。

「地図がなくても標識《ひょうしき》が出てるから道に迷《まよ》いそうもないですよね？」

「そういうヤツが遭難《そうなん》する」

そう言ってスーッと向こうに行ってしまった。沖永《おきなが》さんはとても高校三年生には見えない。最初《さいしょ》に部室で会った時は先生かと思ったんだ。つまりおじさんぽくて、めったにしゃべらない。生意気《なまいき》なこと言って怒《おこ》らせたのかも？　でも、なんか感じ悪いな。

「地図を読むことを読図《どくず》って言うんだけど、その訓練《くんれん》。迷《まよ》わないように自分たちが今どこにいるか、地図で確認《かくにん》してちゃんとわかってないといけないんだ。標識《ひょうしき》が倒《たお》れていることもあるからさ」

ハヤトさんが入れ替《か》わるようにそばに来て教えてくれた。へえ、ずいぶん念入《ねんい》りなんだな。

3

途中《とちゅう》、早坂《はやさか》先生が木の幹《みき》についていた熊《くま》の爪《つめ》あとを見つけて、またビビったけど熊《くま》は現《あらわ》れなかった。もう少しで笠取小屋《かさとりこや》に着くというところで、パイプからきれいな水が流れているところがあった。

「水場《みずば》に着きましたー！」

「ここの水はうまいぞー」

マキさんが立ち止まって大きな声でみんなに言うと、最後尾《さいこうび》の観崎《かんざき》先生がこだまのように返した。マキさんはさっそく手で水をすくって飲んだ。

「うーん、うまい！　これでメシ炊《た》いたらうまいだろうなあ。よし、水汲《く》んでいくよ」

マキさんがほんとにうまそうに飲むんだ。クミも「あ、おいしい！」と目を見開いて言う。水なんてどれも同じなのにと思いながら、手にすくったら冷《つめ》たくて、気のせいか、水道の水より透《す》きとおって見えた。飲んでみたらスーッとのどを通っていった。

「うめえ！」

今まで水の違《ちが》いなんてわからなかったけど、はじめてわかった気がした。

みんなで水筒《すいとう》やポリタンクいっぱいに水を満《み》たした。水場《みずば》からまもなく宿泊地《しゅくはくち》の山小屋に着いた。ぼくたちは山小屋には泊《と》まらずにテントを張《は》る。

「じゃ、まず一年生はテント設営《せつえい》練習。二年生が一年生を教える。三年生は昼メシ準備《じゅんび》。メシ食べたら、午後は頂上《ちょうじょう》まで登るから時間どおりに行動してくださーい！」

ザックを下ろしてから、マキさんがみんなを集めて言った。

「はーい」

まず二年生の先輩《せんぱい》たちがテントの張《は》り方をやってみせて、テツとクミ、キッサンとぼくで組んで同じようにやってみた。テツは慣《な》れているから、テツの組はテキパキと早く張《は》れた。けど、ぼくたちは、ぼくが右手があまり動かせないせいもあって、すごく手間取った。テントの骨《ほね》になるポールの通し方や、テントが飛《と》ばないように四隅《よすみ》をペグという杭《くい》で留《と》めるやり方も先輩《せんぱい》に教えてもらって、やっと張《は》れた。

顧問《こもん》の先生二人と、女子用のテント、男子用のテント二張《ちょう》が完成した時はなんだかワクワクした。

「へえ、テント、いいなあ」

「乾太《けんた》、ちょっと中に入って寝《ね》てみろよ！」

テツが言うから、中で横になって目をつぶってみた。フワッと涼《すず》しい風が顔をなでていく。ああ、なんか空気もおいしく感じる。

「どう？　寝《ね》られそうか？」

「すっげえ快適《かいてき》……」

「だろ？」

テツとキッサンが入り口からこっちをのぞいて笑《わら》っている。

「ごはんできてるよー！　集合、集合。あれ、もうバテた？」

テツの後ろから美歩さんの顔がのぞいたから、あわてて飛《と》びおきた。

昼食はパンと、ベーコンとキャベツが入ったスープだった。パンをちぎってスープに浸《ひた》しながらガツガツ食べた。なんだかメシもすごくうまい。

「乾太《けんた》、こうやって最後《さいご》にパンでカップに残《のこ》った汁《しる》や具をぬぐって食べるんだ。これ山の作法《さほう》」

ハヤトさんがカップに残《のこ》った汁《しる》や具をパンできれいにぬぐって食べたからまねしてみた。へえ、こうやるとうまいってことなのか？

「ほい、紅茶《こうちゃ》できたよ。カップ出してー」

マキさんが鍋《なべ》とおたまを持って声をかけた。

「あ、水道はどこだろ？　カップゆすいできますよ」

席《せき》を立ったら、みんながいっせいにぼくを見た。

「乾太《けんた》、ごめん、言ってなかった！　ここに水道はない。さっきの水場《みずば》まで行かないと」

となりに座《すわ》っているテツがぼくを見上げて、あわてたように言う。

「え？　水道ないの？」

山小屋があるから当然《とうぜん》、水道があると思い込《こ》んでいた。

「うん、ごめん、乾太《けんた》。水道もガスも電気もない。不便《ふべん》だけどさ、それがいいんだよ」

みんなのカップに紅茶《こうちゃ》を注ぎながら、マキさんまでぼくにあやまるから、みんながケラケラ笑《わら》った。そっか。ようやくどんなところへ来たのかがわかった。

「天野《あまの》、山では水が貴重《きちょう》だから基本《きほん》、鍋《なべ》や食器《しょっき》は洗《あら》わない。水場《みずば》で洗《あら》うと自然《しぜん》を汚《よご》すしな」

「洗《あら》わないんですか？」

観崎《かんざき》先生に言われてさらにびっくりした。洗《あら》わないっていうか、洗《あら》えないってことか。

ハヤトさんが持っていた小さなカメラをぼくに向けて、カシャリとシャッターを切った。

「いいなー、その驚《おどろ》いた顔。食器洗《しょっきあら》わないなんてカルチャーショックだよな。おれも最初《さいしょ》はびっくりした」

だからみんなパンでカップをきれいにぬぐっていたんだと納得《なっとく》した。スープを飲んだカップに紅茶《こうちゃ》を入れて、汚《よご》れを取りながら飲み干《ほ》したあと、美歩さんに「はい」と、紙を渡《わた》された。よく見たら、真ん中の芯《しん》を抜《ぬ》いたトイレットペーパーだった。みんなそれで当たり前のように食器《しょっき》を拭《ふ》いている。

「トイレットペーパーで拭《ふ》くの？」

「ロールペーパーだよ。トイレットペーパーじゃ下品だろ」

テツがひじで軽くぼくをこづいた。

「なーるほど」

ロールペーパーできれいにぬぐったら洗《あら》ったようにピカピカになった。

「な、洗《あら》うよりきれいだろ。おれ、うちでも洗《あら》わねえんだ」

テツが自慢気《じまんげ》に言うとダダさんとノリさんがすかさず、

「それは違《ちが》うでしょ」

「下界《げかい》では洗《あら》えよ」

と、笑《わら》いながら突《つ》っこんだ。ん？　下界《げかい》？　山は新しい発見がいっぱいだ。

4

昼食のあと、笠取山《かさとりやま》の山頂《さんちょう》を目指した。歩荷訓練《ぼっかくんれん》になるようテント以外の荷物はそのまま持っていった。少し歩いていくと視界《しかい》が開けて明るい草原のようなところに出た。

「あれが笠取山《かさとりやま》の頂上《ちょうじょう》じゃないよな?」

小高い丘《おか》が見えてきて、前を歩いているテツに聞いた。

「うん、違《ちが》うなあ」

「あそこは分水嶺《ぶんすいれい》」

テツの前を歩いていた沖永《おきなが》さんが振《ふ》り向いてぶっきらぼうに言う。

「沖永《おきなが》さんって、ちょっとおっかねえな。あんまりしゃべらないし地味《じみ》だよね」

沖永《おきなが》さんと少し離《はな》れた時にテツに小さな声で言った。

「うん、口べたなんだ。でも、沖永先輩《おきながせんぱい》をばかにするなよ。あの人はすげえ人なんだから。日本中の山のこと頭に入ってるんだ。絵もすごくうまいし」

沖永先輩《おきながせんぱい》、という口調《くちょう》に尊敬《そんけい》の念《ねん》がこもっていた。

「ばかになんてしてないよ。どんな人かわからなくてさ」

「山のこと聞いたら答えてくれるよ」

丘《おか》の上に立つと山々が連《つら》なった展望《てんぼう》が開けて、笠取山《かさとりやま》の山頂《さんちょう》も見えた。

「わあ、こんなに登ってきたんだ」

分水嶺《ぶんすいれい》の石碑《せきひ》が立っていて、それぞれ流れる方向に川の名前が刻《きざ》まれていた。

「ところで分水嶺《ぶんすいれい》ってなに？」

テツに聞いたら、「よくわかんねえ」と首をかしげた。

「山に降《ふ》った雨がそこを境《さかい》に二つ以上の水系《すいけい》に分かれる地点を分水嶺《ぶんすいれい》と言うんだ。ここから多摩川《たまがわ》、荒川《あらかわ》、富士川《ふじかわ》と三方向に水系《すいけい》が分かれるそうだ」

観崎《かんざき》先生が身ぶり手ぶりで山に降《ふ》った雨が別《べつ》の方向に川になって流れていく様子を説明《せつめい》してくれた。そうか、飛龍《ひりゅう》が降《ふ》らせた恵《めぐ》みの雨がここからあちこちに流れていくってことか。龍《りゅう》の国では乾惕《けんてき》や躍龍《やくりゅう》が水路《すいろ》を作っていたな。

「そこから、人生の分かれ目や、物事の方向が定まる分かれ目を〝分水嶺《ぶんすいれい》〟とたとえることもある。どうだ、文学的《ぶんがくてき》だろう」

観崎《かんざき》先生はちょっとどや顔してみせた。

「じゃ先生が大学の時、彼女《かのじょ》との約束《やくそく》すっぽかして行った立山《たてやま》は、恋《こい》の分水嶺《ぶんすいれい》だったんだ」

マキさんがぽつりと言うと、先輩《せんぱい》たちが大笑《おおわら》いした。

「あ〜　立山《たてやま》に行っちゃって彼女にふられた話！　マキさん、サイコー」

美歩さんは大ウケで笑《わら》い転げている。

「牧田《まきた》！　くやしいけど、今のは上出来《じょうでき》だ」

観崎《かんざき》先生は生徒《せいと》に失恋話《しつれんばなし》なんてするんだ。しそうだよな。


笠取山《かさとりやま》の山頂《さんちょう》まではまっすぐに急な登りの道になっていた。最後《さいご》の登りの手前で休憩《きゅうけい》になった。マキさんと観崎《かんざき》先生、早坂《はやさか》先生が集まって、登る隊列《たいれつ》の順番《じゅんばん》を話しているらしい。

「ヒャー、すげえ傾斜《けいしゃ》だな」

テツはうれしそうに山頂《さんちょう》を見上げている。

「本当にこれ、登るのか？」

「心臓破《しんぞうやぶ》りの急登《きゅうとう》だってさ！　腕《うで》、気をつけろよ」

「じゃ、乾太《けんた》はハヤトと観崎《かんざき》先生の間な」

マキさんはぼくの腕《うで》を心配して先生たちと相談していたみたいだ。ハヤトさんが先頭《せんとう》、続《つづ》いてぼく、観崎《かんざき》先生が後ろについてくれた。マキさんは早坂《はやさか》先生と最後尾《さいこうび》についた。

「ハヤトさん、今度はマキさんが先頭《せんとう》じゃないんですね」

「うん、リーダーは最後尾《さいこうび》か先頭《せんとう》を歩く。ふつうは最後尾《さいこうび》なんだよ。観崎《かんざき》先生がいるから先頭《せんとう》のことが多いけど」

ぼくのことをそんなに気にしてもらわなくても大丈夫《だいじょうぶ》なのにな、と思ったけど、だんだん山登りっていうより壁登《かべのぼ》りという感じになってきて、息はヒイヒイ、ハアハアしてきた。後から来るマキさんやテツを振《ふ》りかえると、笑顔《えがお》で話しながら登っている。だめだ、おれ、部活やってなかったから体がなまってる。

ハヤトさんと観崎《かんざき》先生が「ここ、危《あぶ》ないぞ」、「ゆっくりでいいぞ」とか、「そこはジグザグに登れ」と、ずっと声をかけてくれた。手をついて前屈《まえかが》みで登らないと転《ころ》げ落ちそうなところもあって、後ろを振《ふ》りかえったら崖《がけ》のようでゾーっとした。

「楽しいだろ？　もう少しだ。がんばれ！」

観崎《かんざき》先生がニッと笑《わら》う。息があがっていて「苦しいっす」とすら言えなかった。登山なんて、なんにもならないのになんでこんなつらいことするんだ？　そんなことを考えたらあと少しのところでへばりそうになった。

でも、山頂《さんちょう》の展望地《てんぼうち》に立ったら、そんなことはすっかり忘《わす》れた。ハア、ハアと自分の息づかいだけが聞こえて、目の前には山々と青空のパノラマが広がっていた。おー、登ってきたぞ。

「最後《さいご》、きつかったあ。これ以上ザックが重かったら、へばってたかもな」

顔を真っ赤にしたキッサンは銀縁《ぎんぶち》のメガネを外《はず》して、タオルで顔をゴシゴシ拭《ふ》いている。

「おれもへばりそうになった。でも達成感《たっせいかん》あるよな。気持ちいい」

キッサンが水を飲みながら、うん、と大きくうなずいた。ぼくたち二人はバテ気味なのに、クミも美歩さんも涼《すず》しい顔でニコニコして話している。女子部員、恐《おそ》るべしだ。

「乾太《けんた》！　キッサン！　富士山も南アルプスもよく見えるぞー」

テツは山頂《さんちょう》に着いてすぐに絶好調《ぜっこうちょう》だ。

「おお、今日は本当によく見えるな。今までで一番だ」

観崎《かんざき》先生は笠取山《かさとりやま》に登るのは四回目だと昼食の時に言っていた。さっき登っている時にも富士山は見えていたけれど、ながめる余裕《よゆう》がなかった。富士山はやっぱり別格《べっかく》だ。山の王者という風格《ふうかく》で輝《かがや》いている。まるで飛龍《ひりゅう》みたいだな。

「先生、あの遠くに見える雪が残《のこ》っている山脈《さんみゃく》が南アルプスですか？」

「そうだ。これで見てみるか」

先生はザックから双眼鏡《そうがんきょう》を出してぼくに渡《わた》した。焦点《しょうてん》を合わせたら、くっきりと白く輝《かがや》く山脈《さんみゃく》が浮《う》かびあがった。

「おお〜、かっこいいなあ」

「神々《こうごう》しいな。右側の一番高いピークが北岳《きただけ》だ。知ってるか？　富士山の次、日本で二番目に高い山だ」

へえ、ということは、今、日本で一番高い山と二番目に高い山をながめてるのか。南アルプスの山々は天に浮《う》かんでいるように見えて先生が言う神々《こうごう》しいって言葉がぴったりだ。

「富士山の左の尖《とが》ったピークが去年の秋に行った大菩薩嶺《だいぼさつれい》……」

沖永《おきなが》さんのまわりにみんなが集まっている。沖永《おきなが》さんが山の形を指でなぞるようにして、見える山の名前を次々に言っている。双眼鏡《そうがんきょう》をクミとキッサンに回して、近くに行って聞いた。沖永《おきなが》さんは本当にくわしいんだな。でも、知らない名前ばかりだった。

「……それで、あれが飛龍山《ひりゅうさん》だ」

「えっ！　飛龍《ひりゅう》？　飛《と》ぶ龍《りゅう》って書くんですか？」

つい大声を出してしまった。

「そう、リュウの字は難《むずか》しいほうの龍《りゅう》。荒川の支流《しりゅう》、大洞川《おおぼらがわ》の源流《げんりゅう》になっていて埼玉側からは別名《べつめい》、大洞山《おおぼらやま》って呼《よ》ばれてる」

沖永《おきなが》さんはちょっと振《ふ》り向くように首を横に回しただけで、ぼくに背《せ》を向けたまま、つぶやくように答えてくれた。

「飛龍山《ひりゅうさん》って龍之助《たつのすけ》さんが話してくれた、あの飛龍《ひりゅう》か！」

「うん、やっぱり水に関係《かんけい》がある山なんだ。すげー大発見！」

テツと顔を見合わせて笑《わら》った。

「なに？　飛龍山《ひりゅうさん》がどうした？　登りたい？」

マキさんがテツとぼくの顔を交互《こうご》に見ながら聞いた。

「う〜ん、内緒《ないしょ》っす！　乾太《けんた》の家に行って、龍之助《たつのすけ》さんに聞いてください！」

「なんだよ、気になるなあ。最初《さいしょ》は笠取山《かさとりやま》から飛龍山《ひりゅうさん》のコースも考えたんだよ」

マキさんはわかりやすく悲しげな顔をした。たしかに、龍《りゅう》の話は話すと長いから、すぐにはどう説明したらいいかわからなかった。

「えっと、龍《りゅう》が成長《せいちょう》して空を飛《と》んで、仲間《なかま》の雲を呼《よ》んで恵《めぐ》みの雨を降《ふ》らせるっていう話があるんです」

「へえ、伝説《でんせつ》みたいなもの？」

「そうです。龍《りゅう》の成長《せいちょう》の物語になってて……。でも、飛龍《ひりゅう》は調子に乗ると空から落ちちゃうんですけど」

「落ちちゃう？」

「おーい、写真撮《と》るぞー」

早坂《はやさか》先生の集合のかけ声で、マキさんは「？」という顔のまま、話は途中《とちゅう》になってしまった。うまく話せないや。

5

山頂《さんちょう》と思ったところは展望地《てんぼうち》で、本当の山頂《さんちょう》はそこから岩がゴツゴツした道を少し登ったところにあった。マキさんは、展望地《てんぼうち》からは沖永《おきなが》さんにぼくの前を歩いてくれと言った。

「うわー、おっかねえ」

先を歩いているキッサンが、おっかねえ、おっかねえと言っているのが聞こえてくる。ほんとに一歩、踏《ふ》み外したら崖《がけ》から落ちて死ぬなってところがあった。たしか、観崎《かんざき》先生は初心者《しょしんしゃ》コースって言ってたよな？

険《けわ》しい道は上り下《くだ》りがあって、右手をかばいながら進むのはちょっと大変《たいへん》で緊張《きんちょう》した。急な岩場《いわば》を下《お》りる時にもたついていたら、沖永《おきなが》さんが振《ふ》り向いて、黙《だま》ってぼくに手を差《さ》しだした。え、女子じゃあるまいし、と思ってとまどった。

「あ、大丈夫《だいじょうぶ》です」

「つかまれよ。一人ケガしたら全員で下山《げざん》しなくちゃならないんだぞ」

ぼくとは目を合わせないで怒《おこ》ったように言う。

「天野《あまの》、ここはがんばらないで助けてもらえ」

後ろから観崎《かんざき》先生がぼくの肩《かた》を軽くたたいた。

「はい、すみません」

沖永《おきなが》さんの手はガシッと力強くぼくを支《ささ》えてくれた。

笠取山《かさとりやま》の山頂《さんちょう》はあまり景色《けしき》はよくなくて、山頂《さんちょう》を示《しめ》す標識《ひょうしき》の前で写真を撮《と》った。そばにきれいな花が咲《さ》いていた。

そこから山を下《くだ》って、多摩《たま》川《がわ》の最初《さいしょ》の一滴《いってき》が落ちるという「水干《みずひ》」というところに着いた。小さなほら穴の入り口の岩から、草を伝ってぽたり、ぽたりと水がたれていた。そこには水神社の石碑《せきひ》があって大切に守られているようだった。こんな一滴《いってき》が大きな川になっていくなんて想像《そうぞう》がつかない。分水嶺《ぶんすいれい》に飛龍山《ひりゅうさん》、それから水神社か。もしかして龍《りゅう》に連《つ》れてきてもらったのかな、なんて思えた。

笠取《かさとり》小屋《こや》のテントに戻《もど》ってきたら、小屋の前の広場に鹿《しか》の群《む》れがいてびっくりした。小屋の近くに住んでいるらしい。荷物の整理をして、鹿《しか》の写真を撮《と》ったりしながらひと休みしたところでマキさんが夕食のカレー作りの役割分担《やくわりぶんたん》を決めた。ぼくとテツは水汲《みずく》みとメシ炊《た》き係になり、ダダさんとノリさんと四人で水場《みずば》に水を汲《く》みに行った。

「乾太《けんた》は体力あるから、もっと歩いても大丈夫《だいじょうぶ》そうだね」

タンクに水を汲《く》みながら赤いジャケットを着たダダさんが言う。赤がよく似合《にあ》っている。

「ふだん、ランニングはしてるんですけど、あの急な登りはきつかった～。やっぱり先輩《せんぱい》たちはすごいですね」

「そんなことないよ。おれなんか、山行《さんこう》のたびにきつくて、もう退部《たいぶ》しようって思うよ。でも、また登りたくなるんだよな。なんでかわからないけど」

ノリさんはぜんぜんバテた様子はなかったのに、そんなふうに思うんだ。ダダさんもうん、うんとうなずいている。

「そういえば、多田《ただ》さんってなんでダダって呼《よ》ばれてるの？」

テツが聞いたら、ノリさんがハハ！っと笑《わら》った。ぼくもなんでかなと思ってたんだ。

「こいつ、去年の夏の合宿の帰り道で、どうしてもソフトクリームが食べたいって、すげえダダこねて、ラブちゃんがしょーがねえなってみんなにおごってくれたんだよなっ。それから多田《ただ》じゃなくてダダになった」

「山から下《お》りたらものすごく食べたくなってさ。がまんできなかった。ムチャおいしいんだよ」

「それ、わかる！　甘《あま》いもの、うまいっすよね。ハハハ、それでダダさんなんだ」

その時、ぼくの腹《はら》がギュルーっと派手《はで》に鳴った。

「あー、そんな話聞いたら腹《はら》へってきた」

夕食は順応《じゅんのう》ワンゲル部の人気メニューというスープカレーだった。ハヤトさん、テツとキッサン、ぼくでメシ炊《た》きをした。まず鍋《なべ》に米を入れて水に浸《ひた》して、その間、カレー作りの手伝いもした。一番働《はたら》いているのは美歩さんで、ずっと動き回っている。

山のごはん作りは知恵《ちえ》と工夫《くふう》が満載《まんさい》だ。スープカレーは普通《ふつう》のカレーよりさらさらしていて鍋《なべ》の汚《よご》れを落とすのが簡単《かんたん》でいいそうだ。米も洗《あら》わなくていい無洗米《むせんまい》というものを使う。山では食器《しょっき》も鍋《なべ》も洗《あら》わないことは学んだから納得《なっとく》だ。鶏肉《とりにく》はゆでてから冷凍《れいとう》して持ってきたとか、乾燥野菜《かんそうやさい》は軽いから荷物にならないとか、先輩《せんぱい》たちは荷物をできるだけ軽くして、いかに短時間でおいしいごはんを作るかを考えていた。ぜんぜん料理《りょうり》には興味《きょうみ》がなかったけど、聞いているだけでもおもしろかった。

テツはご飯の鍋《なべ》の一つをまかされて真剣《しんけん》な表情《ひょうじょう》で火加減《ひかげん》を調整していた。ぼくとキッサンはハヤトさんに炊《た》き方を教わったけれど、一人ではうまくできないだろうな。

夕方になって山の空気はひんやりとしてフリースを着ても肌寒《はだざむ》かった。そんな中、温かいスープカレーは抜群《ばつぐん》においしくて体が温まった。腹《はら》がへっていたからだけじゃない。自分たちで作ったごはんってうまいんだな。テツが炊《た》いたご飯はみんなにほめられた。

翌朝《よくちょう》は四時に起床《きしょう》なので、八時には就寝《しゅうしん》になった。山での歯みがきは自然《しぜん》を汚《よご》すから歯みがき粉《こ》は使わない。風呂《ふろ》もないからタオルで体を拭《ふ》いて寝《ね》た。

テントの中で寝袋《ねぶくろ》に入って、ハヤトさんとキッサン、テツと話していたら、暗闇《くらやみ》から時《とき》折《おり》、叫《さけ》ぶようなけものの鳴き声が聞こえてきて、また少しビビった。鹿《しか》の鳴き声だとハヤトさんが教えてくれた。三千メートルは別世界《べっせかい》だって言っていたけど、ぼくにとってはここも充分《じゅうぶん》、別世界《べっせかい》だ。

寝袋《ねぶくろ》で寝《ね》られるかなと思ったけれど、ぼくはあっという間に眠《ねむ》りについた。


朝、目が覚《さ》めたら、となりで寝《ね》ていたテツはいつの間にか起きたみたいでもういなかった。寝袋《ねぶくろ》もきちんとしまってある。やっぱ、忍者《にんじゃ》みたいなやつだ。キッサンとハヤトさんはまだ寝《ね》ている。

テントから顔を出して鼻から息を吸《す》い込《こ》むと、森の匂《にお》いがするさわやかな朝の空気が肺《はい》に入ってきた。外はまだひんやりと薄暗《うすぐら》くて少し霧《きり》がかかったようにもやっていたけれど、空を見上げると晴れていた。夕べ、ノリさんは「明日も晴れだ」と言って、自分で描《か》いたという天気図を見せてくれた。

テツは広場のテーブルで鍋《なべ》を火にかけていた。観崎《かんざき》先生も一緒《いっしょ》にいた。

「おはよう!」

ぼくに気づいて、テツと観崎《かんざき》先生が同時に言った。

「おはようございます。テツは早起《はや》きだよな。もうメシ炊《た》いてるんだ」

「うん、昼のおにぎり用な。夕べ、マキさんに朝もメシ炊《た》けって言われたろ」

「山岡《やまおか》はメシ炊《た》きうまいなあ。入部した時から自慢《じまん》してたけど本当だったんだな」

観崎《かんざき》先生にほめられて、テツはうれしそうにニヤーッと笑っている。

「天野《あまの》はよく眠《ねむ》れたか？　どうだ、テントの寝心地《ねごこち》は」

「グッスリでした。テントに寝袋《ねぶくろ》って気持ちいいですね」

「乾太《けんた》は爆睡《ばくすい》してたよ。さっき突《つ》ついてみたけど、ぜんぜん起きねえ」

なんだ、テツはそんなことしてたのか。まったく気づかなかった。

「じゃ、朝飯《あさめし》作るよー！　食べたらみんなでおにぎりにぎって、それから一年はテント撤《てっ》収《しゅう》。二年、三年は片《かた》づけ。荷物パッキングして六時に出発します。よろしく！」

「はーい」

マキさんの号令《ごうれい》とともに、みんなキビキビと動きだした。朝ごはんは夕べの残《のこ》りのカレーを使ったカレー味のラーメンだった。

山を下《お》りて、バス停《てい》でバスを待っている時におにぎりを食べた。

午後一時すぎにぼくたちは学校に帰ってきた。テントが朝露《あさつゆ》で濡《ぬ》れていたから張《は》って乾《かわ》かしたり、鍋《なべ》を洗《あら》ったり、道具の片《かた》づけをして解散《かいさん》になった。

ザックを背負《しょ》って駅までの道を歩いていたら、あー下界《げかい》に帰ってきたな、なんて思った。先輩《せんぱい》たちが下界《げかい》、下界《げかい》って言っていたのを聞いていたからだな。高い山から見下ろすから下界《げかい》って言うんだろうけど、ビルが立ち並んで空が狭《せま》い街《まち》は下界《げかい》って感じがした。

意《い》志《し》表《ひょう》示《じ》するってどういうこと？

1

ゴロさんはどうしているだろう？　急に気になって帰りに乾惕堂《けんてきどう》に寄《よ》ってみたら、杖《つえ》をついたゴロさんが店から出てきたところだった。

「ゴロさん！　もういいんですか？」

「ああ、ちょっと来てみた。もう帰る。ずいぶんと大荷物だな」

「登山に行ってきたんです」

春子《はるこ》おばさんが一人で帰るというゴロさんを心配そうに見ていたので、ぼくが送っていくことにした。

ゴロさんの歩き方はまだゆっくりで、それに合わせて歩いた。ゴロさんの家は乾惕堂《けんてきどう》からふつうに歩いたら十分もかからないけど、倍くらいかかりそうだ。その分、ゴロさんと少し話せるな。

「春子を手伝ってくれてありがとう。助かったと言っていた」

「いえ、ちょっとです」

ゴロさんからありがとうなんてはじめて言われて、なんだかてれた。

「学校の旅行で登山に行ったのか」

「部活です。ワンダーフォーゲル部の合宿に連《つ》れていってもらいました」

「ほう、そうか」

「山天大畜《さんてんたいちく》の話でなんとかして進む方向を考えろってゴロさんに教えてもらったんで、お医者さんに頼《たの》んで許可《きょか》をもらったんです。山に登ったら、山天大畜《さんてんたいちく》の話が少しわかったような気がしました」

ゴロさんが入院している間、一人歩きできたから少しだけど自信《じしん》がついた。

「どこの山に行ったんだ」

「奥秩父《おくちちぶ》の笠取山《かさとりやま》です」

ゴロさんはお、という顔をした。

「笠取山《かさとりやま》か。あそこは多摩川《たまがわ》の源流《げんりゅう》だな」

「ゴロさん、知っているんですか?」

「ああ、河川《かせん》を整備《せいび》する仕事をしていたからな」

ゴロさんは乾惕堂《けんてきどう》を開く前は公務員《こうむいん》だったと聞いていたけれど、そういう仕事だったんだ。河川《かせん》の整備《せいび》って、まるで龍《りゅう》みたいな仕事じゃないか。

「多摩《たま》川《がわ》の最初《さいしょ》の一滴《いってき》が落ちる水干《みずひ》というところにある水神社も行きましたよ。それから、笠取山《かさとりやま》には分水嶺《ぶんすいれい》もあって、近くに飛龍山《ひりゅうさん》って山があったんです！」

ゴロさんは飛龍山《ひりゅうさん》のことも知っていた。

「飛龍山《ひりゅうさん》はだれが名づけたのかわからないが、大洞川《おおぼらがわ》の源流《げんりゅう》だ。行ったことはないが飛龍《ひりゅう》権現《ごんげん》が祀《まつ》られているそうだ。日本でも龍《りゅう》は水の神として祀《まつ》られているからな」

ゴロさんと久《ひさ》しぶりに話せて、しかも、笠取山《かさとりやま》や飛龍山《ひりゅうさん》を知っているなんて。ぼくはすっかり興奮《こうふん》気味《ぎみ》になった。

「龍《りゅう》と牝馬《ひんば》や山天大畜《さんてんたいちく》の話も頭に浮《う》かんで勉強になりました！」

登山と易経《えききょう》が重なるようなことがたくさんあったけれど、どこから話していいのか、まだうまく言葉にできない。

「そうか、ノートに書いておけ。もう少ししたら、易経《えききょう》の勉強も再開《さいかい》するぞ」

「はい！」

夕食の時にじいちゃんにも分水嶺《ぶんすいれい》や水神社、飛龍山《ひりゅうさん》の話をした。山では食器《しょっき》も鍋《なべ》も洗《あら》わないでロールペーパー、つまりトイレットペーパーで拭《ふ》くって話したら、坤太《こんた》は「え～うっそだろ！」と驚《おどろ》いていた。

「あ〜濃《こ》い二日間だったな」

夜、寝《ね》る前にこの二日間を振《ふ》りかえってみた。山登りは決して楽じゃないけれど、新しい発見をたくさんした。楽しくて、充実《じゅうじつ》していた。まだひじにサポーターしているぼくを連《つ》れてってくれて感謝《かんしゃ》だな。食料《しょくりょう》やテントもみんな持ってもらった。知らないところで迷《めい》惑《わく》かけたんじゃないだろうか？　その分、もっと自分から動いてできることをすればよかった。料理《りょうり》も何もできないから、少しは作れるようになろう。

自然《しぜん》と反省《はんせい》ができた。さて、寝《ね》ようと眠《ねむ》りかけた時、なぜか沖永《おきなが》さんが手を差《さ》しだしてくれた姿《すがた》が頭に浮《う》かんで「あ！」と目が覚《さ》めた。

沖永《おきなが》さんにちゃんとお礼を言ってない！　帰りに部室で先輩《せんぱい》たちにお礼を言った時に、沖永《おきなが》さんは何かしていたから、あとで言おうと思って忘《わす》れたんだ。沖永《おきなが》さんに話しかけづらかったのもある。険《けわ》しい岩場《いわば》の道で前を歩いていた沖永《おきなが》さんは何度もチラチラとぼくのほうを見ていた。あれはずっと気にしてくれていたんだ。反省《はんせい》だ。明後日《あさって》、ワンゲル部へ行くからその時に必ずお礼を言おう。

そのあといつ眠《ねむ》ったのか、まったく記憶《きおく》がない。

2

火曜日の放課後《ほうかご》、洗《あら》ってきれいにしたザックをワンゲル部に返しに行った。今日は笠取《かさとり》山《やま》の反省会《はんせいかい》もするからそれにも出たほうがいいと観崎《かんざき》先生に言われていた。

テツと一緒《いっしょ》に部室に行ったら、マキさんと沖永《おきなが》さんの二人がいて、何か話しながらロープを束《たば》ねていた。ぼくは真っ先に沖永《おきなが》さんのところへ行った。乾惕《けんてき》が教えているのは、反《はん》省《せい》したことはすぐに実行だ。

「沖永《おきなが》さん！　山行《さんこう》の時はありがとうございました。お世話になりました！」

すると沖永《おきなが》さんはちょっとびっくりした顔をして、「ああ」と小さな声で言って、マキさんに何か話してスッと部室を出ていってしまった。

「あれ？　なんか驚《おどろ》かせちゃったのかなあ」

「気にしないでいいよ。教室になんか忘《わす》れてきたって言ってたから。オッキーはちょっとシャイで人見知《ひとみし》りだからさ」

マキさんはいつものことって感じで、ぜんぜん気にしていない様子だ。マキさんはオッキーって呼《よ》んでいるんだ。でも後輩《こうはい》はオッキーさんとは呼《よ》びづらいよな。

「テツ、乾太《けんた》、これ見てごらん。笑《わら》えるよ。ハヤトがさっそく昨日《きのう》、プリントしたんだ」

マキさんが指さした壁《かべ》に笠取山《かさとりやま》の写真が貼《は》ってあった。ザックを背負《しょ》って登っているところや山頂《さんちょう》での記念《きねん》写真や展望地《てんぼうち》からの風景《ふうけい》、それから、ぼくが目を丸くしたアップの写真には「洗《あら》わないんですか～！」と、マンガの吹《ふ》き出《だ》しが貼《は》りつけてあった。

「なんだ～、これ、乾太《けんた》のアホづら。ハハハ！」

あとから集まってきたみんなもぼくの写真を見て「今回のベストショット！」なんて言って笑《わら》っていた。

反省会《はんせいかい》も楽しくやるのかと思ったら、みんな真剣《しんけん》だった。一人ひとり、自分の反省点《はんせいてん》を言った。最初《さいしょ》は一年生からでぼくの順番《じゅんばん》が回ってきて、みんなにお礼と帰ってきた日の夜に反省《はんせい》したことを言った。

「ケガしているのに参加《さんか》させてもらって、ありがとうございました！　テントや食料《しょくりょう》も持てなくて、すみません。あとで考えたらその代わりに食事の片《かた》づけとか、もっと自分から動いてできることがあったのにと思いました。メシ炊《た》きと、カレーくらいは作れるようになりたいです」

観崎《かんざき》先生はぼくを見て、そうか、そうかと言うようにうなずいた。

テツは新しい靴《くつ》で下《くだ》りで足が少し痛《いた》くなった、慣《な》らしが足りなかったと反省《はんせい》した。キッサンは軍手《ぐんて》を忘《わす》れて、なくても大丈夫《だいじょうぶ》と思ったけれど炊事《すいじ》や食事の時に困《こま》ることがわかった。マキさんが予備《よび》を持っていたので借《か》りられたけれど、忘《わす》れ物は気をつけたいと言った。

二年生、三年生の反省《はんせい》はもっとくわしくて、マキさんは自分の指示《しじ》がちゃんと行き渡《わた》っていなかったこと、翌日《よくじつ》の行動の段取《だんど》りや下山《げざん》のルートの確認《かくにん》など、夕食後にきちんとミーティングすべきだったと話した。

観崎《かんざき》先生と早坂《はやさか》先生からは、厳《きび》しい指摘《してき》もあった。一番、怒《おこ》られたのは、朝食時、他の登山客がテーブルが空くのを待っていて、マキさんは早く片《かた》づけるよう言ってたのに、みんながちゃんと聞いてなくて、片《かた》づけるのが遅《おそ》くなったことだ。

「岸本《きしもと》、軍手《ぐんて》を忘《わす》れたからあったほうがいいって、わかっただろう？」

観崎《かんざき》先生がキッサンに言った。

「はい、ないと困《こま》りました。そんなに重要《じゅうよう》じゃないって思ってたから忘れたのかも」

「そうだな。軍手《ぐんて》一つと思うけれど、炊事《すいじ》でやけどして、手を痛《いた》めたら山を下《お》りなくちゃならないこともあるからな。持ち物リストに入っているものは忘《わす》れたらいけないものだ。いつも日帰りの山行《さんこう》でもかならずヘッドライトは持ってくるように言っているよな。なにかあって、日が暮《く》れてしまったら山は真《ま》っ暗《くら》で動けなくなる。低山《ていざん》でもヘッドライトを持っていかないで遭難《そうなん》した人も多いんだ」

ちょっとした忘《わす》れ物で遭難《そうなん》することもあるなんて、おっかねえな。持ち物リストのものは全部持っていったけど、そんなこと考えなかった。

「はい、今度から持ち物リストにはチェックを入れて確認《かくにん》するのを徹底《てってい》します」

マキさんがメモを取りながら言った。

「それがいいな。今日は反省《はんせい》や問題点がたくさん挙《あ》がって、いい反省会《はんせいかい》だったな。自分のことだけじゃなく人の失敗《しっぱい》や落ち度も自分のこととして学ぶこと。失敗《しっぱい》したら、どうしたらいいかとよく考えて改《あらた》めていくこと、そこまでが反省《はんせい》だ。これからも反省《はんせい》と努力《どりょく》を積《つ》み上げて安全で楽しい山行《さんこう》を心がけよう」

観崎《かんざき》先生の言葉になんだかブルッときた。先輩《せんぱい》たちの反省《はんせい》を聞いていて、まだぼくは反《はん》省《せい》の仕方が甘《あま》いなって感じていた。失敗《しっぱい》に学ぶってそういうことかとあらためてわかった。

反省会《はんせいかい》に続《つづ》いて、次の山行《さんこう》の準備《じゅんび》についてのミーティングになった。

「一年生は今週から読図《どくず》と天気図の勉強はじめるからね。次の山行《さんこう》で読図《どくず》の訓練《くんれん》をしますよ。それから、七月の塔ノ岳《とうのだけ》の登山計画書《とざんけいかくしょ》はだれが書くんだっけ？」

マキさんの問いかけにノリさんが「はい」と手をあげた。

「じゃ、テツ、ノリと一緒《いっしょ》にやって、登山計画書《とざんけいかくしょ》の作り方を教えてもらってな」

「はい、了解《りょうかい》っす！」

「先生方、何かありますか？」

早坂《はやさか》先生が「じゃ、私から」と手をあげた。

「今年の秋の登山大会新人戦《しんじんせん》に出てみないか？　二年生と一年生の男子、四人いるんだから参加《さんか》したらどうだろう？」

ダダさんとノリさんが顔を見合わせた。登山にも大会があるのか。

「あの、先生、新人戦《しんじんせん》のことは四月によく話し合って出ないことにしました」

マキさんが答えた。

「大会に出たほうが部費《ぶひ》ももっともらえるし、装備《そうび》だって新しくできるぞ。部員ももっと入ってくると思うんだ」

「はい、それはそうですね。だけど、それが順応《じゅんのう》ワンゲル部のスタイルだと思っています。部員も同じ意見でした」

みんなマキさんの言葉にうなずいた。マキさんは早坂《はやさか》先生に反論《はんろん》しているわけだけど、声も表情《ひょうじょう》もぜんぜん生意気《なまいき》じゃなくて、ていねいだった。わかりやすくきっぱりと意見を言って、さすが部長だ。

早坂《はやさか》先生は「うん、そうか、わかった」と、それ以上《いじょう》は何も言わなかった。黙《だま》って聞いていた観崎《かんざき》先生が口を開いた。

「早坂《はやさか》先生、ありがとうございます。みんなもお礼を言ってくれ。早坂《はやさか》先生はもっと部費《ぶひ》をもらえるように、活動できるようにとワンゲル部のことを考えて、もう一度、部員に聞いてみると言ってくれたんだ」

「ありがとうございました！」

部員全員が頭をペコッと下げると、早坂《はやさか》先生は、てれたように笑《わら》っていた。早坂《はやさか》先生は観崎《かんざき》先生よりもずっと若《わか》くて、二年前に新任《しんにん》でこの学校の先生になり、ワンゲル部の副顧《ふくこ》問《もん》になったそうだ。

ミーティングが終わって、美歩さんから読図《どくず》と天気図を勉強するためのプリントが配られた。次の山行《さんこう》は塔ノ岳《とうのだけ》か。どこにあるんだろう？　行きたいけれど、体験《たいけん》入部のまま行けるんだろうか。ぼくは宙《ちゅう》ぶらりんな状態《じょうたい》だ。

「乾太《けんた》は次も参加《さんか》できる？　もう野球部に戻《もど》るのかな？」

美歩さんがプリントを手渡《てわた》しながら、ぼくの目をまっすぐに見た。「どっちにするの、分《ぶん》水嶺《すいれい》だよ」と問われたような気がした。そして、ぼくは自分の中に野球をやりたいって気持ちがなくなっていることに気づいた。

3

土曜日に名古屋《なごや》から帰ってきたお父さんがグローブとスパイクを見に行こうと言ったから、野球部に入るのはやめて、ワンゲル部に入りたいと話した。簡単《かんたん》に言ったつもりはなかったけど、お父さんの顔がだんだん険《けわ》しくなった。

「みんなケガを乗《の》り越《こ》えてがんばるんだぞ。そんなことでどうするんだ！ そんなに簡単《かんたん》にやめるのか！」

「だから、よく考えたんだよ！ 違《ちが》うんだよ！ 野球より山に行きたいんだよ」

自分で決めろって言っていたお父さんが急に怒《おこ》りだして、どうして野球をやめてワンゲル部に入りたいか、マキさんみたいに落ち着いて話せなくてイラついた。

「お父さんはつらくても耐《た》えて、野球を続《つづ》けてよかったぞ」

「じゃ、マネージャーやれって言うのかよ！」

ついこの間までぼくは野球が好《す》きだと思っていた。でも、最初《さいしょ》からマネージャーをやるほど好《す》きじゃないって気づいたんだ。

「レギュラーになれるように努力《どりょく》すればいいだろう」

「お父さんは自分が甲子園《こうしえん》に行けなかったからおれに行けって言うんだろ。お父さんとは違《ちが》うよ！　おれはワンゲル部に入るよ！」

野球をやっていれば、お父さんは喜《よろこ》んで応援《おうえん》してくれるよな。それはわかってる。けど、これだけは譲《ゆず》れない。

翌日《よくじつ》の日曜日の夕食の時、お父さんとぼくは口をきかなかった。

あれから少しは冷静《れいせい》になって考えた。たしかに野球やるぞ！　と自分でもはりきっていたのに、ケガくらいでやめるのは情《なさ》けないよな。だからワンゲル部に入ることを反対されて、ふてくされながらも、どうしたらいいか考えていた。

どうやらお父さんは、ワンゲル部のことはアウトドアで遊ぶだけの部だと思っているらしい。お父さんとぼくのそんな様子を見ていたお母さんが話しだした。

「ねえ、お父さん、ワンダーフォーゲル部もいいんじゃないかしら。顧問《こもん》の先生からもらった保護者《ほごしゃ》へのプリントを読んだけど、自然《しぜん》の中へ出かけていってふつうの部活ではできない経験《けいけん》ができるってところがいいと思うのよ」

ぼくは山行《さんこう》から帰ってきてから、少しは料理《りょうり》ができるようになりたいと思って、ばあちゃんに鍋《なべ》で米を炊《た》く方法を教わった。夕食の手伝いも少ししていたら、お母さんに「合宿に行って、ちょっと変《か》わったわね」と言われた。

「べつにワンダーフォーゲルが悪いっていうんじゃない。順応《じゅんのう》なら甲子園《こうしえん》に行けるかもしれないのに、そんなに簡単《かんたん》にあきらめていいのかってことだよ」

「わかったよ！　もう一度、考えてみるよ」

もっとちゃんと、どうしてワンゲル部に入りたいのか説明《せつめい》できないといけない。それを考えなくちゃな。


お父さんが名古屋《なごや》に戻《もど》ってからすぐに剛《つよし》が来た。空手の大会が終わってようやく時間ができたらしい。大会で剛《つよし》の高校は団体戦《だんたいせん》で準優勝《じゅんゆうしょう》したそうだ。

「ひじはどう？」

「もう大丈夫《だいじょうぶ》だよ。サポーターはまだ取れないけどね。なんか体、でかくなった？」

前に会った時よりも、剛《つよし》はひと回りでかくなったみたいだ。

「うん、最近《さいきん》、メシがうまくてさあ。それで野球は？　いつからできるんだよ。キャッチボールつきあうよ」

「それがさ……野球はやめることにした」

そう言ったら、剛《つよし》は細い目を思いっきり見開いて、次に悲しげな顔になった。

「なんで？　もう投げられないのか？」

「そうじゃなくて、ワンダーフォーゲル部に入りたいんだ。でも、おやじは反対してる」

「へ？　ワンダーなんとかってなに？」

「登山部みたいなもんだよ」

それから剛《つよし》に山に行った話をしたり、読図《どくず》と天気図のプリントを見せたりした。

先週からはじまった読図《どくず》と天気図の勉強もおもしろいんだ。読図《どくず》は地図の読み方のことでコンパスと地図を使って、自分が今、どこにいるかを正確《せいかく》に知る。地図の記号を覚《おぼ》えたり、尾根《おね》と谷を地図の等高線《とうこうせん》で見分けたりするところまで教わった。尾根《おね》は山頂《さんちょう》と山頂《さんちょう》のつながったところでつまり山の連《つら》なりだ。尾根《おね》があればかならず谷がある。そういう地形や建物の位置《いち》を読みながら自分がいる場所を把握《はあく》するんだ。笠取山《かさとりやま》の地図も使って、観崎《かんざき》先生に教えてもらった。

天気図は沖永《おきなが》さんが天気図を描《えが》くのを見ただけで、これから教えてもらう。目的地《もくてきち》の天気が雨か曇《くも》りか晴れか、予測《よそく》できるようになるそうだ。

そんなことまで一気に話した。

「へえ、乾太《けんた》ってこういうの好《す》きなんだよな。スコアブックもすぐにつけられるようになってさ、このバッターは内角《ないかく》が打てないとか、分析《ぶんせき》までしてただろ」

剛《つよし》が登山用の地図と天気図の用紙を見ながら言った。そう言われて、そうかも、好《す》きなのかもなと思った。

「あ、ごめん、自分の話ばっかりだよな。大会はどうだった？」

「個人《こじん》は三回戦《せん》で負けた。まだまだだよ。それよりさ、ハルのこと聞いてるか？」

剛《つよし》が沈《しず》んだ表情《ひょうじょう》をしたから、あまりよくない話だとわかった。

「え、ハル、どうかしたの？」

「先月から学校に行ってないんだってさ。今日、電話したら、声が暗《くら》いんだよ。なんだかわからないけど、行きたくねえって言ってたよ」

富永《とみなが》が商店街《しょうてんがい》でハルと会ったらしい。私服《しふく》で歩いていたから、学校が休みなのかと聞いたら、休んでいると言ってたそうだ。

「また何かあったのかな」

「きっと、あの学校が合わねえんだよ」

ハルは中学の時も学校を転校したいと悩《なや》んでいた。サッカー部でいじめみたいなことがあって、サッカー部をやめたんだ。仲間《なかま》の中で一番の期待の星だったハルが不登校《ふとうこう》になるなんて。そういえば、ハルにメッセージを送ったけど返信《へんしん》が来てなかった。

「おれ、ハルの家に行ってみようかな」

ワンゲル部の部活は毎日はないから、時間はあるし、ちょっと心配になってきた。

「ワンゲル部、いいじゃん。乾太《けんた》らしいと思うよ。がんばっておやじさん説得《せっとく》しなよ」

剛《つよし》は帰りぎわ、にこにこしてぼくの背中《せなか》をドン！　とたたいた。

痛《い》ってえ！　力も強くなってる。でも、おかげで気合が入ったよ。

4

次の日、学校の帰りに乾愓堂《けんてきどう》へ行った。あれからゴロさんは少しずつ仕事に出てきている。先週、乾愓堂《けんてきどう》に寄《よ》ってみたら、お客さんが来たからすぐに帰ってきた。その時、ゴロさんが「月曜日に本を持ってこい」と言った。易経《えききょう》の勉強を再開《さいかい》するってことだ。

「ふむ、おやじは反対か」

「そうなんです。頭ごなしに言われて、カーッとしてうまく話せなくてけんかです」

入荷《にゅうか》した本を棚《たな》に収《おさ》めながら、ゴロさんに土曜日のことを話した。

「反対されても、ワンゲル部に入ると決めたんだな。どうして入りたいと思ったんだ」

「自分に合っていると思ったんです。山の空気も好《す》きだし、新しい発見がいっぱいあって、地図や天気図の読み方も教えてもらっているんですけど、おもしろいです」

最後《さいご》の本を棚《たな》に入れて、脚立《きゃたつ》を店の奥《おく》に片《かた》づけた。

「ほかにやることありますか？」

「もう大丈夫《だいじょうぶ》だ。ごくろう。まだひじが不自由《ふじゆう》なのに悪いな。さて、乾《けん》惕《てき》の続《つづ》きをはじめるか」

ゴロさんが入院する前だったら、ワンゲル部に入ってもいいかどうか、お父さんをなんて説得《せっとく》したらいいのか、教えてくださいって頼《たの》んでいただろうな。ちゃんと自分の足で歩こうと思ったからなのか、最初《さいしょ》からゴロさんに頼《たよ》ろうって気持ちがなくなった。

椅子《いす》に座《すわ》って、易経《えききょう》の本の乾惕《けんてき》のところを開いた。

「乾惕《けんてき》は徳《とく》を身につける時だが、徳《とく》とは何かわかるか」

「徳《とく》って、立派《りっぱ》なことですか？」

「まあ、そうだ。修養《しゅうよう》して身につけた優《すぐ》れた品性《ひんせい》や人格《じんかく》を言う。龍《りゅう》の話は帝王学《ていおうがく》として書かれている。一国の王となるべき人は徳《とく》を身につけていなければならないんだ」

徳《とく》か……そんな王様のような優秀《ゆうしゅう》な人になろうなんて、ちょっとハードルが高すぎる気がする。

「なんだか、すごく高度ですね」

「だからといって、われわれには関係《かんけい》ないということではないぞ。毎日努力《どりょく》して前に進み、自分はこれでいいのか、もっと向上するにはどうしたらいいかと、日々の反省《はんせい》をする。そうやって自分を磨《みが》いて身についていくもの。それを徳《とく》と考えればいい」

反省《はんせい》と努力《どりょく》を繰《く》り返して身につくものが徳《とく》か。立派《りっぱ》なものと考えると肩《かた》に力が入ってしまいそうだけど、そう思わなくていいんだ。

「その部ではどうだ。自分を磨《みが》いて向上していけそうか」

急にワンゲル部の話になって、え！っと思った。自分が向上していけるかどうかか。ぼくは少し考えた。

「知らないことだらけで、いろんなことが覚《おぼ》えられそうです。山登りだけじゃなくて炊事《すいじ》もして、テントを張《は》って、全部自分たちでやるので」

ゴロさんはぼくを見て黙《だま》っていた。これだけじゃ説明不足《せつめいぶそく》か。

「あの、お父さんにそんなことで野球をあきらめていいのかって言われて、ケガをして逃《に》げたいだけなのかなとも考えたんです。山に行ったら楽しくて、入りたいと思っただけなのかって。でも、違《ちが》うんです……」

「なにが違《ちが》うんだ」

ゴロさんはもっと目力を強くして聞いてきた。

「三千メートルの山の写真を見て胸《むね》が躍《おど》るっていうか、行きたい！って思ったんです。実《じっ》際《さい》、笠取山《かさとりやま》に行ってそこから富士山や南アルプスを見て、やっぱり行きたいって思いました」

「ふむ、それで」

ゴロさんはよくこういう聞き方をする。ぼくは追いたてられるように必死《ひっし》で考えた。ゴロさんにちゃんと説明《せつめい》できなくて、お父さんを説得《せっとく》できるわけないよな。

「先週、山行《さんこう》の反省会《はんせいかい》があったんです。みんなふだんは冗談《じょうだん》ばかり言ってるんですけど、その時は真剣《しんけん》でした。山は何かあると危《あぶ》なくて、遭難《そうなん》とか命取りになることがあるから、自分の失敗《しっぱい》だけじゃなく、ほかの部員の失敗《しっぱい》にも学ぶことだって顧問《こもん》の先生が言ってました。乾惕《けんてき》が教えてることだなと思って、それでますますワンゲル部に入りたいと思ったんです」

ゴロさんはまだじっとぼくを見ていたけれど、ちゃんと話せた気がして、ぼくもじっとゴロさんを見た。言葉に出したらワンゲル部で自分を磨《みが》いていきたいんだと確信《かくしん》できた。

「そうか。よくわかった。そうやってうそいつわりない心からの言葉で話すことが大切だと乾惕《けんてき》のところでも教えている」

「そうなんですか？」

マキさんが早坂《はやさか》先生に意見を言ったのを聞いたから、きっぱり言えたのかもしれないな。

「ああ、自分の気持ちに正直に、誠実《せいじつ》にわかりやすく話すことが徳《とく》を身につけるために必《ひつ》要《よう》だ。そして昂揚感《こうようかん》を持って前に進むことだ」

「昂揚感《こうようかん》ってなんですか？」

「さっき胸《むね》が躍《おど》ったと言ったな。昂揚感《こうようかん》とは気持ちの高ぶり、つまり、やるぞ、という思いだ」

ゴロさんはワンゲル部に入ることを応援《おうえん》してくれているように聞こえた。

「今日、教えた言葉を書いておいた。あとで読んでみろ」

ゴロさんは紙を渡《わた》してくれた。

「はい、ありがとうございます」

春子おばさんが来て店番を交代《こうたい》すると言ったので、ゴロさんを送って帰ることにした。

「思ってたことが整理できて、お父さんを説得《せっとく》できそうです」

「おやじの意見もよく聞いて考えろ。ただ、自分にうそをつくなよ。もちろん人にもだ」

「はい、わかりました」

帰ってから、びっしり書かれたゴロさんのメモを読んだ。


君子《くんし》は徳《とく》に進み業《ぎょう》を修《おさ》む。

忠信《ちゅうしん》は徳《とく》に進む所以《ゆえん》なり。

辞《ことば》を修《おさ》めその誠《まこと》を立《た》つるは、業《ぎょう》に居《お》る所以《ゆえん》なり。


「徳《とく》」とは、善《よ》き人格《じんかく》や善《よ》き行いをする品性《ひんせい》。

自分がどうあるべきなのか、どういう振《ふ》る舞《ま》いをしなければならないのかという要《よう》件《けん》、その内容《ないよう》。

自分の質《しつ》の向上に努力《どりょく》して、今日一日、やるべき事をする。

自分にも人にもうそをつかない。真摯《しんし》に取り組み、うそいつわりない言葉と行動をともなわせることが質《しつ》の向上につながる。

人にわかりやすい言葉で伝える。そして誠心誠意《せいしんせいい》の行動で表すことが経験《けいけん》となり、人の信頼《しんらい》を得《う》る。

5

それから二日経《た》った日の夜、お父さんに電話した。

「お父さん、おれ、いろいろ考えたんだけど、野球から逃《に》げたいんじゃない。ひじをケガしてストップかけられて落ちこんでたけど、そのおかげで山に行こう、もっと外に出てみようと思ったんだ。山に行ってから、リハビリもやる気が出た。それまでなんだか、リハビリしてても、むなしい気持ちがしててさ」

お父さんは電話の向こうで「うん、うん」と相づちを打ちながら、話を聞いてくれた。

「だからおれ、やっぱりワンゲル部に入りたい。三千メートルの山の写真見て、どうしても行きたいって思った。今まで自分からこんなに何かしたいって思ったことなかった」

「……じゃ、野球をやめて本当に後悔《こうかい》しないんだな？」

お父さんのひとことは重かった。後悔《こうかい》しないって言ったらうそになるな。

「ケガしてからずっと後悔《こうかい》してるよ。くやしかったし」

「……まあ、好《す》きにしろ。野球部には入部しないって言ってくるんだな？」

「うん、ちゃんと言ってくるよ」

電話を切ってからも、あんまりすっきりとはしなかった。好《す》きにしろってことは、やっぱりまだ反対なんだよな。

「テツ、わりい。先にメシ食ってて」

土曜日の授業《じゅぎょう》が終わってから、ぼくは野球部の監督《かんとく》に話しに行った。監督《かんとく》はグラウンドにいた。

「失礼《しつれい》します。天野《あまの》です」

監督《かんとく》はサポーターをしているぼくのひじをちらりと見た。

「おう、ひじを故障《こしょう》した君か」

「監督《かんとく》、いろいろ考えましたが、野球部に入部するのはやめます」

「そうか。男子のマネージャーが見つからなくてな。マネージャーとして、もう一度考えてみないか？」

引《ひ》き留《と》めてくれるのはありがたかったけれど、もうぼくの気持ちは揺《ゆ》らがなかった。

「すみません。ほかの部に入ることにしました」

監督《かんとく》は「わかった」とひとこと言って、それ以上《いじょう》はなにも言わなかった。監督《かんとく》に一礼《いちれい》してグラウンドを後にした。

学食に行くと、テツが観崎《かんざき》先生と昼食を食べていた。ぼくは観崎《かんざき》先生のところへまっすぐズンズン歩いていった。

ぼくに気づいた先生は身がまえるように体をぼくのほうに向けた。

「なんだよ、おっかねえ顔して」

テツもちょっと体を引いてぼくの顔を見た。

「なんだ天野《あまの》、どうした？」

「先生、おれ、野球はやめることにしました。ワンゲル部に入部させてください！　よろしくお願《ねが》いします！」

頭を下げたぼくの肩《かた》を先生がポン、ポンとたたいた。

「そうか、そうか。もちろん、大歓迎《だいかんげい》だ！」

「やったー！」

テツが両手を高くあげてバンザイした。

「おお、びっくりした。プロポーズでもされるのかと思ったよ」

観崎《かんざき》先生が胸《むね》を両手でなでながらおどけて言う。

「ハハハ！　先生、そんなわけないっしょ」

テツとぼくはゲラゲラ笑《わら》った。胸《むね》のモヤモヤした霧《きり》が一気に晴れた気がした。

6

ハルはたぶん三週間くらい学校に行ってないはずだ。純《じゅん》とはメッセージのやりとりがあったらしいけれど、それも返信《へんしん》が来なくなったと言っていた。

ハルの家に向かう坂道を登りながら、ぼくが指揮者《しきしゃ》に選《えら》ばれて、合唱団《がっしょうだん》の練習に来なくなったハルを迎《むか》えに行った時のことを思い出していた。あの時、「龍《りゅう》は強くて前に進む」とつぶやきながら登ってきたっけ。

「こんにちはー。乾太《けんた》です。ハルくんはいますか？」

インターフォンを鳴らすとハルのお母さんが出た。ハルのお母さんは冷《つめ》たい感じがしてちょっと苦手だ。

少しして、玄関《げんかん》のドアが開いた。

「乾太《けんた》くん、お久《ひさ》しぶりね。ハルはねえ……部屋にいると思うんだけど」

「部屋に行ってもいいですか？」

ハルのお母さんは「ええ、どうぞ」と言いながら、ちょっと迷惑《めいわく》そうな顔をしたように見えた。まあ、いいや。前に進めだ。二階のハルの部屋に上がっていった。

「ハルー！　おれだよ、乾太《けんた》」

部屋のドアをノックしたら、すぐにドアがガチャリと音を立てて開いた。

「おう、乾太《けんた》。下《お》りていかなくてごめん。なるべくおふくろと顔合わせたくなくてさ」

出てきたのはいつものハルだったから、ホッとした。

「なんだ、元気そうじゃん。メッセージしても返信《へんしん》ないからみんな心配してたよ」

「ごめんな。スマホの電源《でんげん》、切ってるんだよ。あ、ひじはまだサポーターしてんのか」

「もうだいぶ動くようになったけど、まだちょっとね。ほらこれ、ハルの好《す》きな炭酸《たんさん》のレモン味、持ってきたよ」

コンビニの袋《ふくろ》からペットボトルを出してハルに渡《わた》した。

「サンキュ！　今、買いに行こうと思ってたんだ。あ、そこに座《すわ》りなよ」

ハルは机《つくえ》の前のデスクチェアを指さして、自分は床《ゆか》にあぐらをかいて座《すわ》った。パソコンで何かやっていたらしく、机《つくえ》の上には「海外留学《りゅうがく》」と大きな字で書いてあるパンフレットや本が置《お》いてあった。

「今、留学《りゅうがく》のこと調べててさ」

「なに、留学《りゅうがく》すんの？」

「うん、したいと思ってるんだ。だめなんだよ、おれ、もう学校の勉強についていけなくて、中間テスト終わってから三日しか学校行ってねえ」

ハルは意外にケロッとして言った。

「ついていけないって、まだ高校に上がったばっかりじゃん」

「それがさ、去年、学校からこの成績《せいせき》じゃ高校に上がっても無理《むり》だから、ほかの学校を受《じゅ》験《けん》したらどうだって言われたんだよ。おれはそうしたいって話したら、おやじは賛成《さんせい》だったけど、おふくろが……」

ハルは両手の人さし指でバツ印《じるし》を作って顔をしかめた。そんなことはぜんぜん知らなかった。きっとハルはだれにも言わなかったんだろうな。

「そっか、ハルのお母さん、厳《きび》しそうだもんな」

「勉強もやる気がなくて、中間テストはビリから三番目だよ」

そうは言っても、ハルはぼくよりも十倍くらい勉強ができるんだ。ものすごい優秀《ゆうしゅう》な学校だからレベルが違《ちが》うんだろうな。

「今まで転校したい、高校は外に出たいって　何度も言ってきたけどダメだから行かないことにした。このままじゃ精神病《せいしんびょう》になると思ってさ」

「なってなくてよかったよ。引きこもりじゃなくてストライキってことか」

「うん、まあ、半分引きこもりだよな。もうおれ、あの人から離《はな》れたいんだ。この間もこっちの話は聞かないで、勉強が遅《おく》れるから学校行け、弁護士《べんごし》目指せとか言いやがって。しつこいから殴《なぐ》りそうになったよ」

お母さんをあの人って呼《よ》ぶハルの顔は怒《おこ》ってるというより悲しげだった。

7

「おれもひじを痛《いた》めて野球ができなくなって、けっこう落ちこんでさ」

「あ、純《じゅん》から野球部の監督《かんとく》にマネージャーになれって言われたって話、聞いたよ。ケガしたからって、ひでえよな」

「そんなこともいろいろあったんだけど、野球、やめたんだ」

「えっ、まじ？」

ハルは驚《おどろ》いて大声を出した。そりゃそうだよな。野球の話ばっかりしてたんだから。

「ひじが治《なお》れば野球はできると思うんだけど、ワンダーフォーゲル部に入ることにした」

「ワンゲルかよ！　うちの学校にもあるけど、なんで？」

「足腰《あしこし》のトレーニングになると思ってワンゲル部の合宿に参加《さんか》したら、おれに合ってるって思ってさ。おやじには反対されたけど、もう、そう決めた」

「へえ、やるなあ。乾太《けんた》は親の言うことに反抗《はんこう》しないかと思ってた」

ハルはちょっと見直したようにぼくを見た。

「おれ、じいちゃんの友だちのところに易経《えききょう》って中国の古典《こてん》、勉強しに行ってるだろ」

「ああ、あの本屋の人だよね」

「そう。高校に入ったら、もう一人歩きの段階《だんかい》だって言われて、何でもまず自分で考えて決めろって言われてさ。自由に青春を楽しめ、それでたくさん失敗《しっぱい》しろって。失敗《しっぱい》に学べってことなんだよ」

「ん？　一人歩きの段階《だんかい》……たくさん失敗《しっぱい》しろ、か」

「うん、だから失敗《しっぱい》してもいいから、勇気《ゆうき》を持って進めって。失敗《しっぱい》しなきゃ学べないだろ」

ハルは不思議《ふしぎ》そうな顔してうなずいた。易経《えききょう》の話をするなんて、自分でも思わなかった。

なにか役に立ったらいいなと思った。

「だから、毎日、バンバン努力《どりょく》して進んで、夜、寝《ね》る前に三十分くらい、これでよかったのか、もっと向上するにはどうしたらいいかって反省《はんせい》しろって。この間は、昂揚感《こうようかん》を持って自分を磨《みが》いていけることをしろって言われたよ」

「昂揚感《こうようかん》！　そう、それ。今のおれにぜんぜんねえよ」

さすがハル。昂揚感《こうようかん》の意味を知ってるんだ。

「ワンゲル部で山の写真見たら、すげー！　行きてえ！ってウワーってなんかこみあげてきてさ」

「そう、それだよな！」

ハルはそれから留学《りゅうがく》のことを話しだした。

「おやじが今、出張《しゅっちょう》行ってて、留学《りゅうがく》のことはおまえも調べておけって言われて、アメリカもいいんだけど、カナダはフランス語も勉強できていいんだよ……」

ハルはぼくが帰る時に夕飯《ゆうはん》を買いに行くと言うから一緒《いっしょ》に商店街《しょうてんがい》まで歩いた。お母さんとは食事も別《べつ》にしているらしい。ハルが学校に行かなくなってから、親は夫婦《ふうふ》げんかばかりしてると話した。そうとう荒《あ》れてるんだな。

「なあ、ハル。押《お》しつぶされて止《と》められても、なんとかして進むことを考えろよ。おれもそう教わってワンゲル部に入ることにした」

「……そっか。うん、もう家にいるのもあきたしな」

「そうだよ。体にコケ生《は》えるぞ！　夏休みにみんなでどっか行こう。うちにも来いよ」

「うん。今日は乾太《けんた》に襲撃《しゅうげき》くらったから、いきなり襲撃《しゅうげき》するからな！」

じゃな！　と別《わか》れたけど心配だった。平気そうな顔してたけど、あいつ、ええかっこしいだからな。一人で悩《なや》んで戦《たたか》ってそうだ。

1

向上《こうじょう》するためにはどうしたらいい？

七月に入ってすぐ、期末《きまつ》テストがあった。テストのあとは、地図の読み方である読図《どくず》と、天気図を描《えが》いて天気を予測《よそく》する練習も本格的《ほんかくてき》にはじまった。

ワンゲル部の活動はランニング、筋力《きんりょく》トレーニングにはじまって、ザックを背負《しょ》って階段《かいだん》の上り下りをする歩荷訓練《ぼっかくんれん》、夏の合宿に向けての炊事《すいじ》練習やテント設営《せつえい》の練習、荷物のパッキング練習、そして読図《どくず》と天気図の勉強もあって、毎回、いろいろなメニューが組まれる。

地図を読むのはおもしろい。等高線《とうこうせん》や記号で山の高さなど地形が想像《そうぞう》できる。その山に登るのにどれくらい時間がかかるかを調べるには、山の高さと山頂《さんちょう》までの距離《きょり》を知ることが大切で、山の断面図《だんめんず》を描《か》いて高低差《こうていさ》を出してから時間を計算する。

七月の山行《さんこう》は丹沢《たんざわ》の塔ノ岳《とうのだけ》だ。今日は、その登山地図を見ながらマキさんに教えてもらって勉強した。

「な、な、これ、見てみろよ。槍《やり》・穂高《ほたか》の登山地図。ここが槍ケ岳《やりがたけ》だよ」

テツが部室の本棚《ほんだな》から地図を出してきて広げた。北アルプスの槍ケ岳《やりがたけ》と穂高岳《ほたかだけ》、名前を知っているだけだ。

「あの槍《やり》みたいに尖《とが》った山だよね。テレビで見たことはある。うわー！　崖《がけ》の記号ばっかりじゃん。こんなところ登るんだ」

「あ、そっか。乾太《けんた》もクミも日本の山をあまり知らないから地図を見て、山の形を想像《そうぞう》してから写真を見るといいかもね」

マキさんは登山地図を見て、想像《そうぞう》登山をするのが趣味《しゅみ》だと言っている。ぼくはぜんぜん山のことを知らないから、マキさんのまねをしてみよう。テツは沖永《おきなが》さんに聞けというけど、まだなんて聞いていいかもわからない。

「そこに槍《やり》と穂高《ほたか》の写真集があるよ」

ハヤトさんが本棚《ほんだな》の下のほうを指さした。ぼくは写真集を持ってきて開いてみた。

「ひゃー！　かっこいい」

槍ケ岳《やりがたけ》はツンと切り立って、すごくきれいだった。

「それからここが大キレット、こっちがジャンダルム。国内最大《さいだい》の難所《なんしょ》って言われている」

地図と写真を交互《こうご》に見た。険《けわ》しいなんてものじゃない。両側《りょうがわ》が切り立った崖《がけ》でその尖《とが》った先端《せんたん》を行くような登山道が地図に載《の》っている。ハヤトさんが大キレットを登山者が登っている写真も見せてくれた。こんなところを登っていくなんて信《しん》じられない。

「行ったことあるんですか？」

「ない！　ない！」

マキさんとハヤトさんが口を揃《そろ》える。

テツが部室の天井《てんじょう》を仰《あお》いで言う。ものすごく危《あぶ》なそうだけど、そんなところまで行けるようになるんだろうか。いつか挑戦《ちょうせん》してみたい気もした。

「行ってみてえな〜」

「じゃ、いつかみんなで行くか！　ほら、まずは塔ノ岳《とうのだけ》だよ。丹沢《たんざわ》の表尾根《おもておね》っていうコースで山から山を歩いていく。縦走《じゅうそう》ってことがよくわかるよ」

天気図を描《えが》いてから天気予測《よそく》をする勉強は沖永《おきなが》さんが教えてくれている。午後四時、ラジオの「気象通報《きしょうつうほう》」がはじまる。日本各地《かくち》の気象《きしょう》が風向、風力、天気、気圧《きあつ》、気温の順《じゅん》に読み上げられ、それを天気図用紙に書き込《こ》んでいく。最初《さいしょ》は読み上げを書き取れなかったけれど、毎日のように書き取りを練習して慣《な》れてきた。

沖永《おきなが》さんはテレビの天気予報《よほう》で見るような、きれいな等圧線《とうあつせん》が描《えが》かれた天気図をあっという間に描《えが》ける。テツは沖永《おきなが》さんと仲《なか》がよくて、沖永《おきなが》さんもテツにはよく話しかける。ぼくはなかなか話しかけられないけど、沖永《おきなが》さんの天気図を見て、見龍《けんりゅう》になって必死《ひっし》にまねした。

天気予報《よほう》があるのに、天気を予測《よそく》する勉強がなぜ必要《ひつよう》かというと、大雨で道が悪くなったり、強風になったり、落雷《らくらい》があったりすれば、ケガや遭難《そうなん》の危険《きけん》がある。いつも天気に意識《いしき》を向けておけば、そういう危険《きけん》を回避《かいひ》できるからで、それにはまず天気図を描《えが》けるようになることが第一歩だそうだ。

今は、登山用の地図もスマホで見ることができて、GPSで現在位置《げんざいいち》も表示《ひょうじ》される。それでもやっぱり紙の地図とコンパスを使って練習しておかないと、もしもスマホの電源《でんげん》が切れて使えない時に困《こま》るんだと、沖永《おきなが》さんがちゃんと説明《せつめい》してくれた。

2

部活のない日は乾惕堂《けんてきどう》へ手伝いに行っている。月曜日は易経《えききょう》の勉強だ。ゴロさんは一年くらいは、なるべく重い物を持たないほうがいいそうだ。だから、本が入荷《にゅうか》したり、本をたくさん送ったりする時は手伝うことにした。ぼくの右ひじはもうほとんど治《なお》っている。まだ強く力を入れたりはしないほうがいいと言われているけれど、本を棚《たな》に入れたり、運んだりするのは無理《むり》しなければ大丈夫《だいじょうぶ》だ。

「それでおやじはどうした。まだ反対《はんたい》してるのか」

「うーん、帰ってきても、あんまり部活のことを話してないんですけど、またすぐやめるって言うんじゃないかと思われてるみたいです。登山具も揃《そろ》えなきゃいけないんですけど、言いだせなくて」

ワンゲル部に入部したら、本当はすぐに装備《そうび》を揃《そろ》えなくてはいけない。お父さんは昨日《きのう》まで家にいたけど、お願《ねが》いしますと言えなかった。

「何を揃《そろ》えるんだ」

「ザックとレインウェア、寝袋《ねぶくろ》、ヘッドライト、コンパス、あと登山用の上着とパンツかな。全部揃《そろ》えると高いんです。でも、部のを借《か》りられるからしばらくは大丈夫《だいじょうぶ》です」

お母さんは観崎《かんざき》先生に電話して、揃《そろ》えたほうがいいものを聞いていた。お母さんは買ってもいいと言ってたけど、お父さんが首を縦《たて》に振《ふ》らないなら道具は自力でなんとかするしかない。

「さて、今日も乾惕《けんてき》をやっていくか」

「はい」

今日、教わるところはなんだか難《むず》しそうだとちょっと覚悟《かくご》してきた。

「乾惕《けんてき》は日々努力《どりょく》して前に進む。そうやって自分の中身である質《しつ》を向上させて、自分を磨《みが》いていくと教えたな」

「あの、その質《しつ》の向上なんですけど、質《しつ》ってなんの質《しつ》ですか？」

「自分の志《こころざし》を実現《じつげん》するために必要《ひつよう》なものを身につけるんだ。人間性《にんげんせい》や技術《ぎじゅつ》、知識《ちしき》や忍耐《にんたい》力《りょく》など、あらゆるものだ」

やることがいっぱいあるってことだ。そんなにどうやったらできるんだ？

「自分に必要《ひつよう》なものを身につけるために、どう考えて、行動したらいいか、実践方法《じっせんほうほう》が次に書いてある。まず紙にその言葉を自分で書いてみろ」


至《いた》るを知《し》りてこれに至《いた》る、ともに幾《き》（をいう）べきなり。

終わるを知りてこれを終わる、ともに義《ぎ》を存《そん》すべきなり。


ここからここまで書けと言われて書いてみた。やっぱり書いても意味わかんねえ。頭がこんがらがりそうだ。

「地図の読み方を習っていると言っていたな」

「そうです。記号とか、いろいろ覚《おぼ》えることがありますけど、すごくおもしろいです」

「今日のところと関係《かんけい》がありそうだ」

「乾惕《けんてき》と地図が、ですか？」

なんでだ？　まったく想像《そうぞう》がつかない。

「至《いた》るというと、たとえば、東京から大阪に至《いた》ると言うな。実際《じっさい》には行かなくても、経路《けいろ》を前もって調べれば、ああこうやって行けるのかとわかるな」

「はい」

「登山もそうだろう。目的《もくてき》の山まで、どの交通機関《こうつうきかん》を使って、どの道を行けばいいか調べたら、何時くらいに着くかと想像《そうぞう》できるな」

「はい、登山のルートは地図で見てます。時間がどのくらいかかるかも地図に書いてあって、自分で計算する方法《ほうほう》も習ったところです」

至《いた》るを知るってそういうことか。じゃ、次の至《いた》るはなんだ？

「目的地《もくてきち》や目標《もくひょう》に至《いた》る経路《けいろ》がわかったら次にどうする」

「次ですか？　そこへ行きます」

ゴロさんは首を振《ふ》った。

しばらく考えても答えが思いつかない。考えあぐねているぼくを見かねてゴロさんが答えを言った。

「次に計画を立ててるんだ」

「あっ、そうか。登山計画《とざんけいかく》だ！　山に行く時は登山計画書《とざんけいかくしょ》を作ってます。どこに行くのか、メンバーの名前が書いてあって、交通機関《こうつうきかん》や登山のルート、出発や到着《とうちゃく》の時間、それから……持っていく装備《そうび》、食料《しょくりょう》は何日分で朝昼晩《ばん》の食事のメニューまで書いてあります」

　ゴロさんはうん、うんと聞いていた。

「まず、目的《もくてき》を決めて、そこに至《いた》るにはどうしたらいいか考えて、それから計画ですね」

　ああ、こんがらがってた頭がすっきりしてきた。

「そうだ。目的《もくてき》や目標《もくひょう》を決めることが計画じゃないぞ。計画を立てるにはあらゆる想定をしなければならない。山に行くなら、どんな準備《じゅんび》が必要《ひつよう》か、何時までに帰ってくるか、それには何時に出発か。なにを持っていけばいいか、当日の天気はどうかとな」

「はい。計画書を作るのもこれから教わります」

「そして、その計画どおりに、実際《じっさい》に準備《じゅんび》して行動して終わりに向かってやり遂《と》げるんだ」

　わかった。それが終わるを知りてこれを終わるってことか。

「じゃ、この『幾《き》』と『義《ぎ》』ってなんですか？」

「うむ、そこにちゃんと気づいたな。幾《き》というのは兆《きざ》しのことだが、わかりやすく言えば、計画には想定をしなければならないと言っただろう。仮《かり》に出発時間を八時にしても、明るいうちに山を下りてこられなくなると困るな」

「そうですね」

「と、したら、もっと早い時間に出発しなければならないな。計画に問題がないか、あらかじめ先々の見通しを立てるんだ。先々に起こることを『幾《き》』という」

また頭がこんがらがってきた気がした。ん？　待てよ。

「先々を考えて問題がないように計画を立てるってことですね！」

「そのとおりだ」

3

は～、考えるって疲《つか》れるな。でも、わかると達成感《たっせいかん》がある。

「続《つづ》けるぞ。義《ぎ》というのは正義《せいぎ》の『義《ぎ》』だ。正義《せいぎ》の味方はためらわず悪者をバッサ、バッサと切っていくだろう」

「正義《せいぎ》の味方ってスーパーヒーローとか？」

ゴロさんはちょっと眉間《みけん》にしわを寄《よ》せた。

「まあ、スーパーマンでもいい。つまり正義《せいぎ》というのは厳《きび》しいものなんだ。だから『義《ぎ》』

はかならずやり遂《と》げるぞと、自分に厳《きび》しく計画を実行することだ」

「意志《いし》を強くしてやり終えるってことですね」

「ああ、ただし、ひどい悪天候《あくてんこう》でも登山に行けということじゃないぞ。そういう時は厳《きび》しさを持って中止を決断《けつだん》する、あきらめて途中《とちゅう》で帰ってくることも『義《ぎ》』だ」

そっか。観崎《かんざき》先生が作った保護者用《ほごしゃよう》のしおりを読んだら、山に行って無事《ぶじ》に帰ってくるまでが登山で、安全第一に行動すると書いてあった。

「厳《きび》しさを持って実行すること。わかりました。は〜難《むずか》しかった」

手を広げて椅子《いす》の背《せ》もたれに寄《よ》りかかったら、ゴロさんの目がおっかなくギロっと光った。えっ？　まだ終わりじゃないの？　やばい！　あわてて姿勢《しせい》を戻《もど》した。

「小学生の頃《ころ》と変《か》わってないな。山から帰ってきたら疲《つか》れて寝《ね》るだけか」

「あ！　違《ちが》います。反省《はんせい》です。反省《はんせい》します！」

「これくらいで考え疲《つか》れてどうする」

ほんとだ。小学生の時となんにも変《か》わってないや。

「自分のささいなミスや失敗《しっぱい》、落ち度を見逃《みのが》さないように、厳《きび》しく反省《はんせい》するんだ。自分の悪いところをバッサバッサと切って正していくんだぞ。終わるとは、そこまでを言うんだ。そして次の課題《かだい》としてつなげろ。わかったか」

そうだ。家で反省《はんせい》して、次の部活の反省会《はんせいかい》までが終わるってことだ。まだまだだめだな。

「今、登山のことで話したが、山ばかりじゃないぞ。勉強でも何でも同じだ。目標《もくひょう》と計画を立ててちゃんとやれ。繰《く》り返し、繰《く》り返しやるんだ。それが自分を磨《みが》くということだ」

「はい！」

家に帰って、前にゴロさんが書いてくれたように、今日習った言葉に教わった意味を書いた。よく考えたら、視界《しかい》が広く開けた気がする。今日の易経《えききょう》の勉強はまるで登山みたいだったな。


至《いた》るを知《し》りてこれに至《いた》る、ともに幾《き》（をいう）べきなり。

終わるを知りてこれを終わる、ともに義《ぎ》を存《そん》すべきなり。


目的、目標《もくひょう》を立ててそこに至《いた》るにはどうしたらいいかを知ること。そして先々のことを想定してしっかり計画を立てる。

計画を終わりまで厳《きび》しさを持って、きっちりやり遂《と》げる。その後、自分に厳《きび》しく小さなミスも見逃《みのが》さないよう反省《はんせい》して、終えること。

4

夏休み最初《さいしょ》の土曜日、お父さんが帰ってきた。まだなんとなくギクシャクしていたから部屋にいた。すると、ドアをノックする音がして、

「乾太《けんた》、明日、登山用品を揃《そろ》えに行くぞ」

ドアの向こうでそう言うのが聞こえた。ドアを開けたらお父さんが真顔で立っていた。

「いいよ。部のを借《か》りられるから」

野球をやめたことに本当はまだ反対してて、情《なさ》けないヤツだと思っているんだろうなとか、いろんな気持ちがからまっていて、素直《すなお》になれなかった。

「いや、明日、行こう」

お父さんはそう言って居間《いま》に戻《もど》っていった。急いでテツに電話した。

「テツ、急におやじが明日、登山用品を買ってくれるって言うんだよ。テツはどこの店で買った？」

「へえ～　よかったな！　おれ、一緒《いっしょ》に行こっか？　地山《ちざん》スポーツって店におやじの知り合いがいるから、その人に相談するといいよ」

テツがいればたのもしい。お父さんは登山用品のことわからないだろうから。テツがつきあってくれることを話しに行ったら、「そのほうがいいな」ということになった。

店員の秋葉《あきば》さんは登山の装備《そうび》のことをなんでも知っていて、ていねいに説明《せつめい》してくれた。お父さんも感心《かんしん》しながら聞いていて、ぼくも勉強になった。

ザックは背中《せなか》の長さを測《はか》って、ぼくの体に合うものをすすめてくれた。レインウェアはテツと同じものの色違《ちが》いで上着がオレンジのがいいんじゃないかと言うので試着《しちゃく》してみた。

「オレンジなんて着たことないや」

ちょっと派手《はで》じゃないかと思った。テツは明るいブルーを着ている。

「山では目立つ色を着たほうがいいんですよ。仲間《なかま》同士、わかりやすいし、万が一、遭難《そうなん》した場合、見つけてもらいやすい」

なるほど。色選《えら》びも意味があるんだ。ザックはグレーっぽいものにしたから、ウェアは派手《はで》な色がいいそうだ。

「そうですか。じゃ、乾太《けんた》、オレンジにしろ」

秋葉さんのアドバイスを聞いたお父さんは絶対《ぜったい》にオレンジだと言い張《は》った。

「あとは登山靴《ぐつ》だな」

「靴《くつ》はいいよ。部にあったのを使っていいって言われてるから」

ザックと寝袋《ねぶくろ》、レインウェアでもうそうとうな金額《きんがく》になっている。そうしたら、テツがぼくを小突《こづ》いた。

「バカ、あざっす！って頭下げて買ってもらうんだよ。ザングッが一番大事なんだから。ねえ、おやじさん」

テツが「買ってもらえ、買ってもらえ」とぼくをツンツン突《つ》つくのをお父さんは笑《わら》って見ていた。

結局《けっきょく》、一式全部を買ってもらって、帰りに三人で昼ごはんを食べた。

「登山具のことはわからなくて、テツが来てくれて助かったよ。ありがとう」

「いえ！　道具見るの好きなんで楽しかったです。今度、おやじさんも一緒《いっしょ》に山に行きませんか？」

テツはじいちゃんと同じように、お父さんともすっかり打《う》ち解《と》けていた。これって才能《さいのう》だよな。

お父さんが車でテツを家の前まで送った。家は一階が工場《こうば》になっていて、二階と三階が住まいになっている大きな家だった。

「お父さん、ありがとう。大事に使います！」

テツと別《わか》れて二人になった時、やっと素直《すなお》になれた。

「ああ、いい買いものができたよな。テツは山が本当に好《す》きなんだなあ。無邪気《むじゃき》でおもしろい。いい友だちができてよかったな」

おかげでお父さんともふだんどおりに話せるようになった。

部屋でザックやザングツ、寝袋《ねぶくろ》、買ってもらったものを出して並《なら》べてみた。そのとなりにあるグローブがなんだか寂《さび》しそうに見えて、手に取った。

本当にこれでよかったのか、と自分に聞いてみた。いや、絶対《ぜったい》に後悔《こうかい》はしないぞ！

ゴロさんは自分をもっと向上させるにはどうしたらいいか、考えろって言っていた。ぼくはこれから自分を磨《みが》く努力《どりょく》をしなくちゃならない。グローブを抱《かか》えながらそう思った。

5

待ちに待った丹沢《たんざわ》、塔ノ岳《とうのだけ》の山行《さんこう》は、もう、失敗《しっぱい》ばかりでボロボロだった。

夏合宿の歩荷《ぼっか》トレーニングが山行《さんこう》の目的《もくてき》なので、男子は水のペットボトルでザックの重量を二十キロにして行った。病院でひじのサポーターはもう外してもいいけれど、山に行くなら念《ねん》のため保護《ほご》していったほうがいいと言われた。今日はぼくも新しいザックに二十キロ、詰《つ》めた。ザングツはまだ履《は》き慣《な》らしが間に合わなかったから、借《か》りたザングツを履《は》いてきた。

最初《さいしょ》から急な登りが続《つづ》いて、岩場《いわば》もあってつらい。学校の非常階段《ひじょうかいだん》で訓練《くんれん》をしてきたのに、最初《さいしょ》から心が折《お》れそうになった。ここからいくつもの山を越《こ》えて目的《もくてき》の塔ノ岳《とうのだけ》まで登る。ようやく最初《さいしょ》の山、二ノ塔《にのとう》に着いた。標高《ひょうこう》一、一四四メートル。

「着いた〜ここが二ノ塔《にのとう》だ。うわーすげー！」

「地獄《じごく》のあとには絶景《ぜっけい》だな」

視界《しかい》が開けて目の前に富士山がすそ野まで見えた。遠くに見えるのは江の島だと沖永《おきなが》さんがつぶやいたのが聞こえた。

キッサンとぼくは笠取山《かさとりやま》でもそうだったけれど、もうヒイヒイ言っている。そんなぼくたちの横をザックを背負《しょ》ったおじいさんたちが笑《わら》いながら通り過《す》ぎていく。「こんにちは」とあいさつを交《か》わした。ぜんぜんヒイヒイしていない。なんだろう？　この違《ちが》いは。

「大丈夫《だいじょうぶ》〜？　行きますよー」

美歩さんがぼくらに声をかけた。女子に大丈夫《だいじょうぶ》なんて聞かれるのはちょっとくやしい。

次の三ノ塔《さんのとう》では富士山がいっそうきれいに見えた。

塔ノ岳《とうのだけ》まで山々の連《つら》なりを越《こ》えていく道がずっと見渡《みわた》せるところがあった。

地図を開いて確認《かくにん》した現在位置《げんざいいち》をマキさんに報告《ほうこく》したら、ちょっと間違《まちが》えていた。テツはコンパスを出さなくても、「あっちが北でこっちが東だから……」と方向感覚《ほうこうかんかく》がすごくいいんだ。

「マキさん、地図のとおり、山の尾根《おね》がずっと続《つづ》いてますね」

「はい、では問題です。こうやって山の尾根《おね》、つまり稜線《りょうせん》をピークからピークへと登っていくことをなんて言う？」

「縦走《じゅうそう》、です」

「そう正解《せいかい》！　さあて、行きますか！　みんな、ここから先、岩場《いわば》や鎖場《くさりば》もあるから気をつけていくよ！」

マキさん、ハヤトさん、沖永《おきなが》さんは次の夏合宿で引退《いんたい》になる。本当は今回で引退《いんたい》なんだけれど、マキさんたちが希望《きぼう》して合宿まで参加《さんか》することになったそうだ。まだ部に入ったばかりで教えてもらいたいことがたくさんあるのに、寂《さみ》しくなるな。

視界《しかい》が広くて明るい尾根道《おねみち》を歩くのは気持ちよかった。でも、いくつも山を越《こ》えていくから、登ったと思ったらまた下《くだ》って登る。階段状《かいだんじょう》に整備《せいび》されている登山道を汗《あせ》だくで登っていった。

ゴロさんに教わった「至《いた》る」と「終わる」を実践《じっせん》しようと、地図で塔ノ岳《とうのだけ》に至《いた》る道を確《かく》認《にん》してきた。けれど、実際《じっさい》登ってみるのはまったく違《ちが》う。「終わる」ってのは本当にキビシイんだ。

急な岩場《いわば》を下《お》りるところに鎖《くさり》が張《は》ってあって、手で鎖《くさり》をつかんで下《お》りていく。鎖場《くさりば》という危険箇所《きけんかしょ》だ。よく先輩《せんぱい》たちが「あそこの鎖場《くさりば》は怖《こわ》かったな」と話しているのを聞いていて、そういうところもちょっと楽しみにしていた。

「ここはまだ乾太《けんた》は危《あぶ》ないですよね」

「先生がザックを持っていくから下《お》ろせ」

マキさんと観崎《かんざき》先生がぼくにザックを持たないで行けと言う。

「いえ、もう大丈夫《だいじょうぶ》です。ゆっくり行きますから」

「いや、だめだ！　早く下《お》ろせ！　グズグズしてたらほかの登山客にも迷惑《めいわく》だ」

もうあんまり世話をかけたくないと思って、ザックを下《お》ろさないでいたら、観崎《かんざき》先生にバッサリ切られた。はじめて強い口調で叱《しか》られた。沖永《おきなが》さんもぼくをにらんでいる気がした。たしかにまだ右ひじに大きな負担《ふたん》をかけるのは怖《こわ》い。慎重《しんちょう》に、右ひじの感触《かんしょく》を確《たし》かめながら下《お》りた。大反省《だいはんせい》その一だ。

標高《ひょうこう》一、四九一メートルの塔ノ岳《とうのだけ》に到着《とうちゃく》したのが、午後一時近くだった。空は曇《くも》ってきて、富士山も見えなくなっていた。着いてからすぐに昼食の準備《じゅんび》をはじめた。部では日帰り山行《さんこう》でも弁当《べんとう》ではなく、できるだけ炊事《すいじ》することになっている。

今回は一年生だけで食事当番をまかされて、メニューはインスタントラーメンにレトルトの具材《ぐざい》をのせた広東《カントン》メンだ。与《あた》えられた調理時間は二十分。学校でも一度、炊事《すいじ》練習をしてきた。キッサンはジャンケンで共同装備《そうび》の持ち物で大きな鍋《なべ》に当たって、鍋《なべ》をいやそうにザックから出した。

「わっ、ラーメンがボロボロになってる」

「おたまがねえよ〜」

炊事《すいじ》の道具と食材《しょくざい》を出すだけで、ザックの荷物を全部広げてしまい時間がかかった。

「おーい、先にお湯沸《わ》かさないと休憩《きゅうけい》時間オーバーになるよ。早くしないと天気が崩《くず》れるからね」

みんなで右往左往《うおうさおう》してたら、今日は手出し、口出ししないと言っていたマキさんがたまりかねたように声をかけた。観崎《かんざき》先生と早坂《はやさか》先生は少し離《はな》れたところでこっちをじっと見ながら立っている。

「なんか、見てられない」

美歩さんもちょっとイラっとした様子だ。ハヤトさん、ノリさん、ダダさんはニヤニヤしながら、「まだかよ〜、腹《はら》へった〜」、「がんばれ〜」と応援《おうえん》したり野次《やじ》ったりしている。

テツとクミがパッパと動いてなんとかセーフだったけど、ぼくとキッサンはあと片《かた》づけの時もアワアワしているだけだった。大反省《だいはんせい》その二。

沖永《おきなが》さんの天気予測《よそく》によると午後三時前には雨が降《ふ》る。昼食のあとすぐ下山《げざん》した。大倉尾根《おおくらおね》という、来た道とは別《べつ》の、一気に山を下《くだ》る道で下山《げざん》した。

雨が降《ふ》らないうちにと丸太の階段《かいだん》をひたすら下《お》りた。

「乾太《けんた》、速いよ、もっとゆっくり行かないと」

「体を横にして下《お》りるんだよ」

後ろを歩いているダダさんが何度か注意してくれた。

トレーニングの時に足に負担《ふたん》をかけない山の下《お》り方を教わったのに、丸太の階段《かいだん》なので、どうしてもドン、ドンと足を着いて下《お》りてしまう。そのうちに、ひざがガクガクして痛《いた》くなってきた。歩き方の基本《きほん》ができてないし、きっと基礎《きそ》トレーニングが足りてないんだ。大反省《だいはんせい》その三だ。

「わ、雨が来るぞ〜！」

テツが言ったとおり、下山《げざん》まであと二キロもないところにある茶屋《ちゃや》に着いたところで早くもザーッと雨が降《ふ》り出した。買ってもらったレインウェアを着て、ザックに防水《ぼうすい》のカバーをつけた。雨で登山道は滑《すべ》りやすくなってて、歩きにくかった。雨がもっと上のほうで降《ふ》ったら、下《お》りてくるのはもっと大変《たいへん》だったな。

「あ〜　ひざ痛《いて》え」

「じいさんみたいな歩き方だな」

テツがゲラゲラ笑《わら》っている。帰りのバスを降《お》りて歩いている時もひざがカクカクしていた。

「テツはぜんぜん大丈夫《だいじょうぶ》なんだな」

「うん、歩き方のコツみたいなものがあるんだよ」

帰ってから一週間、ひざの痛《いた》みが取れなかった。来月の八ヶ岳《やつがたけ》での夏合宿は、標高《ひょうこう》二、八九九メートルの赤岳《あかだけ》に登る。行けるのかなあと自信《じしん》がなくなってきた。

6

八ヶ岳《やつがたけ》の合宿までに新しいザングツを履《は》き慣《な》らすために、夏休みの間は朝、まだ暗いうちに起きて、ひたすら歩くことにした。部活でやっているザックを背負《しょ》ってのランニングもはじめた。街《まち》のはずれにある梅ヶ丘《うめがおか》公園は高台にあって、森林遊歩道《ゆうほどう》がある。公園の裏《うら》には長い階段《かいだん》があって、そこもトレーニングにはいい場所だ。

今日は夕方もトレーニングに行くことにした。ザックを背負《しょ》って家の玄関《げんかん》を出たら、ミヤとはち合わせになった。

「うわっ！　なんだよ！　おまえも家出かよ！」

ミヤは、びっくりして、犬が吠《ほ》えるみたいにわめいた。

「家出じゃねえよ。ワンゲル部入ったって言ったじゃん。ん？　おまえもって？」

よく見るとミヤは息を切らしていた。

「ハルが家出した。二日前から家に帰ってねえんだってさ！　電話しても通じねえ」

「えっ、まじで？」

「今、剛《つよし》の家に隠《かく》れてねえかと思って行ったけど、そういえば剛《つよし》は空手の合宿行ってんだよな。ここにも来てないよな」

「来てねえ……」

この間、別《わか》れた時のハルの後《うし》ろ姿《すがた》を思い出した。

「あいつ、変《へん》だっただろ？　乾太《けんた》がハルの家に行ったあと、おれも会ったんだよ。もうおふくろの顔見たくねえとかグチグチ言ってたよ」

変《へん》だったかと聞かれたら、そうだ。すごく変《へん》だった。いやな予感がした。

「大丈夫《だいじょうぶ》かな。おれ、なんとかして進むことを考えろ、なんて言っちゃったよ」

「純《じゅん》も探《さが》してて、ファミレスで待ち合わせしてるから来いよ。ミーティングだ」

ザックを置《お》いて、お母さんにミヤが来たから夕飯《ゆうはん》はいらないと言って家を出た。

今日の午後、純《じゅん》の家にハルのお母さんからハルは行ってないかと電話があったそうだ。純《じゅん》がおかしいなと思って、電話をかけ直して聞いたら、ハルのお母さんは人に言わないでほしいと言って、三日前から帰ってきてないとしぶしぶ話したらしい。

純《じゅん》はちょっと前にハルからマンガ喫茶《きっさ》に行ったことあるかとメッセージが来たから、近くのマンガ喫茶《きっさ》に探《さが》しに行っていると言う。ミヤとファミレスにいたら、純《じゅん》がすぐに来た。

「天沢駅《あまざわえき》のマンガ喫茶《きっさ》まで探《さが》しに行ったけどいねえなあ。あとはどこだ？　ハルのおふくろ、警察《けいさつ》に行くかもな」

純《じゅん》は三つ先の駅まで探《さが》しに行っていた。

「まさか死んだりしねえよな」

きっと純《じゅん》も一番それを心配しているんだ。みんなが口に出せないことをミヤはすらっと言う。

「なわけねえよ！　バカ！」

純《じゅん》は不安《ふあん》をけちらすようにコーラを一気に飲んだ。ちょっと顔が青白い。

「留学《りゅうがく》したいって言ってたからそれはないだろ」

しばらく沈黙《ちんもく》。三人同時に、ふう、と息をはいた。不安《ふあん》がぼくらを取り巻《ま》いていた。

それから三人で考えた。ハルはスマホの電源《でんげん》を切っているけれど、たまに電源《でんげん》を入れているようだから、ハルにメッセージを送り続《つづ》けて、電話もひんぱんにかけようということになった。

午後九時頃《ごろ》、ハルからは返信《へんしん》がないので解散《かいさん》した。「遅《おそ》かったたじゃない。なにしてたの？」とお母さんに言われたけど、なにも話さなかった。ハルのお母さんは知られたくないみたいだし、大騒《おおさわ》ぎになるといけないからな。

寝《ね》る前の反省《はんせい》は、ハルが変《へん》だと感じてたのに、あれっきり会いに行かなかったことだ。ハルのことだから大丈夫《だいじょうぶ》だろうと思ってしまった。もっと何かできることがあったはずだ。すぐにみんなで会おうと日にちを決めればよかった。

ハルに「どこにいる？　うちに来いよ」とメッセージを送った。なかなか寝《ね》つけなかった。

7

次の日の夜、スマホがブルブルっと鳴って飛《と》びおきた。午前一時。ミヤか純《じゅん》かと思って心臓《しんぞう》がドキッとした。見るとハルからのメッセージだった。「窓《まど》開けろ」。え？　部屋の窓《まど》を開けたら、家の門の上から顔を出して、手を振《ふ》っているシルエットが見えた。ハルだ！　生きてた！

（来い、来い）と思いっきり手まねきした。ハルは門をそーっと開けて、どろぼうみたいに体をかがめて庭を通ってぼくの部屋の窓《まど》まで来た。

「どこ行ってたんだよ！」

ヒソヒソ声で言った。玄関《げんかん》を開けるとお母さんが起きるからまずい。窓《まど》からハルを部屋に入れた。

「な、襲撃《しゅうげき》するって言っただろ」

こっちの心配も知らないでハルは楽しそうに笑《わら》っている。

「なにしてたんだよ。三日間」

「うん、ごめん。知り合いのところにいた」

「だれ？」

「バイトの面接《めんせつ》に行って知り合った二十七歳《さい》のお姉さん」

「えーっ！」

あわてて自分の口を手でふさいだ。頭から湯気《ゆげ》が出そうになった。

「バカ、べつに変《へん》なことないよ」

なんだそっか。変《へん》なことあったら大変《たいへん》だよな。

「西南町《せいなんちょう》にあるレストランの皿洗《さらあら》いのバイトの面接《めんせつ》に行って、落ちてさ。近くのハンバーガーショップで昼メシ食べてたら、さっき店に面接《めんせつ》来てたでしょって話しかけられたんだ」

「へえ、それで？」

「サッパリしてて話しやすい人でさ、帰国子《きこくし》女《じょ》なんだよ。学校行ってないこととか、留学《りゅうがく》のこととかいろいろ話して、それから三度くらい会って相談に乗ってもらって……」

その人には婚約者《こんやくしゃ》がいて、二人で一週間、アメリカに行くから飼《か》っている猫《ねこ》の世話をするバイトを頼《たの》まれたそうだ。部屋も自由に使っていいって言われて、家にいるのも息苦しいから、ハルは昼間はそこで過《す》ごして三日前からは家に帰らなかった。

「明日その人が帰ってくるから、最終《さいしゅう》電車で帰ってきたんだけど、やっぱ家に入りたくないんだよ」

「じゃ、ここで寝《ね》ればいいよ。だけど明日、帰らないと捜索願《そうさくねがい》出されるぞ」

「うん、さっき、おやじには友だちの家にいるって連絡《れんらく》した」

「そっか。あっ、ミヤと純《じゅん》に報《しら》せていいだろ。すげえ心配してたよ。純《じゅん》なんか真っ青だよ」

（ハルは今、うちにいる。元気！　無事《ぶじ》！）と、メッセージを送った。

「お母さん、ハルが夜中に来てさ、泊《と》まってってた。まだ寝《ね》てる」

朝、お母さんにはそれだけ言った。家出とは言えないし、ハルはお父さんには電話したんだからもういいよな。

「なんでそんな遅《おそ》くに来たの？」

「わかんねえ、夜、散歩《さんぽ》してたみたいだよ。ハルが起きたらパン食っていい？」

朝飯《あさめし》は、ワンゲル部の炊事《すいじ》練習で覚《おぼ》えたばかりの卵《たまご》サンドを作って、ハルと食べた。食べ終わった頃《ころ》、純《じゅん》とミヤがうちに来た。二人は「このやろー、なんでおれらに言わないんだよ」と、文句《もんく》を言った。家出はよくないけど、なんだかハルは前より元気になったみたいだ。新しい発見や経験《けいけん》をしたからかもしれないな。

それからぼくたちは「ミーティング！」と言っては、ファミレスやぼくの部屋に集まるようになった。

第三部
継続《けいぞく》は力なり

1

大自然《だいしぜん》が教えてくれる

庭の木にセミが止まっているらしく、さっきからミーン、ミーンとうるさい。

「えっと、ソックス、フリース、手袋《てぶくろ》、ヘッドライト、医療品《いりょうひん》キット、非常食《ひじょうしょく》、あ、行動食。水筒《すいとう》と……よし！」

ぼくは部屋で夏合宿の八ケ岳山行《やつがたけさんこう》の準備《じゅんび》をしていた。

登山計画書《とざんけいかくしょ》の装備品《そうびひん》チェックリストのところに、「山行《さんこう》は準備《じゅんび》の段階《だんかい》からはじまっています。忘《わす》れ物がないよう、しっかりチェックしましょう！」と書いてあった。今回の登山《とざん》計画書《けいかくしょ》は美歩《みほ》さんとクミが作った。今までの計画書よりもくわしくて、八ケ岳連峰《やつがたけれんぽう》の歴史《れきし》や解説《かいせつ》も入っている。さすが美歩さんだ。

塔ノ岳《とうのだけ》の山行《さんこう》から帰ってきてすぐは「ああ、もう山は行きたくない」なんて自信《じしん》をなくした。反省会《はんせいかい》でもそう言ったら、ノリさんは「大丈夫《だいじょうぶ》！　みんなそう思うんだから。フツー、フツー」と、励《はげ》ましてくれた。でも、今は八ケ岳《やつがたけ》が楽しみでワクワクしている。と同時にはじめての高山《こうざん》で少し緊張《きんちょう》もしてきた。

塔ノ岳《とうのだけ》での失敗《しっぱい》はがっちり反省《はんせい》した。ひざがガクガクになって、こんなことじゃ阿弥陀《あみだ》岳《だけ》から八ヶ岳《やつがたけ》の主峰《しゅほう》、赤岳《あかだけ》、横岳《よこだけ》、硫黄岳《いおうだけ》と、三千メートル近い山々を縦走《じゅうそう》して無事《ぶじ》に帰ってこられないかもしれないと思った。至《いた》れない、終われないのはだめだよな。

トレーニングは部活のない日も欠《か》かさずやって、梅ヶ丘《うめがおか》公園の遊歩道《ゆうほどう》や階段《かいだん》で上り下《お》りの歩き方を練習した。歩き方は観崎《かんざき》先生と前にひざを痛《いた》めたことがあるダダさんにも聞いて教わった。それでぼくは山を歩く時は、山天大畜《さんてんたいちく》の話をイメージすることにした。小さな歩幅《ほはば》で一歩一歩、あせらず着実に、筋肉《きんにく》を疲労《ひろう》させないように力を蓄《たくわ》えながら歩く。


右ひじはほぼ完治《かんち》してもう不安感《ふあんかん》もない。先週、部活が終わってから観崎《かんざき》先生と早坂《はやさか》先生と学校の近くにあるアスレチック広場に行った。ぼくのひじの状態《じょうたい》を見るためだ。テツとキッサンもつきあってくれた。

ハシゴを登ったり、縄《なわ》を使って斜面《しゃめん》を登るのをやってみろと言われて、やってみせた。左手を離《はな》してみたり、いろいろやらされた。

「よし、大丈夫《だいじょうぶ》だな」

観崎《かんざき》先生は少しでも不安《ふあん》があったら、合宿には連《つ》れていかないつもりだったと言っていた。無事《ぶじ》セーフだ。

テントの設営《せつえい》、炊事《すいじ》練習もあれから真剣《しんけん》にするようになった。ザックに荷物を詰《つ》めるパッキングも何回もやってみた。

できるかぎりの準備《じゅんび》をしてきたつもりだ。


合宿の準備《じゅんび》を終えてから、乾惕堂《けんてきどう》へ行った。夏休みの間、部活がない月、水、金曜日は乾惕堂《けんてきどう》へ行って、手伝っている。月曜日は易経《えききょう》の勉強もする。

乾惕堂《けんてきどう》はお盆《ぼん》休みをいつもより長めにとって、その後、ゴロさんはもうふつうどおり仕事をしている。まだ猛暑日《もうしょび》が続《つづ》いて、腰《こし》のコルセットが暑いらしい。この間、取ってもいいか病院で聞いたらだめと許可《きょか》されなかったと言っていた。ぼくも「まだダメですよ！医者の言うこと聞かなくちゃ！」と思わず言ったら、「そんなことはわかっている」と、少し機嫌《きげん》が悪くなった。けど、ちゃんとコルセットはしているみたいだ。

「合宿は明後日《あさって》からだな」

「はい、そうです。手伝いに来られなくて、すみません」

「いや、それは大丈夫《だいじょうぶ》だ。さて、今日は新しい話をするか」

これまで龍《りゅう》と牝馬《ひんば》と山天大畜《さんてんたいちく》の話を教わった。四つ目はどんな話だろう。

「大自然《だいしぜん》に関《かん》する話だ。天雷无妄《てんらいむぼう》という」

ゴロさんはメモ用紙に「天雷无妄《てんらいむぼう》」と書いた。明後日《あさって》から八ヶ岳《やつがたけ》に行くから大自然《だいしぜん》の話をしてくれるのかなと思いながら、易経《えききょう》の本を開いた。

「この『无妄《むぼう》』という言葉は難《むずか》しいが、つまり妄《みだ》りなことが無《な》いという意味だ」

妄想《もうそう》の「妄《もう》」だよな。妄想《もうそう》しないってこと？　なんだろう？

「妄《みだ》りとは自分勝手で道理《どうり》が通ってないということだ」

首をひねって考えた。なんだかまた難《むずか》しいぞ。妄《みだ》りではないんだから……。

「自分勝手ではなく、道理《どうり》が通っている……それはなんのことですか？」

「『无妄《むぼう》』は言わば大自然《だいしぜん》の営《いとな》みだ。自然《しぜん》には人間のような欲《よく》や作為《さくい》はない。無私《むし》、無欲《むよく》で無作為《むさくい》だ。利益《りえき》を得《え》ようとか、なにかしてやろうとか考えているわけではないな」

なるほど、だから大自然《だいしぜん》に関《かん》する話なんだな。

「大自然《だいしぜん》の営《いとな》みか。そうですね、空も海も山もあれがしたいこれがしたいなんて考えないですね」

「ああ、自然《しぜん》は無心《むしん》だ。この話は、すべてを自然《しぜん》にまかせて従《したが》うならば、自然《しぜん》はわれわれに恵《めぐ》みを与《あた》えてくれる、しかし、人間が欲《よく》を出して自然《しぜん》に逆《さか》らい、自分の意志《いし》、希望《きぼう》、期待を優先《ゆうせん》すれば災難《さいなん》に遭《あ》うと教えているんだ」

「え！　災難《さいなん》？」

それはいやだなあ。

「それは……天災《てんさい》に遭《あ》ったり、たとえば山で遭難《そうなん》したりするってことですか？」

「そうだ」

ゴロさんの言い方はまるで遭難《そうなん》するのが当たり前だとでもいうように聞こえた。

「人間は無欲《むよく》、無作為《むさくい》にはなれない。ああもしたい、こうもしたいといつも考えている。そう思うことはすべて自然《しぜん》に逆《さか》らうことになる。だから災難《さいなん》に遭《あ》うと書いてある」

「え、それじゃ、山に行きたいって行くのもいけないんですか？」

こくり、とゴロさんは厳《きび》しい顔をしてうなずいた。

「そういうことになるな。山に行かなければ遭難《そうなん》もしないだろう」

え〜！　そんなこと言われたら、どうしようもないじゃないか。

2

ポカンとしていたら、ゴロさんは鬼《おに》がわらの顔をやわらげた。

「極端《きょくたん》な言い方だが、そこまで言って教えているんだ。われわれ人間はどんなに才を持ったとしても自然《しぜん》の力には到底《とうてい》かなわない。自然《しぜん》に従《したが》って生きているんだとな」
いじわるだなあ。山行《さんこう》を楽しみにしているのに。
「地震《じしん》や津波《つなみ》、台風や洪水《こうずい》などの天災《てんさい》が起きるのは仕方ない。それも大自然《だいしぜん》の営《いとな》みだから
な。自然《しぜん》はなにも被害《ひがい》を与《あた》えようとしているわけではない。問題は人が起こす災《わざわ》い、つま
り人災《じんさい》だと教えているんだ」
さっき自然《しぜん》に逆《さか》らうと災難《さいなん》に遭《あ》うって言っていたよな。
「たとえば天候《てんこう》がとても悪いのに山に登って遭難《そうなん》するのは天災《てんさい》じゃなくて、人災《じんさい》ですか?」
「そうだな。人の不注意《ふちゅうい》、過失《かしつ》、怠慢《たいまん》で起こることが人災《じんさい》だ」
「この間、遭難《そうなん》記録《きろく》のプリントをもらって、読みました……」
夏休みになって、観崎《かんざき》先生から遭難《そうなん》の記録《きろく》を読んで、なぜ、遭難《そうなん》してしまったのか、な
にがいけなかったのかを考えて書くように言われた。
薄着《うすぎ》のまま登って低体温症《ていたいおんしょう》になった人や、雷注意報《かみなりちゅういほう》が出ていて、小屋の人に止《と》められ
たのに山頂《さんちょう》へ行って落雷《らくらい》を受けた人、天候《てんこう》が荒《あ》れるとわかっていても引き返さず、吹雪《ふぶき》で
動けなくなって遭難《そうなん》した人。それから自分でも本やインターネットで山での事故《じこ》や遭難《そうなん》の
記事も読んでみた。一歩、判断《はんだん》を間違《まちが》えれば死ぬんだと思って緊張《きんちょう》したと、ゴロさんに話
した。

「……だから読図《どくず》や天気図の勉強もして、装備《そうび》をしっかり準備《じゅんび》しないといけないいんだと思いました」

「そうだな。自然《しぜん》を甘《あま》く見たらだめだ」

だんだんゴロさんの言おうとしていることがわかってきた。

「あの、天雷无妄《てんらいむぼう》に書いてある、『往《ゆ》くところあるに利《よ》ろしからず』とか、『天命祐《てんめいたす》けず、行《ゆ》かんや』ってどういう意味なんですか？」

なんだかおっかないなと思いながら、さっきから目で追っていた。

「自然《しぜん》に従《したが》わずに自分の思いで進もうとしても天は助けない。自然《しぜん》に逆《さか》らってはどこにも行けないぞ、と書いてあるんだ」

天は助けない……か。胸《むね》にグサッときた。キビシイな。

家に帰ったらもう一度、装備《そうび》のチェックをしよう。高山病《こうざんびょう》についても学んだんだ。気をつけてたって高山病《こうざんびょう》になるかもしれない。

「どうしたら、天に助けてもらえるんですか？」

なにかにすがるような気持ちで聞いた。

「いつも助けてもらっているだろう。易経《えききょう》に書かれているのは、すべて大自然《だいしぜん》から学んだ知恵《ちえ》だ」

「あ……そうでした」

龍《りゅう》は天、牝馬《ひんば》は大地を象徴《しょうちょう》していると習った。山天大畜《さんてんたいちく》は山と天、今度の天雷无妄《てんらいむぼう》は天と雷《かみなり》の話なんだな。ゴロさんの話にはよく、春夏秋冬《しゅんかしゅうとう》のたとえが出てくる。

「易経《えききょう》は、『大自然《だいしぜん》の営《いとな》みを見よ、自然《しぜん》はなにも隠《かく》していない。ありままの自然《しぜん》を見れば、人が生きる道や問題の解決策《かいけつさく》も知ることができる』と教えているんだ」

そう言ってから、ゴロさんは腕《うで》を組んで笑《わら》いながらぼくを見た。

「しかし、どうしたら天に助けてもらえるかときたか。おもしろい質問《しつもん》だ。自然《しぜん》に従《したが》うことを忘《わす》れるな。むだな欲《よく》を出さず自然体《しぜんたい》でいることだ」

「はい、忘《わす》れません。絶対《ぜったい》に災難《さいなん》に遭《あ》わないとは言えないってことですよね」

「それでも行くんだな？」

行くに決まっているじゃないか。

「はい、天に助けてもらえるように自然《しぜん》に従《したが》います！」

今度はぼくからゴロさんに笑《わら》いかけた。不安《ふあん》や恐《おそ》れを胸《むね》に抱《かか》えたまま一歩を踏《ふ》みだすから勇気《ゆうき》というんだと、教えてくれたのはゴロさんだ。

「うむ。気をつけて行ってこい。高山《こうざん》の大自然《だいしぜん》はすばらしいぞ。しっかり見てこい」

ゴロさんにお礼を言って帰りかけた時、

「ああ、それからこれな。手伝いの駄賃《だちん》だ」

ゴロさんから封筒《ふうとう》を手渡《てわた》された。

「駄賃《だちん》って、え、お金ですか？　いえいえ、ダメです。親に怒《おこ》られちゃいます」

孚《まこと》と時子《ときこ》さんにはもう話してある」

孚《まこと》と時子《ときこ》は、ぼくのお父さんとお母さんだ。

「えー！」

「いや、助かってる。学校はアルバイトしてもいいそうだな。もうしばらく手伝ってくれ」

「はい、もちろん手伝います。ありがとうございます！」

帰り道、公園に寄《よ》ってベンチに座《すわ》って封筒《ふうとう》を開けてみたら、一万円も入っていた。わー
初《はつ》バイト料！　やったぜ！　ものすごくうれしかった。

家に帰って、掃除《そうじ》しているお母さんに話した。

「お金なんてもらっていいのかな」

「じつはお父さん、この間、ゴロさんに会いに行ったのよ。ゴロさんはちゃんと働《はたら》いてくれていて、助かっているって言っていたそうよ」

「そうなんだ……」

大事に使わなくちゃな。あ、そういえば、テツはザックやザングツを買ってもらった分、工場《こうば》を手伝うって言ってたよな。

「じゃ、これ、買ってもらった登山具の分」

テーブルを拭《ふ》いているお母さんに封筒《ふうとう》を差《さ》しだした。お母さんは封筒《ふうとう》をチラッと見ただけで受けとらなかった。

「それなら、これから山の道具は自分で買いなさい。まだいろいろ必要《ひつよう》なんでしょう」

「じゃそうする。持ってると使っちゃいそうだからさ、お母さん預《あず》かってて」

3

それから三日後の朝、ぼくはテツがテントを出ていく音で目が覚《さ》めた。時間を見たら三時三十分だった。起床《きしょう》時間まであと三十分ある。少しして、かすかにザー、ザーっと音がした。あれは鍋《なべ》の中に米を入れる音だ。おにぎり用の米を水に浸《ひた》しているんだろう。

となりのキッサンもその向こうにいるハヤトさんもグッスリ眠《ねむ》っている。ぼくは上着とヘッドライトを持って、そっとテントを出た。

しゃがみこんでいるテツのところへ歩いていった。まだ起き抜《ぬ》けで足がふらついている。

「お〜さぶ。おはよう。へへ、今日はテツが起きたの気がついたぞ。もうメシ炊《た》きの準備《じゅんび》してるんだ」

山の朝は寒い。ああ、今日はいよいよ山頂《さんちょう》を目指すんだ。冷《つめ》たい空気の中で心地《ここち》いい緊張感《きんちょうかん》みたいなものを感じた。

「おはよ！　早いじゃん。ほら、天気いいぞ」

見上げると空には雲がなくて、星が輝《かがや》いていた。

「本当だ。いい景色《けしき》が見られるかな」

テツはやかんでお湯を沸《わ》かしていた。

「コーヒー、飲むか？」

「うん、薄《うす》めにして飲もうかな」

ジーと、テントのファスナーを開ける音がして、となりのテントからだれか出てきた。沖永《おきなが》さんだった。

「おはようございます」

「おはよっす！　沖永《おきなが》さん。コーヒー、どうっすか？」

「おはよう。うん、飲《の》む」

沖永《おきなが》さんはテツとはふつうに話す。テツは人なつこくてだれにでも同じように話すからだろうな。ゴロさんが自然体《しぜんたい》でいろと言っていたけど、自然体《しぜんたい》ってわかるようでわからなかった。そういえばテツは飾《かざ》ったり気取ったりしないで、いつも自然体《しぜんたい》なんだよな。

テツがコーヒーを入れたカップを配った。テツと沖永《おきなが》さんはブラック、ぼくは砂糖《さとう》を入れた。

「あ、うめえ！　コーヒーがうまいって思ったことなかったけど」

山で飲むせいかな。意外だった。

「乾太《けんた》もおとなになったんだよ」

テツがまじめな顔して言うと、沖永《おきなが》さんは少し笑《わら》って、「今日は午後も晴れるな」とつぶやいた。

昨日《きのう》、美濃戸口《みのとぐち》という登山口から八ケ岳《やつがたけ》の長いすそ野を登ってきて、赤岳《あかだけ》のふもとにある山小屋のテント場《ば》に泊《と》まった。今日はいよいよ八ケ岳《やつがたけ》を縦走《じゅうそう》する。阿弥陀岳《あみだだけ》、八ケ岳《やつがたけ》の主峰《しゅほう》の赤岳《あかだけ》、横岳《よこだけ》、硫黄岳《いおうだけ》を登って帰ってくる。昨日《きのう》、八ケ岳連峰《やつがたけれんぽう》をはじめて目の前に見て大感動《だいかんどう》した。

「夕べのタコライス、うまかったよ」

沖永《おきなが》さんにほめられた。夕べは一年生が炊事当番《すいじとうばん》でタコライスに挑戦《ちょうせん》した。学校で練習して、ぼくは家でも復習《ふくしゅう》して、まずレシピで手順《てじゅん》を覚《おぼ》えて、それから作ってみた。「至《いた》る」

と「終わる」の実践《じっせん》は料理にも生かせるんだ。

「あ、沖永《おきなが》さん、まだ少しコーヒーあるけど、飲みますか？」

「お、ありがと」

山の空気に後押《あとお》しされて、すんなりと話しかけられた。差《さ》しだされたカップにコーヒーを注いだら、沖永《おきなが》さんとの距離《きょり》が近づいた気がした。

4

午前六時、マキさんの「さあて、行きますか！」のかけ声で順応《じゅんのう》ワンゲル部はテント場を出発した。まずは阿弥陀岳《あみだだけ》を目指す。

登山道を上がっていくと視界《しかい》が開けて赤岳《あかだけ》、横岳《よこだけ》、硫黄岳《いおうだけ》が見渡《みわた》せるようになった。標高《ひょうこう》二千五百メートルを超《こ》えると森林限界《げんかい》といって、高い木は育たなくなり、そこからは山の姿《すがた》が一変《いっぺん》して険《けわ》しい岩肌《いわはだ》がむき出しになってきた。まさに聞いていたとおりの景色《けしき》だった。

阿弥陀岳《あみだだけ》と赤岳《あかだけ》を結《むす》ぶ尾根《おね》の間にある中岳《なかだけ》のコルにたどり着くと雲の上に出た。コルは鞍部《あんぶ》といって尾根《おね》が馬の鞍《くら》の部分のようにくぼんだところだ。遠くに見える富士山は薄《うす》い雲のベールをかぶって、半透明《はんとうめい》のシルエットのように見えた。

阿弥陀岳《あみだだけ》を登りはじめてから「うそ、ここ登るの？」と思った。「来るな！」と言っているかのような、切り立った岩場《いわば》の急登《きゅうとう》だ。笠取山《かさとりやま》に行ってなかったらビビってたな。

「こんなところ、高校の部活で来ていいのかよ」

前にいたキッサンが阿弥陀岳《あみだだけ》の険《けわ》しい岩場《いわば》に取りつけられた鉄のハシゴに片足をかけて、ぼくを振《ふ》りかえった。それからの行程《こうてい》はずっとそんなところの連続《れんぞく》だった。肝《きも》を冷《ひ》やすような鎖場《くさりば》を何か所も越《こ》えた。

出発の日の前の晩《ばん》、寝《ね》る前にお母さんが部屋に来て、キャラメルも入れていけばと持ってきた。

「乾太《けんた》、絶対《ぜったい》に無理《むり》したらだめよ。……やっぱりお母さん、野球部のほうがよかったわ……心配で」

え？　今さらなに言ってんの？　びっくりしてお母さんの顔を見ると、目をうるうるさせていた。

岩場《いわば》の急登《きゅうとう》を上りながら、お母さんの顔を思い出して、帰ってもこんなところへ来たなんて言えねえなと思いながら、とにかく無事《ぶじ》に帰らなくちゃと気を引き締《し》めた。

空気が薄《うす》いとは聞いていたけど、このことか。ヒイヒイ、ハアハア、息が苦しくなって

きた。地図を見て登山ルートを頭に入れて覚悟《かくご》してきたけれど、やっぱり実際《じっさい》とは違《ちが》う。

「終わる」はめっちゃ厳《きび》しい。

「キッサン、乾太《けんた》、この石、動くから気をつけて！」

ダダさんもハアハア言いながら、足をかけると危《あぶ》ないところを教えてくれる。

ぼくは自分のことで精一杯《せいいっぱい》なのに、先生たちだけじゃなく先輩《せんぱい》たちもぼくたちを励《はげ》まして、注意した。

観崎《かんざき》先生は「足を置《お》く場所を考えろ」とか「水を飲め」、「空気が薄《うす》いから腹《はら》で深く呼吸《こきゅう》しろ」と、合宿前のミーティングで教えてくれたことを繰《く》り返し言っていた。言われたことは全部従《したが》った。だけど、観崎《かんざき》先生の「あと少しだぞ」は、ぜんぜん少しじゃねえ。

標高《ひょうこう》二、八九九メートルの赤岳山頂《あかだけさんちょう》にたどり着いて、ようやくぼくは景色《けしき》をゆっくりながめる余裕《よゆう》が持てた。人を寄《よ》せつけない過酷《かこく》な山が、「ようこそ」と迎《むか》えてくれたような気がした。

三千メートルには少し足りないけれど、そこはハヤトさんが言ったとおり、別世界《べっせかい》だった。空が宇宙《うちゅう》に近いからなのか、見たことのない澄《す》みきった濃《こ》い青だった。下を見下ろすと、ひとかたまりの雲の合間から小さな建物や道路が見えた。

「おお、下界《げかい》だ〜！」

まるで仙人《せんにん》になった気分だった。先輩《せんぱい》たちが言っていた「下界《げかい》」をはじめて実感《じっかん》できた。空を飛《と》ばなくても自分の足でここまで来られるんだ。

岩にへばりつくように建っている赤岳山頂《あかだけさんちょう》の山小屋を見て驚《おどろ》いた。

「すっげえな。テツ、こんなところにどうやって建てたんだろう？」

「なあ。いつか泊《と》まりに来ようぜ。ここから日の出を見たら最高《さいこう》だな」

それは大賛成《だいさんせい》だ。ワンゲル部は生徒《せいと》だけでの山行《さんこう》は禁止《きんし》だから、もっと経験《けいけん》を積《つ》んで、高校を卒業《そつぎょう》したらだな。

「おーい、槍ヶ岳《やりがたけ》まで見えるぞ」

観崎《かんざき》先生のほうにみんな集まった。南アルプス、そして北アルプスまでよく見えた。沖《おき》永《なが》さんの山の説明《せつめい》もわかるようになってきて、写真集で見た涸沢岳《からさわだけ》もわかった。

「君ら高校生か？　はじめて来たの？」

中年の男の人が話しかけてきた。

「そうです。高校のワンゲル部ではじめて来ました」

「そう、こんな景色《けしき》が見られてラッキーだねえ。八月に来たのは三回目だけど、こんなのははじめてだよ」

そうなんだ。ラッキーなんだ。天が助けてくれているのかもなんて思った。あ、いかん、

いかん、調子に乗ったらだめだ。頭をフルフルっと振《ふ》ったら、クミが横に来た。

「頭痛《いた》いの？　あたしもちょっと痛《いた》くなってきた」

「いや、おれは痛《いた》くないけど大丈夫《だいじょうぶ》？　先生に言った？」

頭痛《ずつう》は高山病《こうざんびょう》の症状《しょうじょう》だ。すぐ観崎《かんざき》先生と早坂《はやさか》先生に話したら、吐《は》き気《け》はないようだから大丈夫《だいじょうぶ》だろうと言う。

高度を下げるために早めに赤岳《あかだけ》から横岳《よこだけ》に向かう稜線《りょうせん》を下りることになった。マキさんと美歩さんはずっとクミを気づかって、励《はげ》ましていた。こんなところで体調崩《くず》したら大変《たいへん》だよな、とちょっとドキドキした。

クミの頭痛《ずつう》は横岳山頂《よこだけさんちょう》に着いた頃《ころ》には治《なお》っていてホッとした。それから力を振《ふ》りしぼって硫黄岳《いおうだけ》へと縦走《じゅうそう》していった。

硫黄岳《いおうだけ》には爆裂火口《ばくれつかこう》という深く切り込《こ》んだような火口があって、景色《けしき》は迫力満点《はくりょくまんてん》だ。別世界《べっせかい》の景色《けしき》を見ながら、おにぎりとカップラーメンの昼食をとった。

午後一時過《す》ぎに山小屋のテント場に全員無事《ぶじ》に戻《もど》ってきた。「無事《ぶじ》に下《お》りてきた！」とお母さんにひと言、メッセージをしておいた。

それから山小屋にある風呂《ふろ》に入った。キッサンは湯船《ゆぶね》につかって、「お～気持ちいい。山っていいよな～」と上機嫌《じょうきげん》だ。ハシゴを上《のぼ》っていた時のしかめっ面《つら》を思い出してフフフッと笑《わら》いがこみあげた。そうだよな。下《お》りてきたら死ぬほど苦しかったことも楽しかったと思えるよな。

夕食はこの合宿で引退《いんたい》するマキさん、ハヤトさん、沖永《おきなが》さんが最後《さいご》の炊事番《すいじばん》でツナ缶《かん》のホワイトシチューを作ってくれた。夜はみんなグッタリしているのに、テツだけは一人テンションが高くて、しゃべりまくっていた。

5

合宿のあとの反省会《はんせいかい》で、ぼくは、もっと体力をつけないと、とにかく必死《ひっし》でぜんぜん余裕《よゆう》がなくて、最初《さいしょ》の阿弥陀岳《あみだだけ》から赤岳《あかだけ》まで行く間、地図を開いて確認《かくにん》することすら忘《わす》れていたと話した。ひざも痛《いた》くならず、自分では上出来《じょうでき》だったと思ったけれどまだまだだ。先輩《せんぱい》たちのように自分が苦しくても仲間《なかま》に気づかいができるようになりたい。

三年生はこれまでの反省《はんせい》を振《ふ》りかえって話してくれた。みな、共通《きょうつう》していたのは、成長《せいちょう》もしたけれど、課題《かだい》も残《のこ》した、まだ登りたい山もあるから、ワンゲル部か山岳部《さんがくぶ》のある大学に進学したいということだった。

ぼくは沖永《おきなが》さんが持ってきていた分厚《ぶあつ》いノート五冊《さつ》が気になった。チラッと見たら一ページにぎっしり文字が書いてあって、図も入っている。

反省会《はんせいかい》に引き続《つづ》いてのミーティングで新部長が発表された。顧問《こもん》と二年生、三年生で話し合った結果《けっか》、マキさんに代わってノリさんが部長になり、ハヤトさんに代わってなんと！美歩さんが副《ふく》部長になった。ダダさんが美歩さんを副《ふく》部長にしたほうがいいと言ったそうだ。

「そのほうがうまくいくと思うんだ。来年、女子部員も入ってきやすいんじゃないかなと思って」

ダダさんはハヤトさんに代わってカメラ担当《たんとう》になると言った。

「えー、ということで、私《わたし》はこれからマキさん二号になります。よろしく！」

ノリさんは新部長のあいさつをマキさんそっくりになると宣言《せんげん》して締《し》めくくった。そうか、ノリさんは見龍《けんりゅう》からスタートするんだな。

「私《わたし》は部長のフォロー役をしっかりやっていきます。みなさん、よろしくお願《ねが》いします」

美歩さんは背筋《せすじ》をまっすぐにして立って、目をきらきらさせてあいさつした。美歩さんは牝馬《ひんば》の美中《びちゅう》に似《に》ていると、はじめて会った時から思っている。

二学期がはじまって三年生が来なくなった部室はガランと広くて、心もとなくてしばらく慣《な》れなかった。
「乾太《けんた》、やっぱりこの本棚《ほんだな》、動かそう」
ワンゲル部では明日からの文化祭の準備《じゅんび》で大忙《おおいそが》しだった。展示《てんじ》ブースと出し物として
スープカレーを作ることになり、準備《じゅんび》で部室は今、大変《たいへん》なことになっている。美歩さんは
部室にいてもずっと動き回っていてすごい働《はたら》きものだけど、人使いも荒《あら》い。
この際《さい》、部室の棚《たな》を整理すると言って、二日前から整理しはじめた。引き出しには何が
入っているかわかるようにシールを貼《は》ったり、食材《しょくざい》の缶詰《かんづめ》なんかを賞味期限《しょうみきげん》の順《じゅん》に並《なら》べた
りと、とにかく細《こま》かいんだ。
ノリさんはじめ、ほかの部員はカレーの食材《しょくざい》の買い出しに出かけた。ぼくはカレー班《はん》の
ほうがよかったけれど、ブース担当《たんとう》の美歩さんのアシスタントを任命《にんめい》された。
「美歩さん、乾太《けんた》は頼《たの》みやすいからって言ってたよ」
買い出しの出掛《でが》けにクミが笑《わら》いながら言っていった。
棚《たな》を動かすというので本棚《ほんだな》の本やファイルを一度外に出すことにした。
「沖永《おきなが》さんがいないとこれから困《こま》るだろうなあ。代わりになれる人がいないから」
美歩さんがファイルを見ながら言った。
「うん、山のこととか、本当によく知ってるからね」

「絵も描《か》けるし、地形や天気図のことだって、聞けばなんでも教えてくれた。沖永《おきなが》さんはすごく頭がいいの。いつも学年で一番とか二番とかみたい。国立大学を目指しているんだって」

そうなんだ。優秀《ゆうしゅう》なんだな。反省会《はんせいかい》で見たノートは表紙に山行記録《さんこうきろく》と書いてあった。あんなにノートに書いているんだと思った。

「反省会《はんせいかい》で山行記録《さんこうきろく》って書いてあるノートたくさん持ってましたよね。あれ、見せてもらいたいな」

「あっ、そうそう。山行《さんこう》前にもいろいろ調べて、行ったあとも細《こま》かく記録《きろく》してたの。頼《たの》めば見せてくれるかもしれない。文化祭の時に聞いてみたら？」

カレー班《はん》はなかなか帰ってこなくて、結局《けっきょく》、美歩さんと二人で展示《てんじ》の準備《じゅんび》を整えた。ボードにハヤトさんが撮《と》った山の写真を飾《かざ》り、部室の真ん中にテントを張《は》り、ザック、寝袋《ねぶくろ》、山の装備《そうび》やコッヘル（鍋《なべ》のセット）や食器類《しょっきるい》や本、写真集も展示《てんじ》した。終わった頃《ころ》、みんながワイワイガヤガヤ、楽しそうに帰ってきた。

「わっ、すごい。もう終わっちゃったんだ。さすが美歩！」

部室に入ってきた新部長、ノリさんが驚《おどろ》いている。

「美歩さん、すごーい。部室もきれいになってる」

「なっ、乾太《けんた》もお疲《つか》れさん！」

ノリさんがぼくの肩《かた》をたたいた。みんな美歩さんばかりほめるから、ちょっとすねてたのがわかったみたいだ。

「ハハハ！　乾太《けんた》、働《はたら》かされたな〜」

テツはザックを下ろして、米や缶詰《かんづめ》やじゃがいもを取り出した。カレーやシチューの出し物がなければ、ワンゲル部の展示《てんじ》ブースにはだれも来ないそうだ。順応《じゅんのう》の部活は体育会《たいいくかい》系《けい》の部が人気で、野球、サッカー、テニス、バレーボール、バスケットにほとんどの生徒《せいと》が集まっている。文化系《ぶんかけい》の吹奏楽部《すいそうがくぶ》や演劇部《えんげきぶ》も部員が多い。ワンゲル部は一年生はほとんど知らなくて「ワンゲル部なんてあるの？」って感じなんだ。

同じクラスの杉田《すぎた》に野球部はやめて、ワンゲル部に入ったと話した時、「ワンゲルってなにやる部？」と聞かれた。杉田と同じく野球部の富沢《とみざわ》と中西《なかにし》は「へえ」と言っただけだ。

夏休み中、トレーニングのためにザックを背負《しょ》って部活に来ていた。学校や駅でかなえに会ったけれど、いつもザックを見て引いていく。でも、スープカレーを食べに来いよと誘《さそ》っておいた。変《へん》な部と思っているみたいだから、来ないかな。

6

文化祭の当日、部室の外の通路でスープカレーを売って、部室に来てくれた人にはアイスティーをサービスして、部室の展示《てんじ》を見てもらう作戦《さくせん》だ。スープカレーは二百円でご飯《はん》かパンが選《えら》べる。

テツは朝から鍋《なべ》でメシ炊《た》き。ぼくはカレー担当《たんとう》で野菜《やさい》を切った。ナイフを使うのも少しうまくなってきた。大鍋《おおなべ》でカレーを調理するのは、ノリさん、ダダさん、美歩さんの二年生チーム。スープカレーは大盛況《だいせいきょう》だった。

テツと美歩さんとカレーの係をしていた時だった。

「乾太《けんた》！　まだカレーある？」

鍋《なべ》のカレーもあと少しというところでかなえが来た。ぼくはご飯《はん》をよそっていて気づかないでいた。

「乾太《けんた》、ほら、あの元気な女子が来てるぞ」

テツに言われてようやく気づいた。

「あ、かなえ」

かなえが手をひらひら振《ふ》ってニコニコ笑《わら》っていた。

「ご飯《はん》とパンが選《えら》べるけどどっちがいい？　テツが炊《た》いたご飯《はん》、うまいよ～」

「じゃ、ご飯《はん》にする！」

「かわいいね。同じクラスなの？」

ご飯《はん》をよそっているぼくに美歩さんが小さな声で聞いた。

「うーんっと、小学校から同じスイミングスクールに通ってて、学校は中学が同じになって……」

ちょっとてれた。美歩さんがカレーをよそってぼくに器《うつわ》を渡《わた》した。

「へえ、乾太《けんた》と幼《おさな》なじみなんだ」

「そう、そう。スイミングスクールで一緒《いっしょ》で、小さい頃《ころ》から知ってるの」

テツはもうかなえと親しげに話している。かなえもテツに同じことを話していた。

「はい、スープカレーでーす！」

「じゃ、乾太《けんた》はそんなに前から好《す》きなんだ」

かなえに器《うつわ》を手渡《てわた》そうとした時、涼《すず》しい顔でふつうにテツが言ったから、最初《さいしょ》はなにを言ってるのかわからなかった。

「へっ？」

そのとたん、手に持った器《うつわ》がグラグラ泳ぐように揺《ゆ》れて、こぼさないようにするのが大《たい》変《へん》だった。かなえは少し笑《わら》ってその言葉をスルーして器《うつわ》を受けとった。

「わあ、おいしそう！　ありがと。じゃね〜」

明らかに聞こえてたのに、かなえは聞こえなかったふりをして去《さ》っていった。

「顔、真っ赤だよ」

「へんなこと言うからだろ！　幼《おさな》なじみだよ、幼《おさな》なじみ！」

テツの首を絞《し》めそうになった。なんでだよ。なんで知ってるんだよ。そんな話、一度もしたことないじゃないか。テツは「え？」って感じで、自分が重大なことを言ったとも思ってないみたいだ。

あ〜こんなに天然《てんねん》だとは思わなかった。美

歩さんはケラケラ笑《わら》っているし。

「え、かなえは知らないの？　そんなわけないよ」

かなえとか言ってるし。

「だれでもわかるよね、美歩さん」

「わかる〜！」

美歩さんはずっとケラケラ笑《わら》っている。もう開きなおるしかない。

「そうだよ！　中学の時もずっと好《す》きだったけど、今はちょっと違《ちが》うんだよ。メシ、なくなった！　鍋洗《なべあら》ってくる！」

7

鍋《なべ》を洗《あら》っていたら、テツに怒《おこ》っても仕方ないや、あんにゃろー、と思って急におかしくなってきた。「まあ、もうバレてもいいか」と思えた。今まで言えなかったぼくがヘタレだからこうなったんだ。やっぱりぼくは幼《おさな》なじみの友だちで、かなえが聞こえないふりしたのはそういうことで、すっきりした。

部室に鍋《なべ》を片《かた》づけに行った。部室ではノリさんとダダさんがアイスティーを配っていて、部員以外《いがい》に三人いた。三年生の先輩《せんぱい》たちも来ていた。

「お疲《つか》れさまです！　もうご飯《はん》、なくなっちゃった。カレーもあと少し」

「お疲《つか》れ！　売れたねえ」

ハヤトさんのとなりで沖永《おきなが》さんも片手《かたて》をあげた。

マキさんは展示《てんじ》を見ている生徒《せいと》にバーナーの説明《せつめい》をしていた。

「……そう、だから登山しなくても、このバーナーとコッヘルっていう鍋《なべ》セットを持っていると、災害時《さいがいじ》にも使える。コンパクトだからハイキングに行って森の中でちょっとお茶もできるよ」

少し聞いていたら、やっぱりマキさんの説明《せつめい》はわかりやすい。それに、人が興味《きょうみ》を持つように話しているんだよな。

「あの、沖永《おきなが》さん、これから山のこともっと勉強したいんですけど、今度、沖永《おきなが》さんのノート、見せてもらえませんか？」

「ああ、いいよ……明日、持ってきて置《お》いておくよ」

気がついたら頼《たの》んでいた。沖永《おきなが》さんはすぐにＯＫしてくれた。

「オッキーの山行記録《さんこうきろく》は見ておいたほうがいいよ。すごいから」

ハヤトさんは天気予測《よそく》とその結果《けっか》、山の地形、歴史《れきし》のことまでくわしく記録《きろく》してあると教えてくれた。

「え、なになに？　山行記録《さんこうきろく》、見せてもらうの？　それはいいね。うれしいなあ」

展示《てんじ》を見ていた生徒《せいと》がいなくなったあと、マキさんは自分のことみたいに喜《よろこ》んでいた。

「あ、おれも見たい。ダダも見たいよな？　みんなで見せてもらっていいですか？」

ノリさんとダダさんも話に加《くわ》わった。目立たないけど沖永《おきなが》さんの存在《そんざい》って大きかったんだなと思った。

そのノートは全部で十冊《さつ》もあって、通称《つうしょう》「沖永《おきなが》ノート」と呼《よ》ばれるようになった。コピーを取らせてもらって、パソコンでも見られるようにした。

失敗《しっぱい》しても励《はげ》んでいこう

1

三年生が引退《いんたい》して七名になったワンゲル部は、十一月の山行《さんこう》が終わって結束《けっそく》が強くなり、みんなさらに仲《なか》よくなった。ワンゲル部の山行《さんこう》は雪のない時期だけで、雪山登山はしない。その代わりに一月はスノーハイキング、二月のスキー合宿では雪洞《せつどう》づくりも教わった。雪《せつ》洞《どう》は雪山で吹雪《ふぶき》で動けなくなった場合に緊急避難《きんきゅうひなん》するための雪の穴《あな》だ。雪洞《せつどう》には泊《と》まらなかったけれど、寝袋《ねぶくろ》に入って寝《ね》てみたら、暖《あたた》かかった。

冬の間、山行《さんこう》に行けないから、よくテツと泰平川《たいへいがわ》の河川敷《かせんじき》を延々《えんえん》歩いて、テツは何度かうちに泊《と》まっていった。ぼくはすっかり部活に夢中《むちゅう》になって、あっという間に秋、冬が過《す》ぎ、三月になった。もう来月から二年生だ。

「じゃ、やっぱり中退《ちゅうたい》するんだ」

「うん、もう戻《もど》ってきても復学《ふくがく》できないよ」

ハルは今年の九月からアメリカに留学《りゅうがく》することが決まって、五月にはアメリカへ旅立って語学学校に通うことになった。高校は休学か中退《ちゅうたい》かと言っていたけれど、中退《ちゅうたい》することにしたんだ。

「学校に戻《もど》る必要《ひつよう》もないもんな」

純《じゅん》はハルに高校をやめたほうがいいとずっと言っていた。

「なんか、もったいねえけどな」

ミヤは「成績《せいせき》がビリでも開き直って、高校卒業《そつぎょう》してからアメリカに行けよ」と一番まともなことを言っていた。でも、ハルの様子はもう学校に通いつづけるのも、お母さんといるのも無理《むり》そうだった。

「中退《ちゅうたい》したらもうまともな仕事に就《つ》けねえって、あの人は言ってるよ。直接《ちょくせつ》、話してないけど」

家出してからハルは落ちこんだり、元気になったりを繰《く》り返して、「居場所《いばしょ》がねえ、居場《いば》所《しょ》がねえ」と言っていた。それからお父さんに心のケアをする心療内科《しんりょうないか》に連《つ》れていかれて、カウンセリングも受けていた。留学《りゅうがく》が決まってからは、だんだんふつうのハルに戻《もど》った。でもお母さんとはダメみたいで相変《あいか》わらず「あの人」と呼《よ》んでいる。それにしても、ハルがまさか高校を中退《ちゅうたい》するなんて想像《そうぞう》もしてなかった。

春休みに入ってワンゲル部は卒業《そつぎょう》した先輩《せんぱい》たちを送る「三年生追い出し合宿」に行った。新潟《にいがた》のスキー場近くにある山小屋に泊《と》まり、スノーハイキングをして卒業祝《そつぎょういわ》いのパーティーをする。

マキさん、ハヤトさん、沖永《おきなが》さんと久《ひさ》しぶりに会えて、そして、はじめての山小屋泊《ど》まりでワクワクした。

山小屋に着いてすぐ、まずみんなで掃除《そうじ》をした。小屋は観崎《かんざき》先生が卒業《そつぎょう》した大学山岳部《さんがくぶ》の山小屋で、掃除《そうじ》することを条件《じょうけん》に毎年、使わせてもらっているそうだ。

「おれにも手伝わせてよ〜」

ワンゲル部伝統《でんとう》のシチューの野菜《やさい》を切りはじめた時、マキさんはテーブルのまわりをウロウロしはじめた。でも、美歩さんは知らんぷりしてマキさんにナイフを渡《わた》さない。

「だめです。ゲストは座《すわ》っててください」

「ゲストなんて寂《さび》しい言い方だな〜、もう」

二人のやりとりを見てクスクス笑《わら》った。結局《けっきょく》、マキさんは炊事《すいじ》に加《くわ》わってにこにこしながらシチューの味つけのコツを語っている。ぼくがシチューを食べにはじめてワンゲル部に行って、「山に行きたい!」と言えたのは、マキさんのこの雰囲気《ふんいき》のおかげだな。

ハヤトさんはそんな様子をカメラで撮《と》っている。沖永《おきなが》さんはとなりの部屋で観崎《かんざき》先生と早坂《はやさか》先生と話しながら薪《まき》ストーブに薪《まき》をくべている。先輩《せんぱい》たちはみんな志望《しぼう》の大学に合格《ごうかく》した。沖永《おきなが》さんは北海道の大学に行く。

「じゃ、マキさんはまた来月この小屋に来るんだ。いいなあ」

マキさんは観崎《かんざき》先生と同じ大学に進学して山岳部《さんがくぶ》に入る。ノリさんはマキさんに大学のことをいろいろ聞いていた。来年はぼくも大学のこと考えなくちゃならないんだな。

卒業祝《そつぎょういわ》いのパーティーがはじまった。シチューのほかには先輩《せんぱい》たちからリクエストをもらったタコライスとサラダ、デザートは雪の中で固《かた》めたでっかいプリンだ。

最後《さいご》に先輩《せんぱい》たちが話をした。

「というわけで、観崎《かんざき》先生の母校に入学することになりました。夢《ゆめ》は高校の先生になって、ワンゲル部の顧問《こもん》になることで、ラブちゃん二号になります！」

「そこまでまねするな〜」

観崎《かんざき》先生は困《こま》ったような顔をして、でもうれしそうだ。マキさんはまるっきり観崎《かんざき》先生のコピーになるつもりなんだ。ノリさんがマキさん二号なら、ぼくはマキさん三号になりたい。面倒見《めんどうみ》がよくて、やさしくて、厳《きび》しく言わないのに大事なことはしっかり教えてくれた。

ハヤトさんは大学の芸術学部《げいじゅつ》写真学科に進学することになった。

「おれはやっぱり山の写真が撮《と》りたくて、写真を勉強しながら山も行けるように山岳部《さんがくぶ》のある大学を選びました。将来《しょうらい》は海外の山も撮《と》りに行きたいです。まずは大学入って山に行ったら写真送るから見てください！」

ハヤトさんは今、ワンゲル部のデジタルアルバムを作ってくれていて、みんなでそれを楽しみにしている。ぼくは、硫黄岳《いおうだけ》の山頂《さんちょう》で雲海《うんかい》をバックにみんなで思いっきりジャンプしている写真が一番のお気に入りだ。

沖永《おきなが》さんの番になって、話し出すまでに少し間があった。空気がしんとして、口べたの沖永《おきなが》さんは大丈夫《だいじょうぶ》かなと思った。

「……あの、マキとハヤトは知っているんですけど、ぼくは高校受験《じゅけん》で失敗《しっぱい》して、志望校《しぼうこう》に入れず順応《じゅんのう》に入学して、しばらく不登校《ふとうこう》になってました」

えー、そうだったんだ……二年生の先輩《せんぱい》たちも知らなかったようで驚《おどろ》いた顔をしていた。

「担任《たんにん》の観崎《かんざき》先生がたびたび家に来てくれて、学校に来いって言うのかと思ったら、山に行こうって話ばっかりで」

沖永《おきなが》さんが観崎《かんざき》先生を見て少し笑《わら》ったので、みんなもフフフフと笑《わら》った。

「それで七月の山行《さんこう》から加《くわ》わりました。ワンゲル部に入らなかったら、どうなっていたかなと思います。それまでは、人と競《きそ》うことばっかり考えていて、受験《じゅけん》で負けて立ち直れなくて。でも、山に行きはじめて、そうじゃなくて、自分に克《か》つことなんだなと……」

そうか、だから山行記録《さんこうきろく》が七月からはじまっているんだ。

「天気図や読図《どくず》を勉強しはじめてから地学に興味《きょうみ》を持つようになって、大学では地球科学を勉強したいと思うようになりました。大学でも山を続《つづ》けながら学んでいきます」

沖永《おきなが》さんもワンゲル部で志《こころざし》を見つけて、山天大畜《さんてんたいちく》の話のように力を蓄《たくわ》えていたんだな。

ノートにびっしり書き込《こ》まれた文字や、天気や地形、山の断面図《だんめんず》、山脈《さんみゃく》の絵が頭に浮《う》かんだ。読んでいると毎日、毎日、新しい発見をしてキラキラしてることがわかるんだよな。

「観崎《かんざき》先生、早坂《はやさか》先生、ありがとうございました。マキもハヤトも、ありがとう。みんなも、ありがとう」

沖永《おきなが》さんがすらすら話してる……。

「乾太《けんた》！　なに泣《な》いてるんだよ！」

向かいに座《すわ》っていたテツがばかでかい声を出した。知らないうちに泣《な》いてた。

「わかんねえけど……よかったな、と思ってさ」

自分のことや、ハルのこともなんだかごっちゃになっていた。ぼくもワンゲル部に入ってよかった。美歩さんと目が合って、こっちをじっと見ていた。恥《は》ずかしくなって、顔をこすって涙《なみだ》を拭《ふ》いた。

「乾太《けんた》〜！　ありがとな」

マキさんが席《せき》を立って、ぼくの頭を抱《かか》えた。ハヤトさんもぼくの頭をゴシゴシなでた。

それからみんな席《せき》を立って、卒業《そつぎょう》した先輩《せんぱい》たちと握手《あくしゅ》したり、抱《だ》き合ったりしてお礼を言った。テツは「オッキーさーん！　ありがとうございました！」と、大きく手を広げて沖永《おきなが》さんに抱《だ》きついていった。ぼくも「ノート、大切にします！」とお礼を言った。

「北海道にもいい山がたくさんあるから、みんなで遊びに来てな」

沖永《おきなが》さんがにっこり笑《わら》って言ったから、また泣《な》きそうになった。おれ、泣《な》き虫《むし》だな。

「行きます！　大雪山《だいせつさん》に登りたい！」

美歩さんが言うとテツも手をあげた。

「おれも！　行く、行く！」

ぼくだって絶対《ぜったい》に行くよ。

観崎《かんざき》先生がパン！　と大きく手をたたいた。

「よし！　じゃ、OB会で北海道合宿を計画するか！　ここにいる全員、卒業《そつぎょう》してからな」

「いいですね！」

早坂《はやさか》先生も賛成《さんせい》すると、みんな「イエーイ！」と歓声《かんせい》をあげた。

「やった〜！　飛行機《ひこうき》に乗って山行《さんこう》だ！」

「あー、山岡、渡《わた》り鳥《どり》は飛行機《ひこうき》は乗らないんだ。青春18きっぷで行く」

「え〜！」

観崎《かんざき》先生は本気か冗談《じょうだん》か、電車で行くと言った。それから北海道の山の話で遅《おそ》くまで盛《も》りあがった。

2

「へえ、それで舞台《ぶたい》でリュック背負《しょ》って、乾太《けんた》もセリフがあったんだ」

「そう、『ワンゲル部伝統《でんとう》のシチューもおいしいよ！』って、すげえ恥《は》ずかしかったよ」

新入生歓迎会《かんげいかい》でワンゲル部はコントみたいな寸劇《すんげき》をやった。手には食器《しょっき》のシェラカップを持って、片足を上げておどけたポーズ。剛《つよし》の部屋でやってみせたら、ゲラゲラ笑《わら》ってウケた。実際《じっさい》はシーンとしてたんだけどさ。

「でも男子三人、女子二人、仮《かり》入部したからよかったよ……そういえば、今日は富永《とみなが》は来ないの？」

たまに剛《つよし》の部活が休みの日曜日はかならず富永《とみなが》と会っているから、来てるのかと思っていた。

「それがさあ、あいつ、バンドに夢中《むちゅう》で、今度バンドコンテストの予選《よせん》があるだろ？」

富永《とみなが》はあれから純《じゅん》とミヤのバンドでキーボードを弾《ひ》いている。

「あ、そうか。今日、練習だってミヤが言ってたもんな」

「ほら、こんなメッセージが来てさ」

剛《つよし》がスマホをぼくに見せた。（ごめん、明日行けない。今、バンドの練習が大事だから！）

と打ってあった。

「ヤキモチ焼《や》いてんの？」

めずらしく剛《つよし》が怒《おこ》っている。いいよな、仲《なか》よくて。

「乾太《けんた》はどうなんだよ。かなえとは話したりしてるか？」

「うん、ふつうにな。でも、もうそんなに好《す》きって感じじゃないんだよ」

文化祭から、かなえもぼくも何もなかったようにしている。小さい頃《ころ》からかなえをアイドルみたいに思って好《す》きだったのかなと今は思っている。

四月の山行《さんこう》は、二年生と三年生だけで東京都と神奈川県の境《さかい》にある陣馬山《じんばさん》〜景信山《かげのぶやま》へ行った。仮入部《かり》の一年生は装備《そうび》を揃《そろ》えて次の五月の新人歓迎山行《かんげいさんこう》から参加《さんか》になる。陣馬山《じんばさん》は、標高《ひょうこう》八五五メートル。今回は足慣《あしな》らしだねとノリさんたちは言ってた。

朝、いつまでも目が覚《さ》めない感じで頭がボーッとしていた。次の山行《さんこう》からは先輩《せんぱい》になるんだから、しっかりしなくちゃなと気合を入れて家を出た。

「あれ、クミ、キッサンはどうした？」

テツと集合場所の駅に行ったら、キッサンが来ていなかった。

「風邪《かぜ》気味だから今日は来ないって。学校で風邪《かぜ》が流行《はや》ってるもんね」

「なんだ、そうなんだ」

「楽勝かと思ったのに、けっこうきついな〜」

トレーニングのために水入りのペットボトルでザックの重量《じゅうりょう》を二十キロにしていた。冬を越《こ》して最初《さいしょ》の山行《さんこう》だからかな。

「そうかあ？　なんか乾太《けんた》、変《へん》だな」

テツはケロッとした顔をしている。

昼食の炊《た》き込《こ》みご飯《はん》は味つけが薄《うす》かったのか、あんまりおいしくなくて、無理《むり》やり口に押《お》し込《こ》んだ。

食べたあと、歩き出して少ししたら、あれ？　なぜか足が前に進まなくて息も苦しい。だんだん苦しくなってへんな汗《あせ》をかきだした。それでもなんとか歩きつづけていた。

「どうした、天野《あまの》、具合が悪いのか？」

後ろを歩いていた早坂《はやさか》先生に声をかけられた時は、つらくて前屈《まえかが》みになって、足がフラついていた。振《ふ》り向いたら世界が揺《ゆ》れて吐《は》き気がした。だめだ、おかしい。

「はい、なんだかだるくて……熱《ねつ》かな」

「ちょっと休もう。観崎《かんざき》先生！　天野《あまの》が体調悪いようです！」

座《すわ》ってザックを下ろそうと思ったら、そのまま背中《せなか》のザックに寄《よ》りかかるように倒《たお》れこんでしまった。すぐにみんなが集まってきて、汗《あせ》を拭《ふ》いて水を飲ませてくれた。

早坂《はやさか》先生がぼくのおでこや首筋《くびすじ》に手をあてて、「うん、熱《ねつ》があるな」と言った。寒気がしてのどが痛《いた》い。そう伝えたら観崎《かんざき》先生がツェルトという緊急用《きんきゅうよう》の簡易《かんい》テントをサッと広げて、毛布《もうふ》のようにぼくの体をくるんだ。先生が持っていた吸収《きゅうしゅう》が早い飲みものをもらって飲んだ。

テツがぼくのまわりをウロウロして、ノリさん、ダダさんが体をさすって温めてくれた。迷惑《めいわく》かけて悪いなと思いながら、少し目をつぶって休んだ。

「おーい、乾太《けんた》、大丈夫《だいじょうぶ》か？」

薄目《うすめ》を開けるとテツがぼくの顔をのぞきこんでいた。

「ごめん」

大丈夫《だいじょうぶ》、とはとても言えなかった。

このまま動けなくて夜になったら……遭難《そうなん》の二文字が頭に浮《う》かんだ。その時、重大なことを思い出した。朝、ヘッドライトを一度ザックから出して、入れ忘《わす》れた。忘《わす》れたことないのに、よりによってこんな時に最低《さいてい》だ……ショックでさらにグーッと闇《やみ》に引き込《こ》まれそうだった。

「さっきより顔色よくなってきたよ。大丈夫《だいじょうぶ》だね！」

美歩さんが医療品《いりょうひん》キットから冷却《れいきゃく》パッドを取りだして、おでこにペンッと貼《は》りつけた。やさしいって言うより、気合を入れろって感じだった。それで気を取り直した。

「あとは下《お》りるだけだから、なんとかがんばれ。無理《むり》なら背負《せお》って下《お》りてやるからな」

背負《せお》ってもらうなんてとんでもないよ。でも、観崎《かんざき》先生の言葉で安心した。

ぼくが休んでいる間、どのルートで下《お》りるか、話し合っている声が遠くで聞こえていた。なにかトラブルがあった時、緊急《きんきゅう》で下山《げざん》するためのエスケープルートもいつも調べてある。でも、計画書どおり下《お》りるのが一番早いみたいだ。それでも登山口まであと一時間はかかる。

寝転《ねころ》がっていたら少し気分がよくなってきた。

「すみません。だいぶよくなりました。歩けます」

「乾太《けんた》、おれがザック持っていく」

「大丈夫《だいじょうぶ》です。自分で持ちます」

ノリさんは「気にすんな」と言って、自分のザックに重ねてぼくのザックをくりつけた。ザックは持ってもらうことにした。先生に背負《せお》われるのだけはいやだ。そう思ったら気力が出てきた。励《はげ》まされながら自力で歩いて下山《げざん》した。登山口に着いて時間を見ると予定より一時間も遅《おく》れていた。ノリさんは最後《さいご》までぼくのザックを背負《しょ》って歩いてくれた。

家に帰って熱《ねつ》を測ったら三十九度近くあって、週明けの二日間、学校を休んだ。みんなに迷惑《めいわく》かけて、山行《さんこう》の反省会《はんせいかい》にも出られなかった。落ちこんだなんてもんじゃない。

3

反省《はんせい》は夜寝《ね》る前の三十分でいいとゴロさんに言われている。でも、今回のことはまだ引きずっていた。これまで反省《はんせい》もちゃんとできていると思っていたけど、ショックでどこから反省《はんせい》していいのかわからなくなった。

あとで思いかえせば、前の晩《ばん》から体がだるかったんだ。朝も頭が重かった。ヘッドライトを一度出して、タオルを入れた時にしまい忘《わす》れたのもボーッとしていたせいでもある。最近《さいきん》、風邪《かぜ》も引かないから気づかなかったんだ。バカだよな。

「天野《あまの》、よくなったか？」

風邪《かぜ》が治《なお》って登校した日、先生にあいさつに行こうと思って廊下《ろうか》を歩いていたら、後ろから観崎《かんざき》先生に声をかけられた。

「あ、先生！　ご迷惑《めいわく》かけました！　昨日《きのう》、反省会《はんせいかい》も出られなくてすみません」

「落ちこんでないか？　風邪《かぜ》よりもそっちが心配だって、みんな言ってたぞ」

先生は笑《わら》いながら、うつむいているぼくの顔をのぞきこんだ。山行《さんこう》の翌日《よくじつ》にワンゲル部のグループメッセージに迷惑《めいわく》かけたおわびを送った。そうしたらみんなから「落ちこむなよー」とか「気にするなよ」と返信《へんしん》があった。

「落ちこんでます。前の日から体がだるかったのに風邪《かぜ》だと気がつかなくて」

「うん、体調管理《たいちょうかんり》が大切だってわかったか？　先生ももっと早く気づけなくて反省《はんせい》した。いい経験《けいけん》したな」

さっきとは違《ちが》って、真剣《しんけん》な目だった。そうか。いい経験《けいけん》って考えればいいんだ。

「はい」

早坂《はやさか》先生のところにもあいさつに行ったら、昨日《きのう》の反省会《はんせいかい》で、「どうしていいかわからなかった」、「救命救助《きゅうめいきゅうじょ》をもっと勉強したい」という反省《はんせい》が多かったそうだ。早坂《はやさか》先生は次の救命救助《きゅうめいきゅうじょ》の講習会《こうしゅうかい》は部員全員で行こうと言っていた。

夏の合宿でクミが頭が痛《いた》いと言った時、ドキッとした。倒《たお》れこんだぼくを見て、みんなそうとうびっくりしただろう。あ〜、それにしても恥《は》ずかしい。一年生にもぼくがへばったことは知られてしまったし、今日は部活がない日だけど、明後日《あさって》、どんな顔して行ったらいいのか。

「こんにちは！」

「はい、こんにちは。お、もういいのか」

「月曜日は来られなくてすみませんでした！」

学校の帰りに乾惕堂《けんてきどう》に行くと、ゴロさんはちょっと驚《おどろ》いた顔をした。ゴロさんの携帯《けいたい》電話に「今日はバイトに行きます」ってメールを送ったのにまた見てないんだ。ゴロさんは本棚《ほんだな》の本を並《なら》べかえようとしていたのか、もう机《つくえ》の上に本がたくさんのっていた。ぼくが来ないと思って一人でやろうとしたんだな。腰《こし》の手術《しゅじゅつ》をしてから一年くらいは大事にしなきゃいけないのに。

「だめですよ。そんなことしちゃ」

「一冊《さつ》ずつゆっくりやっているんだ」

「ぼくがやりますから！」

こういう会話はしょっちゅうだ。

本の整理を終えてから、机《つくえ》の上にある注文のリストを見た。今日は十冊《さつ》か。

「えっと、郵便《ゆうびん》で送るのが八冊《さつ》と宅配便《たくはいびん》が二冊《さつ》」

古めかしい鉄の取っ手がついている引き出しから封筒《ふうとう》や梱包材《こんぽうざい》、宅配便《たくはいびん》の送り状を出した。それからゴロさんが用意した納品伝票《のうひんでんぴょう》と手紙。本を送るのに必要《ひつよう》なものを揃《そろ》えた。

乾惕堂《けんてきどう》でアルバイトをするようになって、半年以上経《いじょうた》った。

手伝いをするのは変《か》わらないけれど、ゴロさんはビシビシと厳《きび》しくなった。週に二日、入荷《にゅうか》した本を棚《たな》に収《おさ》めたり、入れかえたりする本棚《ほんだな》の整理や注文の発送、本の紹介《しょうかい》のハガキを出したり、買いものを頼《たの》まれたり、その他もろもろ。最後《さいご》に掃除《そうじ》して二時間くらい働《はたら》く。注文の本を入れ間違《まちが》えて送って、怒《おこ》られたこともあるけれど、仕事を覚《おぼ》えるのは楽しい。

バイト代はお母さんに渡《わた》して、必要《ひつよう》な時にもらっていた。でも今年に入って、お父さんから自分でお金の管理《かんり》をしろと銀行の通帳《つうちょう》を渡《わた》された。お父さんは銀行員だからお金の使い方にはうるさい。むだに使わずに考えて大事に使えといつも言っていて、それは守るようにしている。ゴロさんにもらったバイト代で登山具をいろいろ揃《そろ》えることができた。

「掃除《そうじ》も終わりました！」

「ごくろう」

「ゴロさん、聞いてください」

店の掃除《そうじ》が終わったら、帰り支度《じたく》をしながらゴロさんと少し話す。これはいつもそうなんだ。だから話したいことがあっても、この時間までためておく。

「じつは、大、大、大失敗《だいしっぱい》したんです」

思いっきり力を込《こ》めて言った。

「なにかあったような顔はしていたが、ずいぶんと大げさだな」

フフッとゴロさんは笑《わら》った。いや、大げさじゃないんです。

「山で熱《ねつ》出してへばって、顧問《こもん》の先生と仲間《なかま》の部員に迷惑《めいわく》かけたんです。先輩《せんぱい》の部長にザックを持ってもらってやっとの思いで下《お》りてきました」

「なんだ、山で具合が悪くなったのか」

ゴロさんは書き物が終わって机《つくえ》の上を片《かた》づけている。ぼくは店の裏《うら》に行って熱《あつ》いお茶を入れてきて机《つくえ》に置《お》いた。店の裏側《うらがわ》には小さな流し台と冷蔵庫《れいぞうこ》、湯沸《ゆわ》かしポットがあって、ゴロさんを訪《たず》ねてくるお客さんにお茶を出すのもぼくの仕事の一つだ。

「そうなんです。前の晩《ばん》も少しだるくて、朝もボーッとしてたのに、風邪《かぜ》とは思わなかったんです。足慣《あしな》らしの低山《ていざん》だったので、らくらく登れると思ったんですけど、登り始めたら苦しくなってきて……情《なさ》けねえし、恥《は》ずかしいし、反省《はんせい》してもしきれないんです」

易経《えききょう》の勉強は忙《いそが》しくない日に教えてもらっている。最近《さいきん》、ゴロさんは忙《いそが》しくて、ぼくが寝込《ねこ》んでいた月曜日は久《ひさ》しぶりに易経《えききょう》の勉強をしようと言ってくれていた。

「まあ、座《すわ》ったらどうだ。乾太《けんた》もなにか飲め」

「あ、入れてきます」

ぼくは冷《つめ》たいお茶をもらった。

「まあ、そろそろ、そういうことが起きてもおかしくないな」

ゴロさんがズーっとお茶をすすってから静《しず》かに言った。え？　おかしくない？

この半年間、ゴロさんは「先々を考えろ」、「反省《はんせい》して工夫《くふう》しろ」とずっと言っていた。

山行《さんこう》や学校の勉強、乾惕堂《けんてきどう》の仕事にも「至《いた》る」と「終わる」の実践《じっせん》を取り入れろと言われて訓練《くんれん》のようにやってきた。おかげでぼくは読図《どくず》も慣《な》れてきて、天気の予測《よそく》も少しできるようになってきた。山行《さんこう》の部の共同持ち物の準備《じゅんび》も早くできるようになったし、もっとよくするにはどうしたらいいか考えて、ちょっとしたアイディアも出せるようになった。

「なにがいけなかったと思う」

「一番は体調を気にしていなかったことです。顧問《こもん》の先生にも体調管理《たいちょうかんり》は大切だと言われました」

「基本的《きほんてき》なことだな」

「はい……」

そう、基本《きほん》だ。必需品《ひつじゅひん》のヘッドライトを忘《わす》れたことも、だからショックなんだ。

「ある程度《ていど》、慣《な》れて、すらすらできるようになると基本的《きほんてき》なミスをするんだ。だから『初心忘《しょしんわす》るべからず』というだろう」

慣《な》れてきたからか。そういえば、登山計画書《とざんけいかくしょ》にはいつも「体調に気をつけて調子が悪い時は無理《むり》をしないようにしよう」と書いてある。読んでいるつもりで読んでなかった。

「少し変《へん》だと気づいても大丈夫《だいじょうぶ》、大丈夫《だいじょうぶ》と、大切なことを見逃《みのが》してしまう」

そうだ、そんな感じだった。いつも反省《はんせい》して気をつけていたのに、どうしてだろう。

「どうして前の晩《ばん》も朝も変《へん》だと思っていたのに見逃《みのが》したんだろう？」

「もし、行くところが高山《こうざん》だったらどうだ」

「そうですね、体調をもっと気にしたかもしれません」

高山《こうざん》でくたばったら大変《たいへん》だった。それは帰ってきて考えてゾッとした。

「低山《ていざん》だからと油断《ゆだん》して甘《あま》く見たんじゃないのか」

「いやっ、そんなことは……」

最初《さいしょ》はそんなはずないと思った。でも、考えたら、楽勝だって思っていた。準備《じゅんび》も完璧《かんぺき》だって自信満々《じしんまんまん》だった。それって亢龍《こうりゅう》みたいになってたってことか。

「……そうです。甘《あま》く見てました」

夏の合宿では赤岳《あかだけ》まで登れるかどうか、緊張《きんちょう》していた。だから「体調は万全に」と言われてたこともしっかり頭に入っていた。

「いいか、転ぶ時は、大きな石にはつまずかない。小さな石につまずくんだ」

小さな石につまずく、か。甘《あま》く見て見逃《みのが》しやすいからか。しっかり覚《おぼ》えておこう。

「しっかりやっているつもりで、こんな恥《は》ずかしい失敗《しっぱい》をするとは思ってませんでした」

「恥《は》ずかしい思いや、くやしい思いをして、基本《きほん》の大切さが身にしみてわかるようになるんだ。乾惕《けんてき》で教えていることをやっていれば、かならずそういうことが起きてくる」

「かならずって、じゃ、まだ別《べつ》の失敗《しっぱい》をするんですか？」

もう二度と失敗《しっぱい》したくないと思った。

「もっとしっかり省《かえり》みろ。原因《げんいん》をよく考えて同じことを繰《く》り返さないことだな」

反省《はんせい》も甘《あま》かったのはよくわかった。シュンとしたら、ゴロさんはガハハ！　と笑《わら》ってこう言った。

「たくさん失敗《しっぱい》しろと言っただろう。失敗《しっぱい》しないようになるには、『乾乾《けんけん》』と前進して失敗《しっぱい》に学ぶしかない。励《はげ》めよ」

4

「おう！　乾太《けんた》、治《なお》ってよかったな」

次の日の放課後《ほうかご》、部室に行くとノリさんがすぐに声をかけてくれた。

「迷惑《めいわく》かけてすみませんでした！　ザックも持ってもらってありがとうございました！」

「そんなに気にするなよ。話してなかったっけ？　おれも一年生の時に疲《つか》れてへばったことあるんだよ。三年生の部長にザック持ってもらってさ」

なんてことないって感じで言う。

「そうだよ。おれもひざ痛《いた》めた時にラブちゃんに持ってもらったよ」

ダダさんも気にすんなって感じに笑《わら》っている。

「本当に風邪《かぜ》引いてるのに気づかなかったの？　医療品《いりょうひん》キットの中、点検《てんけん》して使ったものをすぐ補充《ほじゅう》しておいてね」

美歩さんだけは笑《わら》いながらも厳《きび》しかった。去年の文化祭からずっと、ぼくは副《ふく》部長の美歩さんの補佐役《ほさやく》になっている。

「はい、すぐ、やります。足慣《あしな》らしだって、甘《あま》く考えてたんです。それで、体調を気にしてなくて。今回の失敗《しっぱい》に学んで気をつけます」

「うん、それでいいんだよ。春の最初《さいしょ》の山行《さんこう》で風邪《かぜ》も流行《はや》ってたのに、おれがもっときちんと体調管理《たいちょうかんり》のこと言わなくちゃいけなかった。ラブちゃんが『みんな、いい経験《けいけん》した』って言ってたよ。おれはダブルザック、経験《けいけん》できたし。へばった時から仲間《なかま》のザック背負《しょ》えるくらいになりたいって思ってたからさ」

ダブルザックは、ザックを二つ背負《しょ》うことだ。よし、ぼくもノリさんを見習って仲間《なかま》のザックを持てるようになろう。

「こんにちはー！」

話していたら、新入生の女子二人、ハナとサツキが元気よく入ってきて、部室の空気がガラッと変《か》わった。二人とも丸っこい体型《たいけい》をして似《に》ているからどっちがどっちか、覚《おぼ》えるのが大変《たいへん》だった。

前回の部活からザック、寝袋《ねぶくろ》、レインウェアなど買い揃《そろ》える装備《そうび》について美歩さんが説《せつ》明《めい》しているけれど、二人は服装《ふくそう》の話ばかりしている。元気がいいのはいいんだけど、すぐにキャーキャー騒《さわ》ぐから、美歩さんもクミもちょっとお手上げなんだ。

一年生男子は女子二人に押《お》されてゲンナリした顔をしている。男子三人はみんな積極的《せっきょくてき》に質問《しつもん》して、みんな入部を決めているみたいだ。最初《さいしょ》に、ワンゲル部はニックネームで呼《よ》び合うのが伝統《でんとう》だとノリさんが話して、新入生になんて呼《よ》んだらいいか聞いたんだ。女子の海老原《えびはら》はハナ、丸川《まるかわ》はサツキ、男子の青木《あおき》はシゲ、黒沢《くろさわ》はクロ、神田《かんだ》はカンダでいいと言うのでそれで決定《けってい》。

「乾太《けんた》さん、岸本《きしもと》さんはキッサンだけど、おれたちはキッサンさんって呼《よ》んだほうがいいですよね？」

シゲがまじめな顔で質問《しつもん》してきた。乾太《けんた》さんはてれる。

「キッサンサン？　ハハハ！　宇宙人《うちゅうじん》みたい」

「なに、おれのこと？　変《へん》な呼《よ》び方すんなよ～　ま、べつにいいけどさ」

キッサンは意外に気に入ったみたいだ。

結局《けっきょく》、新入生五人全員、入部することになった。山の仲間《なかま》がふえるって、うれしいんだな。今度の山行《さんこう》に持っていく個人《こじん》の持ち物、装備《そうび》のことなど細《こま》かいことは、二年生のぼくたちが教えた。

新人歓迎山行《かんげいさんこう》は箱根《はこね》外輪山《がいりんざん》の金時山《きんときやま》から明神ヶ岳《みょうじんがたけ》の縦走《じゅうそう》コースを登る。天気は快晴《かいせい》。体調も万全だ。

朝、集合場所に現《あらわ》れた美歩さんを見てドキッとした。いつも美歩さんもクミもトレッキングパンツをはいているのに、見たら女子部員はみんなスカートにタイツをはいていた。

「へえ、美歩、スカート似合《にあ》ってるじゃん」

ダダさんがほめている。ぼくはあんな風にはとても言えないけど、同感だ。

「ハナとサツキの買いものにつきあって、私《わたし》たちも買ってみたんだけど、やっぱりなんか落ち着かない」

急にワンゲル部がはなやかになった。美歩さんはすらっとしてかっこいい。

「美歩さんがダントツでかっこいいー」

ハナとサツキがテツをにらんだ。思ったまま口に出すんだよな。

「バカ、テツ！　ダントツとか言うな」

テツの袖《そで》を引っぱって小声で叱《しか》った。

今回の山行《さんこう》はぼくたち二年生でどこの山に行くか、三つの候補《こうほ》を挙《あ》げてコースを調べ、ミーティングで発表して金時山《きんときやま》が採用《さいよう》になった。

金時山《きんときやま》は金太郎伝説《でんせつ》にまつわる山で、登山口の神社には大きなマサカリがあり、登りはじめてすぐのところには真っ二つに割《わ》れた金時宿り石《きんときやどりいし》という大きな岩がある。金時山《きんときやま》から明神ケ岳《みょうじんがたけ》へ向かう尾根道《おねみち》は爽快《そうかい》なコースだと沖永《おきなが》ノートにも書いてあって、一年生にも山の楽しさを知ってもらえるんじゃないかと思った。

「さーて、行きますか！」

ノリさんの出発の号令《ごうれい》はマキさんとそっくりで、最初《さいしょ》はみんな笑《わら》い転げたんだ。でもだんだんノリさんらしく力強くなった。

一年生女子二人は神社のマサカリや金時宿り石《きんときやどりいし》までは写真を撮《と》ってはしゃいでいたけれど、すぐに急な登りになって、だんだん口数が少なくなった。

「うそ〜、きつい」

「これ、いつまで続《つづ》くの」

隊列《たいれつ》の前のほうからサツキかハナかどっちかの声が聞こえてくる。一年生は全員、登山の経験《けいけん》はなくてはじめての山行《さんこう》だ。金時山《きんときやま》は一、二一二メートルで低山《ていざん》だけど、今回は金《きん》時山《ときやま》から明神ケ岳《みょうじんがたけ》を縦走《じゅうそう》する長いコースだ。あんな調子で体力が持つかな。

「登りはじめはゆっくりペースがいいんだよ。小《こ》またでゆっくりな」

前を歩いているカンダはがっちりした体型《たいけい》で体が重そうだ。足をドタドタしながらハイペースで登っていたから、歩き方を教えた。ぼくもこんなだったんだ。先輩《せんぱい》たちはこんな気持ちで見ていたんだなと思った。

「クロ、靴《くつ》ひも、締《し》めすぎじゃねえか？」

テツは意外と面倒見《めんどうみ》がよくて、細《こま》かいところをよく見ている。休憩《きゅうけい》の時に後輩《こうはい》にザングツのひもの結《むす》び方を教えたり、ザックのベルトを調整してやったりしてる。

金時山《きんときやま》の山頂《さんちょう》からは富士山が間近にドンと座《すわ》っていて、今までで一番、迫力《はくりょく》がある。山《さん》頂《ちょう》までの最後《さいご》の登りでヒイヒイ言っていた一年生もこの景色《けしき》を見て、つらさも吹き飛《と》んだみたいだ。

「富士山の小屋まで見えるよ。テツ、富士山からのご来光《らいこう》ってきれいなんだろ？」

「だろうなあ、日本一の富士山にはまだ登ったことねえ。二番目の北岳はおやじと登った」

「えっ、そうなんだ」

テツはお父さんと登っているんだと思いこんでいた。

「富士山は登って下《お》りてくるだけだろ。おやじがさ、せっかくあそこまで登ったのにもったいないとか、富士山はほかの山に登ってながめる山だとか言って、連《つ》れてってくれねえんだよ」

「へえ、富士山はながめる山か。どこの山から見てもきれいでかっこいいもんな」

富士山は単体《たんたい》の山だから縦走《じゅうそう》できないっていう意味か。山が好《す》きな人はそう思うんだな。その気持ちも少しわかるようになった。

「そっかあ。でも登りたいよ」

ぼくは富士山を見るたびに飛龍《ひりゅう》を思い出すんだ。山の王様だからな。

「なあ、行きたいよな」

でも、もうちょっとしてからでもいいか。まだ、乾惕《けんてき》の勉強中だから、もっと乾惕《けんてき》らしくなってから、なんて思う。

金時山《きんときやま》から明神ケ岳《みょうじんがたけ》に向かうには一度、尾根《おね》をずっと下《くだ》って、そこからまた登る。

「え～！　ここ下《お》りてまた登るの～」

「もうやだ～」

ハナとサツキはうんざりしている。美歩さんもクミもぜんぜん弱音《よわね》やグチをはかないから、これがふつうの女子なのかな～、なんて思った。

「あいつら、うるせえな」

キッサンは二人が苦手みたいで騒《さわ》ぐたびに得意《とくい》のしかめっ面《つら》をしている。

明神ケ岳《みょうじんがたけ》までの道はまるで空に向かって歩いているような、広くて気持ちいい尾根《おね》だった。笹《ささ》がトンネルのように生《お》い茂《しげ》った道は、アニメや映画で見るような風景《ふうけい》だ。

「山登りきついけど、すっげえ景色《けしき》がきれいで、気持ちいいですね。メシもうまい〜」

明神ヶ岳《みょうじんがたけ》の山頂《さんちょう》で昼食を食べている時、シゲが喜《よろこ》んでいた。今日はトマト味のマカロニパスタだ。ほかの四人は少し疲《つか》れ気味だったけれど、休んだら元気になった。

食事のあとは、パスタを作った鍋《なべ》にお湯を沸《わ》かして紅茶《こうちゃ》を作って、鍋《なべ》をきれいにする。それからパスタを食べたカップに紅茶《こうちゃ》を注いで、洗《あら》いながら飲み干《ほ》してロールペーパーで拭《ふ》く。少しトマト味がする紅茶《こうちゃ》になるけど、もうぼくはそれもうまいと慣《な》れっこだ。一年生男子三人は「トマト味だ」とおもしろがって紅茶《こうちゃ》を飲んだ。でも、一年生女子はここでも騒《さわ》いだ。

「紅茶《こうちゃ》、まず〜い」

「あっ、捨《す》てちゃだめ。自然《しぜん》を汚《よご》すから飲まないと」

美歩さんが注意するとハナはいやいや飲み干《ほ》した。

「えー、トイレットペーパーで食器拭《しょっきふ》くの〜」

「ロールペーパーだよ。ほら、こんなにきれいになるよ」

ダダさんがやさしく言ってもいやそうだ。こんなんで続《つづ》くのか？　ワンゲル部は入ってからやめていくことも多いって聞いているけど、大丈夫《だいじょうぶ》か？　と思った。

とにかくみんな無事《ぶじ》に下山《げざん》して、帰りは箱根《はこね》の温泉《おんせん》に入って帰ってきた。

「あいつら、カッコだけで入ってきたからだよ」

山行《さんこう》のあとの部活にハナとサッキは連絡《れんらく》もなく出てこなかった。キッサンはプンプン怒《おこ》っている。怒《おこ》るのも当然《とうぜん》だ。こんなことじゃ、渡《わた》り鳥《どり》の一員にはなれないよ。

山行《さんこう》の反省会《はんせいかい》が終わったあと、二年と三年は部室に残《のこ》った。ぼくたちは選《えら》んだコースがきつかったのかと反省《はんせい》もした。でも、一年の男子はもっと勉強もトレーニングもして、合宿に備《そな》えたいと、いい反省《はんせい》をしていた。

「まあまあ、山行《さんこう》のあとはもうこりごりだってみんな思うから、ラブちゃんが言ってたようにちょっと待とう。おれが声かけてみるよ」

ノリさんがキッサンをなだめた。

観崎《かんざき》先生はあまり気にしていない様子で、「来ないなあ」と笑《わら》っていた。

「私《わたし》たちが入部した時も最初《さいしょ》の山行《さんこう》で三人やめちゃったからね」

「そうそう、だからコースがきつかったとかじゃないよ」

美歩さんとダダさんも怒《おこ》った様子はない。

「靴《くつ》も買ったのに、やめたらもったいない」

クミは女子がふえて喜《よろこ》んでいたから、がっかりしている。

「戻《もど》ってくるよ」

それまで黙《だま》ってたテツが言った。

「なんで？」

「うーん、わかんねえけど来るよ」

まるで天気予報《よほう》みたいに言う。テツはみんなを期待させようとか、安心させようとか、そういうつもりのことは言わない。天気予測《よそく》が晴れでもテツが雨が降《ふ》るぞとか、曇《くも》りの時にもうすぐ晴れるとか言うと、たいていそのとおりになる。けど、あの二人のことはどうかな。

ところがテツの予報《よほう》は当たって、次の部活の日に二人とも出てきて、「疲《つか》れてわがまま言って、すみませんでした！」と頭を下げて、あやまった。やっぱり思っていたよりつらくて、もうやめようと思ったらしい。でも続《つづ》けていきたいと言っていた。

「なんで来ると思ったんだよ」

テツにもう一度、聞いてみた。ぼくは来ないだろうと思っていた。

「個人装備《こじんそうび》はちゃんと持ってきてるなーと思ったから。かなあ？　よくわかんねえ」

「ふうん」

ハナとサツキは格好《かっこう》だけで入ってきたとぼくも思って、もうやめるだろうと思った。でもテツは装備《そうび》もちゃんと持っているとか、そういうところを見ていたんだ。


この話をなにげなくゴロさんにしたんだ。

「なんでわかったのかなあ、と思って。ヘッドライトとか装備《そうび》をちゃんと持ってたからとかなんとか、言ってたんですけど」

「ほう、そうか。それは見えないものを観《み》る目だな」

ゴロさんはちょっと感心《かんしん》したように言った。見えないものを観《み》るってなんだ？　ぞわっと鳥肌《とりはだ》が立った。

「やっぱり超能力《ちょうのうりょく》ですよね？」

「超能力《ちょうのうりょく》じゃない」

見えないものを観《み》るとか言ってるのに、ゴロさんはキッパリ否定《ひてい》した。

「易経《えききょう》で教えていることだ。『至《いた》る』と『終わる』の実践《じっせん》を繰《く》り返していると、先々を見通す洞察力《どうさつりょく》がだんだん身についてくる」

「え、乾惕《けんてき》に関係《かんけい》があるんですか？」

またぞわっとした。ゴロさんが新しい話をしてくれるというので、椅子《いす》に座《すわ》った。

「風地観《ふうちかん》という話がある。探《さが》してみろ」

易経《えききょう》の本を渡《わた》された。その名前は見たことがある。

「『風地観《ふうちかん》』ってたしか、観察《かんさつ》の観《かん》でしたね。観察《かんさつ》するってことですか？」

「たしかに観察《かんさつ》でもある。目で見るのは見龍《けんりゅう》の『見』だな。この『観《み》る』は、易経《えききょう》では見えないものを観《み》るから、目で見るのではなく心の目で観《み》るという意味だ」

えないものを観《み》る、目ではなくて心の目で観《み》るということだな。でも、どういうことかはぜんぜんわからない。

「たとえば、風は目に見えないが風がどの方向に吹《ふ》いているかはわかるな」

「はい、天気図を勉強してから、風も気にするようになって、雲が流れていく方向とかよく見ます」

「ほかには体で風を感じて知ることもできる。木がどっちに揺《ゆ》れているか、旗《はた》がどっちになびいているかを見れば風の強さや方向がわかるな」

そうか、見えないものを観《み》るってそういうことか。

「それから、乾太《けんた》はわしがお茶が飲みたい時がわかるようだな。言う前にちゃんとわかって入れてくる。あれは超能力《ちょうのうりょく》か」

ゴロさんはニッと笑《わら》った。

「え、お茶？　いえ、違《ちが》います」

「どうしてわかる」

「書き物とか終わって机《つくえ》の上を片《かた》づけるとお茶を飲むから、です」

ゴロさんは机《つくえ》の上を片《かた》づけたあと、いつも「お茶飲むか」と、ぼくの分も入れてくれていた。だから今はゴロさんが机《つくえ》の上を片《かた》づけはじめたらお茶を入れに行く。

「机《つくえ》を片《かた》づけるというサインでわかるんだな。次はお茶だなと」

「はい」

「それが『心の目で観《み》る』ということだ。何も言わなくても察《さっ》してお茶を入れてくる」

ゴロさんにお茶を入れてもらうのは悪いから先にと思っていただけなんだけど、そういうことなんだ。ゴロさんはぼくが落ちこんでいたり、嫌《いや》なことがあったりした時は、何も言わなくても、ぼくの顔を見たとたん、「なにかあったたな」と、言い当てる。それも「観《み》る」なんだな。

6

「じゃ、テツもサインでわかったってことですか？」

「おそらく、そうだろうな。この前、おまえは自分の体調に気づかなかったな。たぶん、なんとなく体がだるいくらいでまだ元気だったからだろう。もし、ささいな異変《いへん》に気づいていたら、具合が悪くなるとわかって、対処《たいしょ》できたかもしれんな」

ささいなサインに気づいて、先を見通す。難《むずか》しいな。

「ところで洞察《どうさつ》の意味はわかるな」

「えっと、見通すとか、見抜《みぬ》くことです」

観崎《かんざき》先生の国語の授業《じゅぎょう》でも習った。

「うむ。洞察《どうさつ》の入り口は観察《かんさつ》することだ。乾太《けんた》はわしを観察《かんさつ》していたから、なにも言わなくてもお茶を入れてくるようになったな」

「そうなんですかね」

そう言われたら、いつも仕事をしながら、ゴロさんが今なにをしているかとチラチラ観《かん》察《さつ》しているな。

「風地観《ふうちかん》の話は、ものごとをよくよく観察《かんさつ》したら、見えない先行きが観《み》えてくると教えているんだ。そのうちに瞬時《しゅんじ》に先を見通すようになる。そういう洞察力《どうさつりょく》を養《やしな》うことを教えている」

「よくよく観察《かんさつ》したら観《み》えてくる……」

「観光《かんこう》旅行の観光《かんこう》はこの風地観《ふうちかん》の言葉が語源《ごげん》になっている。そこに『国の光を観《み》る』と書いてあるだろう」

開いている易経《えききょう》の本を見てみた。

「はい、あります」

「昔は今のように情報《じょうほう》がなかったから、王に仕《つか》える役人が諸国《しょこく》へ視察《しさつ》旅行に出かけて、その国はどうだったかを王に報告《ほうこく》していたんだ」

へえ、観光《かんこう》旅行はもともとはそういう視察《しさつ》旅行だったんだ。

「その国の光はどうか、輝《かがや》いているか、暗《くら》いか。国の光は目に見えない。見えないものを観《み》て、将来《しょうらい》はどうなるかを判断《はんだん》してくるんだ。洞察力《どうさつりょく》にすぐれた役人でなければ間違《まちが》った報告《ほうこく》になるな」

「はい、そうですね」

「豊《ゆた》かに見える国でも民《たみ》が怠《なま》けていたら、その国はどうなる」

「将来《しょうらい》、貧《まず》しくなるかもしれないです」

『アリとキリギリス』のキリギリスを思い出した。

「そうだな。その逆《ぎゃく》に貧《まず》しい国でも民《たみ》が生き生きと働《はたら》いていたら、将来《しょうらい》、豊《ゆた》かに発展《はってん》する可能性《かのうせい》があるな」

「はい」

「そういうことを見抜《みぬ》けずに、見た目だけで判断《はんだん》して、帰って王に報告《ほうこく》するのでは幼《おさな》い子どもと同じだ。それから、自分の目で確《たし》かめもしないで、人から聞いた話やうわさをうのみにして判断《はんだん》するのもだめだ、と教えている」

ゴロさんの話を聞いて、いろんなことを思い出していた。

ぼくはハナとサツキは部に戻《もど》ってこないと思っていた。ぐちや弱音をはいていたし、昼食の時の態度《たいど》を見て、ワンゲル部には合わないなと思ったんだ。表面しか見ていなかったんだな。

ぼくも人のうわさやインターネットの情報《じょうほう》をすぐ信《しん》じてしまうことが多い。それはダメなんだ。

「すぐれた役人はほんのささいなこと、たとえば村人のちょっとした表情《ひょうじょう》やしぐさを観《み》るだけでこの国は将来《しょうらい》、発展《はってん》するか、あるいは衰退《すいたい》するかを瞬時《しゅんじ》に確信《かくしん》できるんだ。そういう洞察力《どうさつりょく》を持つことだと教えている」

「表情《ひょうじょう》やしぐさだけでですか……」

「ささいなサインを観《み》て、これは発展《はってん》の、あるいは衰退《すいたい》の兆《きざ》しだ、とわかるんだ。目に見えない兆《きざ》しを観《み》るんだ」

「あ、兆《きざ》しって乾惕《けんてき》の『至《いた》る』で教わった『幾《き》』ですね」

「そうだ」

ゴロさんはうむ、とすごく大事なことだと言うように大きくうなずいた。

ぼくはまだ兆《きざ》しを観《み》るなんてできないな。でも、今日の話を聞いて、わかったことがたくさんある。

「質問《しつもん》、いいですか？　あ、お茶入れましょうか」

「ああ、そうだな」

お茶を入れながら頭の中を整理してみた。

「あの、テツは後輩《こうはい》たちの細《こま》かいところをよく見ていて、靴《くつ》ひもを締《し》めすぎじゃないかと、直してやっていました。どうして気づくんでしょうね？」

「それは自分が靴《くつ》ひもを締《し》めすぎて足を痛《いた》めた経験《けいけん》があるからだろう」

「あっそうか！　ぼくも自分が失敗《しっぱい》したことは気づいて後輩《こうはい》に歩き方を注意できました」

テツの登山歴《れき》は部員のだれよりも長くて、山に登っている回数も多いから、気づくことも多いのかもしれない。はじめて話した時も靴《くつ》ひもがほどけてるって教えてくれたっけ。

「自分が失敗《しっぱい》したことは意識《いしき》して注意するようになる。なぜなら失敗《しっぱい》して自分をよく省《かえり》みるからだ」

そうか、反省《はんせい》は今日、自分はどうだったかを観察《かんさつ》してるんだ。

「続《つづ》けていれば、国の光を観《み》るような洞察《どうさつ》ができるようになるんですか？」

「乾惕《けんてき》の教えていることを繰《く》り返し実践《じっせん》していれば、洞察力《どうさつりょく》が身についてくる。だが、そんなに簡単《かんたん》じゃないぞ。だから、わしも日々反省《はんせい》している」

ゴロさんでも難《むずか》しいと思うんだ。ちょっと後輩《こうはい》を注意できただけで調子に乗っちゃいけないよな。

「はい」

「まずは自分のことからだ。自分をしっかり観《み》ろ」

「自分を観察《かんさつ》して自分のことがわかるようになるってことですか？」

「ああ、そうだ。たとえば、体調管理《たいちょうかんり》だって自分を観《み》ることだぞ。今日は体調がすぐれないから山に行くのはやめておこうと判断《はんだん》できるようになることだ」

自分のことはわかってると思い込《こ》んでいたけど、そうじゃないんだよな。わかってないんだ。

「はい、まだ自分のこともできてないってことですね……」

体調に気づけなくて山でへばっているようじゃぜんぜんだめだな。

「だが将来《しょうらい》、すぐれた洞察力《どうさつりょく》を身につける見込《みこ》みはあるな。これがその兆《きざ》しだ」

ゴロさんは茶碗《ちゃわん》を指さした。

「はい、励《はげ》みます」

7

ハルがアメリカへ出発する二日前、最後《さいご》のミーティングと称《しょう》して、みんなでファミレスに集まった。剛《つよし》と富永《とみなが》も来た。

「大学もアメリカの大学に行くつもりなのか？」

純《じゅん》はハルが向こうでやっていけるかとまだ少し心配していた。

「うーん、まだそこまで考えてないよ。高校もなじめるかわからないからさ」

「まあ、ダメだったら帰ってこいよ」

「うん、そうするよ」

純《じゅん》とハルがハハハ！　と笑《わら》った時、ミヤはキッとして笑《わら》わなかった。

ファミレスを出て、富永《とみなが》が帰ったあと、しばらくハルには会えないなと思ったら、ちょっと名残惜《なごりお》しくてみんなで公園を歩いた。

「じゃ、みんな元気で。また戻《もど》ってくるかもしれないけど」

「いつでも戻《もど》ってこいよ～」

純《じゅん》がそう言ったとたん、ミヤがいきなりキレた。

「ふっざけんなよ！　戻《もど》ってくるんじゃねえよ。純《じゅん》もアホか！」

「アホってなんだよ！」

純《じゅん》もめずらしく怒《おこ》った。でも、ミヤは純《じゅん》でなくハルをにらんでいた。

「ミヤ、なに怒《おこ》ってんだよ」

なだめたけど、ミヤはハルに食《く》ってかかった。

「女々《めめ》しいこと言ってんじゃねえよ！」

「いけないのかよ！　おまえにおれの気持ちなんかわかんねえよ」

今度は冷静《れいせい》なハルがキレた。みんないつもとはちょっと違《ちが》うテンションだ。

「いつまでもグダグダ言いやがって！　わがままぼっちゃんがよ。バッカじゃねえの」

「てめえ！」

ハルがミヤにつかみかかって、ワーワー、怒鳴《どな》りあって大げんかだ。

「やめろって！」

ぼくはハルを、純《じゅん》と剛《つよし》はミヤを押《お》さえたけど、ミヤは猿《さる》みたいに暴《あば》れて、二人を振《ふ》り払《はら》って、とうとうハルを一発なぐった。すかさずハルもなぐりかえして、止めるぼくたちも加《くわ》わって、五人でもみくちゃになった。

「わかった、わかった！　ミヤ、もういいだろ」

剛《つよし》がミヤを羽交《はが》い締《じ》めにした。ミヤの気持ちも少しわかった。さんざん心配してきたもんな。元気にアメリカに行ってほしいんだよな。

「痛《い》ってえな……」

ハルは頬《ほお》を押《お》さえて、羽交《はが》い締《じ》めにされてジタバタしているミヤをじっとにらんでいたけれど、ハハハ！　と笑《わら》いだした。

「バーカ。ぜってえ、戻《もど》ってこねえよ！」

ハルは笑《わら》って手を振《ふ》って帰っていった。純《じゅん》がハルの後を追いかけた。

「元気でな！　がんばれよ！」

「二度と帰ってくるんじゃねえ！　おまえのことなんか覚《おぼ》えてねえよ！」

ハルに手を振《ふ》る剛《つよし》とぼくのとなりで、ミヤは帰っていくハルに向かって、まだ大声で悪《あく》態《たい》をついている。

「うるさいよ。いいかげんにしろ」

ぼくはミヤの頭をペンッとはたいた。こいつは心の目で観《み》ないと理《り》解《かい》できない。

帰ろうと歩きはじめたぼくと剛《つよし》の後ろを歩くミヤは、ちょっとシュンとしたように見えた。反省《はんせい》してんのか？　と思ったら、そんなわけないよな。まだ「チクショー」とかブツブツ言いながら歩いていた。

「まあ、いいんじゃないの」

剛《つよし》がしょーがねえな、って感じでミヤを見て笑うと、

「あいつ、ヘロヘロかと思ったら、パンチけっこう痛《い》てえ」

ミヤは頬《ほお》を触《さわ》って、ヘヘッと笑《わら》った。

「おまえ、どうしてそうなの？」

とんでもない見送りになっちゃったけど、まあ、最《さい》後《ご》にもみくちゃになるのもいいか。

それぞれに新しい一歩を踏《ふ》み出そう

1

「キッサンさん！　豚汁《とんじる》、どーですか？　おいしいですか？」

「あー、まあまあだな」

顔を上げたキッサンは、銀縁《ぎんぶち》メガネが湯気で曇《くも》っていた。

「やったー！　乾太《けんた》さん、まあまあだって！」

「ハハ！　よかったな！」

ハナとサツキは大喜《おおよろこ》びだ。味見《あじみ》しながら味噌《みそ》入れろって教えただけなんだけど。

七月の山行《さんこう》は一泊《ぱく》で大菩薩嶺《だいぼさつれい》に登った。今回は、一年生はテントの設営《せつえい》練習と夕食の炊《すい》事《じ》もした。学校でメシ炊《た》きやパスタを作る炊事《すいじ》練習は何度かしたんだ。でも、ちゃんと教えても一年生にまかせておくとご飯《はん》はコゲコゲで芯《しん》があるし、パスタを作ってもドロドロ。豚汁《とんじる》もムチャしょっぱかった。残《のこ》すわけにはいかないから、食べたけど、キッサンは「ふっざけんなよ〜、どうしたらこんなまずくなるんだよ」としかめっ面《つら》で食べていた。だから今日の豚汁《とんじる》は上級生みんなが恐《おそ》れていて、さすがに観崎《かんざき》先生もメシ炊《た》きだけはテツに監督《かんとく》するように言った。

六月の山行《さんこう》は大雨で予定を変更《へんこう》して日帰り山行《さんこう》になった。ずっと雨だったけれど、ハナとサツキは文句《もんく》も言わずがんばっていた。今回の山行《さんこう》は、強化トレーニングが目的《もくてき》なので、大菩薩嶺《だいぼさつれい》へもザックを重くして登ったけれど、一年生全員、元気にテント場《ば》に戻《もど》ってきた。

「あ〜、あとは立山《たてやま》合宿で終わりか」

夕食のあと、美歩さんが寂《さび》しそうに言った。ノリさん、ダダさん、美歩さんは最近《さいきん》、よく進路の話をしている。それを聞くとちょっと寂《さみ》しい気持ちになっていたんだ。

「看護《かんご》学部に決めた？」

ダダさんが美歩さんに聞いた。

「うん」

「え、美歩さんは看護師《かんごし》さんになるんですか？」

へえ、看護師《かんごし》さんか。しっかり者の美歩さんにぴったりだな。ぼくが山行《さんこう》で倒《たお》れた時、美歩さんがおでこに冷却《れいきゃく》パッドを当ててくれたな。大丈夫《だいじょうぶ》と言われて気合が入った。

「受験《じゅけん》する大学にワンゲル部や山岳部《さんがくぶ》はないから、あんまり山には行けないな」

「谷岡《たにおか》、ＯＧとして山行《さんこう》に参加《さんか》してくれよ。来てくれたら先生も助かる」

観崎《かんざき》先生が卒業《そつぎょう》しても山行《さんこう》に来ればいいと誘《さそ》った。

「そうだ、美歩さん、来てよ！」

つい、大きな声で言ってしまった。去年の文化祭以来《いらい》、部室の道具やファイルの整理をコンビでやってきた。美歩さんがいない部室はきっと寂《さび》しいよな。

来年はぼくも進路を考えなくちゃならないのか。三年なんてあっという間だな。

テツとぼくは、七月の山行《さんこう》のあと、観崎《かんざき》先生から「三年生と話しておまえたちが次の部長と副《ふく》部長になるから、合宿はそのつもりでのぞめよ」と言われて、先にノリさんと美歩さんから引《ひ》き継《つ》ぎをした。どちらが部長になるかは合宿のあとに決めるという。

「うん、カンペキ。乾太《けんた》はいつもちゃんと要点《ようてん》を押《お》さえてるよね」

「やったぜ！　美歩さんにも直されなかった」

八月の夏合宿、立山山行《たてやまさんこう》の登山計画書《とざんけいかくしょ》はぼくの担当《たんとう》で一年生のシゲに教えながら二人で作った。観崎《かんざき》先生と早坂《はやさか》先生に提出《ていしゅつ》する前に、ノリさんからはＯＫをもらって、美歩さんにもチェックしてもらえと言われて、部室に居残《いのこ》っていた。

「うれしいな。ずっと立山《たてやま》に行きたかったから、最後《さいご》に行ける。ノリは剱岳《つるぎだけ》をバックに写真撮《と》りたいって楽しみにしてた。ダダは雄山《おやま》の神社でお参《まい》りしたいって」

美歩さんは登山計画書《とざんけいかくしょ》を見ながら、ニコニコしている。

「おれも立山《たてやま》行きたかった。ついに三千メートルに登れる」

部室の片《かた》づけをして、帰りは美歩さんと駅まで歩いた。

「私《わたし》は乾太《けんた》を部長に推《お》そうかな。ノリも乾太《けんた》がいいって言ってるよ」

「え！　おれ？　テツでしょ」

「うん、テツは山ではすごく頼《たよ》りになる。でも、乾太《けんた》は人一倍、努力《どりょく》するから、私は乾太《けんた》が部長になるといいと思うの」

美歩さんが真剣《しんけん》に言うからてれた。そんな風に見えているのかな。

「そうかなあ」

「一年生のこと、かわいいなって目で見てるし、まずいご飯《はん》も笑《わら》いながら食べてた」

「ハハ！　あれは笑《わら》っちゃうくらいまずかった。最初《さいしょ》はおれもあんなだったなと思って」

まあ、ぼくは部長にはならないと思う。でも、そう言ってもらうのはうれしかった。

「おれも先輩《せんぱい》にかわいがってもらった。美歩さんには働《はたら》かされたけど、いろいろ覚《おぼ》えられた。お世話になりました！」

「え～　まだそんなあいさつ早いよ。寂《さび》しくなっちゃうじゃない」

「そっか」

女子と二人で帰るなんてはじめてだけど、美歩さんは山の仲間《なかま》だから、自然《しぜん》に話せて楽しかった。

立山《たてやま》夏合宿前に台風が発生した。

インターネットで台風情報《じょうほう》を見ながら、毎日、気象通報《きしょうつうほう》を聞いて祈《いの》るような気持ちで天気図を描《えが》いた。台風は出発の二日前に四国に上陸《じょうりく》して通過《つうか》していった。

ぼくたちが立山《たてやま》のふもと、室堂《むろどう》ターミナルに着いた時、山はガス（霧《きり》）におおわれていて、まったく見えなかった。室堂《むろどう》は標高《ひょうこう》二、四五〇メートル。日本で一番高所にある駅だ。ガスが晴れればここからは立山《たてやま》が間近に見えるはずだ。ワンゲル部に入ってから山の名前はだいぶ覚《おぼ》えた。立山《たてやま》は、雄山《おやま》、大汝山《おおなんじやま》、富士ノ折立《ふじのおりたて》の連《つら》なる三峰《さんぽう》をあわせて立山《たてやま》と言う。そして立山《たてやま》に連《つら》なる山々を立山連峰《たてやまれんぽう》と言うんだ。

まず、室堂《むろどう》ターミナルの入山安全相談窓口《にゅうざんあんぜんそうだんまどぐち》に立ちよって登山届《とざんとどけ》を提出《ていしゅつ》した。室堂《むろどう》から雷《らい》鳥沢《ちょうざわ》にあるキャンプ場まで歩いていって、今日から二泊《はく》する。途中《とちゅう》、みくりが池、血の池と歩み進んでいくと硫黄《いおう》の匂《にお》いがしてきた。地獄谷《じごくだに》から吹《ふ》き上がる火山性《かざんせい》ガスで息苦しくなるほどだった。火山性《かざんせい》ガスが多く噴《ふ》き出《だ》していて地獄谷《じごくだに》に下りていく遊歩道《ゆうほどう》は通行止めになっていた。自然《しぜん》ってすごいよな。

「ここが地獄谷《じごくだに》かあ！　乾太《けんた》さん、やっぱり写真や動画で見るのとじゃ、ぜんぜん迫力《はくりょく》が違《ちが》いますね」

「なあ。実際《じっさい》に来ないとわからないんだよな」

ぼくはゴロさんに教わった風地観《ふうちかん》の話の、視察《しさつ》旅行に行く役人はどんな目で風景《ふうけい》や民《たみ》を観《み》ていたんだろうと思った。もちろん立山《たてやま》にははじめて来たけれど、ぼくとシゲは観光《かんこう》ガイドができるくらい、あらゆることを調べに調べて登山計画書《とざんけいかくしょ》を作った。情報《じょうほう》は大切だけど、やっぱり自分の目で確《たし》かめないとわからないな。

空が晴れて日も差《さ》してきた。山にかかっていたガスも晴れてきて、山々が見え隠《かく》れしだした。

「あ〜雄山《おやま》だ！　見えてきた」

雷鳥沢《らいちょうざわ》に着くまでには、だんだんカーテンが開くようにガスが晴れて、立山《たてやま》が姿《すがた》を現《あらわ》した。ところどころに雪が残《のこ》っている。

「おお〜！」

思わず歓声《かんせい》をあげて、せまってくるような山々にひっくり返りそうなほど感激《かんげき》した。空気がきれいなせいなのか視界《しかい》が澄《す》み渡《わた》って、天国ってこんなところかなと思うほどきれいな景色《けしき》だった。立山《たてやま》は二回目だというテツも子どもみたいに大はしゃぎだ。

今日は雷鳥沢《らいちょうざわ》のキャンプ場にテントを設営《せつえい》して、明日の縦走《じゅうそう》に備《そな》える。きれいな高山《こうざん》植物があちこちに咲いていて、女子部員は写真を撮《と》るのに夢中《むちゅう》になっていた。

ごはんがまずいと言われるのを雪辱《せつじょく》したいと、夕食は一年生が中心になってスープカレーを作った。雷鳥沢《らいちょうざわ》の標高《ひょうこう》は約二千三百メートルあって、高所でのメシ炊《た》きは難《むずか》しい。水の沸点《ふってん》が低《ひく》いからふつうに炊《た》くと芯《しん》が残《のこ》ってしまうので、やはりテツが監督《かんとく》。二年生のぼくたちも観崎《かんざき》先生に教わりながら水を多く入れて火加減《ひかげん》を調節《ちょうせつ》しながらゆっくり炊《た》いた。

「どうですか?」

一年生五人全員、スープカレーを食べるキッサンをじっと見ている。

「うめえ! やればできんじゃないかよ~」

「はじめてキッサンさんにOKもらいましたー!」

クロがガッツポーズ。みんながワーっと拍手《はくしゅ》した。ちょっと気難《きむずか》しいキッサンは、辛口《からくち》で一年生に「おまえら、ふざけんなよ~」、「できてねえじゃんか」とダメ出しばかりするけれど、男子にも女子にも慕《した》われている。なんでもキッサンにOKをもらうことを目標《もくひょう》にしているとかで、やりとりを見ているだけでおもしろい。

2

翌朝、午前四時前に起きたらまだ外は暗《くら》くて、むっちゃ寒い。薄《うす》いダウンを着込《きこ》んだ。夕べは雲がかかって星が見えなかったが、見上げると朝の空は快晴《かいせい》で満天《まんてん》の星が輝《かがや》いていた。観崎《かんざき》先生が「天の川がまだ少し見えるな」と教えてくれた。暗《くら》い空にほのかに光る雲の帯《おび》のような天の川をはじめて見た。

今日は雄山《おやま》、大汝山《おおなんじやま》、富士ノ折立《ふじのおりたて》、真砂岳《まさごだけ》、別山《べっさん》、別山北峰《べっさんほくほう》まで立山連峰《たてやまれんぽう》を縦走《じゅうそう》する。観崎《かんざき》先生と早坂《はやさか》先生は、朝、部員一人ひとりに体調に不安《ふあん》はないかと声をかけた。ぼくは自分の体調を確《たし》かめた。

今日は必要《ひつよう》なものだけを入れたサブザックで行くから荷物は軽い。ぼくはノリさんに持ち物のチェック係をまかされた。

ゴロさんに「まず自分のことからだ」と言われてから、ぼくは何をするにも最初《さいしょ》に自分のことをきっちりやることにした。後輩《こうはい》に教えて、時には注意もしなくちゃならないから自分ができてないと。個人装備《こじんそうび》を整えてから、万が一のための人数分のツェルト（簡易《かんい》テント）、各自《かくじ》ヘッドライト、医療《いりょう》品キットなどなど、忘《わす》れ物がないかをチェックした。

「みんな、手袋《てぶくろ》とヘルメットも持った？」

「はーい！」

登山道はガレ場と言って、大小の岩や石がゴロゴロしている斜面《しゃめん》を上がっていく。落石《らくせき》の危険《きけん》があるからヘルメットを着用。手を使うから手袋《てぶくろ》は忘《わす》れないようにと観崎《かんざき》先生に言われていた。

「ノリさん、持ち物チェックＯＫです」

「了解《りょうかい》！　みんな、今日は八時間の長い行程《こうてい》だから、がんばろうな！　さーて、行きますかあ！」

午前五時、まだ薄暗《うすぐら》い中を雄山《おやま》に向けて出発した。まだガスがかかっているけれど天気予報《よほう》は晴れ。雷注意報《かみなりちゅういほう》も出ていない。

「雷鳥《らいちょう》がいるよ」

「えー！　どこ？　どこですか？」

室堂《むろどう》まで歩く途中《とちゅう》でテツが雷鳥《らいちょう》を発見した。茶色の夏毛は保護色《ほごしょく》になっているから、すぐにはわからなかった。登山道のすぐ脇《わき》にいて、ダダさんとサツキが写真を撮《と》りまくっているのに、ぜんぜん逃《に》げないんだ。まるで「どうぞ勝手に撮《と》って」とでも言っているみたいでチョー自然体《しぜんたい》。冬は雪と同じく真っ白になるんだよな。自然《しぜん》に従《したが》うように体の色を変《か》えて、自然体《しぜんたい》のお手本だ。なんだか態度《たいど》がテツに似《に》てるんだ。

雄山《おやま》の山頂《さんちょう》に向かうガレ場は、大小さまざまな岩や石が散乱《さんらん》している斜面《しゃめん》で、浮《う》き石も多く足場《あしば》が悪い。落石《らくせき》の危険《きけん》があるから気をつけて、それから自分でも石を落とさないように注意して歩くようにと観崎《かんざき》先生がみんなに言った。それでも石を落としてしまった場合は「落石《らくせき》だぞ！　危《あぶ》ない！」の略《りゃく》で「ラーク！」と大きな声で下の人に教える。

雄山《おやま》に登る登山客は多くて、時々渋滞《じゅうたい》するほどだ。その中でヘルメットをかぶっているのはぼくたちだけだった。ガレ場の岩につまずいて危《あや》うく転びかけた人がいて、あれで転んで頭を打ったら大けがになるなと思った。やっぱり観崎《かんざき》先生は正しい。

だんだん息が苦しくなってきた。前を歩いていたハナが腰《こし》に手を置《お》いてハアハアと苦しそうに立ち止まった。

「大丈夫《だいじょうぶ》か？　深く呼吸《こきゅう》するんだよ」

「はい。ほんと、酸素《さんそ》が足りないですね～　でも大丈夫《だいじょうぶ》です！　がんばります」

ハナは三回、大きく深呼吸《しんこきゅう》してから、登りだした。ハナもサツキも、合宿に向けての非《ひ》常階段《じょうかいだん》の歩荷《ぼっか》トレーニングやランニングもがんばっていた。

雄山《おやま》の頂上《ちょうじょう》に着いた時、北アルプスの山々を見渡《みわた》す景色《けしき》に圧倒《あっとう》されてしばらくながめていた。

「よし、参拝《さんぱい》に行こう」

早坂《はやさか》先生の声でハッと我《われ》にかえった。

標高《ひょうこう》三、〇〇三メートルの雄山《おやま》の本当の山頂《さんちょう》は、さらにこの上、断崖絶壁《だんがいぜっぺき》の岩山の階段《かいだん》を登ったところで、そこには雄山神社峰本社《おやまじんじゃみねほんしゃ》がある。立山《たてやま》はもともとは信仰《しんこう》の山で、登山ではなく登拝《とうはい》と言って、古くからこの神社に参拝《さんぱい》するために山に登る風習《ふうしゅう》がある。夏の開山期間は宮司《ぐうじ》さんがいて、参拝《さんぱい》すると登山の安全を祈《いの》って祝詞《のりと》をあげてお祓《はら》いしてもらえる。もちろん、これは観崎《かんざき》先生に聞いて、調べて知ったことだ。

神社のある狭《せま》い山頂《さんちょう》に立って、「雄山山頂《おやまさんちょう》　標高《ひょうこう》三、〇〇三メートル」と書いてある石碑《せきひ》にタッチした。

「乾太《けんた》、来たな！　三千メートル」

テツははじめて話した時と同じ、涼《すず》しげな目で笑《わら》った。

「うん、ついに来た！　テツのおかげだよ」

「来たな〜、おれ、なんでこんなことしてんだろって何回も思ったけど、やっぱりうれしいな」

キッサンも目をきらきらさせて笑《わら》っている。自分では「やった〜！　ワー！」って叫《さけ》びたくなるかと思ってたけれど、山々と雲海《うんかい》をながめながら、なんかだかすごく心は静《しず》かに感動していた。雲海《うんかい》の向こうには北アルプスの山々がそびえ立ち、ツンと天に向かって尖《とが》っている槍ケ岳《やりがたけ》が「待ってるぞ！」と言っているようだった。

「天野《あまの》、雄山《おやま》から登るルートにしてよかったな」

参拝《さんぱい》したあと、観崎《かんざき》先生がぼくの肩《かた》をポンとたたいた。

「はい！　よかったです」

「乾太《けんた》が最初《さいしょ》に雄山《おやま》で登山の安全を祈《いの》って、みんなでお参《まい》りしたいって言ったからよね」

美歩さんが神社でもらった赤いお札《ふだ》を持って、うれしそうに笑《わら》っている。

登山ルートをどうするか、いろいろ意見があって、逆回《ぎゃくまわ》りのルートも考えていた。ぼくは最初《さいしょ》に雄山《おやま》に登って参拝《さんぱい》したいと意見した。陣馬山《じんばさん》で熱《ねつ》でへばってから、やっぱり登山は安全に帰ってくることが一番大事だなと思ったからだ。それから自然《しぜん》に従《したが》うことを忘《わす》れないように。

雄山《おやま》から大汝山《おおなんじやま》、富士ノ折立《ふじのおりたて》、真砂岳《まさごだけ》、別山《べっさん》まで縦走《じゅうそう》した。別山《べっさん》の山頂《さんちょう》で剱岳《つるぎだけ》をながめながら昼食を食べた。剱岳《つるぎだけ》は、筋肉隆々《きんにくりゅうりゅう》のボディービルダーのようにゴツゴツとして切り立った岩肌《いわはだ》を見せつけていた。

「カンダ、ほら、リンゴならどう？」

リンゴをナイフで切って渡《わた》した。

「うん、うまいです。これなら少し食べられそうです」

カンダはいつも大食《おおぐ》いなのに疲《つか》れた様子で食欲《しょくよく》がない。リンゴならどうかと思って食べさせてみた。夕べあまり眠《ねむ》れなかったと言っていたからな。カップ麺《めん》はいらないと言って、サンドイッチも食べなかったから、早坂《はやさか》先生が栄養《えいよう》ゼリーを飲ませた。ハナも少し頭が痛《いた》いと言っている。

「乾太《けんた》、テツ、別山北峰《べっさんほくほう》まで行かないで、このまま下《お》りたほうがいいと思うんだ。どう思う？」

ノリさんがぼくとテツに聞いた。きっと次の部長と副《ふく》部長になるから聞いたんだな。

「はい、それがいいと思います。な、テツ」

「もちろんっす。また今度、行けばいいよ」

登山計画では別山北峰《べっさんほくほう》まで行く予定だった。一度、行ったことがあるテツがここよりも剱岳《つるぎだけ》がさらに間近にせまって見えると言って、計画に入れたんだ。みんな楽しみにしていた。なかでもノリさんはあこがれの剱岳《つるぎだけ》をバックに写真を撮《と》るとはりきっていた。

ここから別山北峰《べっさんほくほう》は往復《おうふく》約二十分。大した距離《きょり》じゃないと思ったけど、ノリさんの言うとおりだ。カンダもハナもまだ元気だけど、食欲《しょくよく》がないのも頭が痛《いた》いのも高山病《こうざんびょう》の症状《しょうじょう》だから無理《むり》はしないほうがいい。

ノリさんが先生たちと相談している。乾惕《けんてき》が教えている「終わる」の「義《ぎ》」だなと思った。厳《きび》しさを持って計画を終える。ノリさんは自分の楽しみを断《た》ちきって、安全に下山《げざん》して終えるほうを選《えら》んだ。

3

夕食は三年生が最後《さいご》の炊事《すいじ》当番で焼《や》き鳥の缶詰《かんづめ》を使って、親子丼《おやこどん》を作った。ダダさんが卵《たまご》を割《わ》らないように大事に持ってきたんだ。

夜はみんなで寝袋《ねぶくろ》にくるまって、しばらく満天《まんてん》の星をながめた。

「あ、また流れた！」

「あっちも！」

カンダもハナも少し休んだら元気になって、一年生は大はしゃぎだ。流れ星をこんなに見たのははじめてだ。テツは少し離《はな》れたところで、寝転《ねころ》がって一人で空をながめている。暗《くら》がりでポツンと寝袋《ねぶくろ》に入っている姿《すがた》は、やっぱり潜龍《せんりゅう》みたいだな。

「あ〜、温泉《おんせん》も気持ちよかったね。立山《たてやま》はまた来たいな」

美歩さんは今日も山行《さんこう》の時は仲間《なかま》を気づかって、帰ってきてからも一人であれこれ働《はたら》いていた。

「うん、最後《さいご》の山行《さんこう》は最高《さいこう》だったよ」

「今日で最後《さいご》なんて信《しん》じられないな」

ノリさん、ダダさんが最後《さいご》、なんて言うと寂《さみ》しいな。明日は黒部ダムを見て長野から帰る。本当にもうそれで最後《さいご》なんだ。

「観崎《かんざき》先生は大学時代、立山《たてやま》に来て彼女《かのじょ》にふられたんですよね？」

クミがみんなにココアを入れながら観崎《かんざき》先生に聞いた。そうそう、その話、聞きたかったんだ。

「話せば長いぞ」

「聞きたいです！」

テツも話が聞こえていたのか、ムックリ起きてきた。

先生は彼女《かのじょ》にふられた話をおもしろおかしくしてくれた。まずは大学時代の貧乏《びんぼう》生活の話から。お金がなくて、山行《さんこう》も遠くにはなかなか行けなかったという。急用で立山《たてやま》に行けなくなった先輩《せんぱい》から切符《きっぷ》をやるから行けと言われて、彼女と映画《えいが》に行く約束《やくそく》をすっかり忘《わす》れて、電車に飛《と》び乗ってしまったそうだ。

「山のことしか考えてないじゃない！って電話を切られた。山に魅《み》せられた男の悲しい物語だ」

「え～、でも、先生、駅で待ち合わせしてですっぽかすなんて最低《さいてい》です～」

サツキがだいたんに突《つ》っこんだ。

「先生、最低《さいてい》ですよ」

早坂《はやさか》先生まで責《せ》めるから、ドッとみんな笑《わら》った。

「そうだな、もとい！　山に魅《み》せられた最低男《さいていおとこ》の物語だな」

「でも、私《わたし》、立山《たてやま》に来て山に魅《み》せられました！　先生みたいになっちゃうかな」

「アハハ！　じゃ、一緒《いっしょ》に山に登れる人を見つければいいんじゃない？　私《わたし》はそのほうがいいな」

そっか、美歩さんはそう考えてるんだ。

「よーし、そろそろ寝《ね》ようか。夜は天候荒《てんこうあ》れるかもしれないから、道具と靴《くつ》はテントにしまってー」

午後九時にノリさんの号令《ごうれい》で片《かた》づけをして、それぞれのテントに戻《もど》った。いつもはテントで寝袋《ねぶくろ》に入ったらすぐに眠《ねむ》るのになかなか寝《ね》つけなかった。なんでかなと自分を観察《かんさつ》してみた。

おれ、美歩さんが好《す》きなんだな。牝馬《ひんば》の美中《びちゅう》みたいにがんばり屋でいつもみんなのことを考えてる。ケラケラ笑《わら》うとまわりが明るくなる。美歩さんとはいつも自然体《しぜんたい》で話せるんだ。最後《さいご》になってようやくわかった。あ〜、気がついちゃった。あ〜、どうしよう。

満天《まんてん》の星と美歩さんの笑《わら》い顔が交互《こうご》に浮《う》かんで、知らないうちに眠《ねむ》りについた。


「乾太《けんた》さん、乾太《けんた》さん」

目を開けるとシゲとカンダの顔が目の前にあった。

「嵐《あらし》、嵐《あらし》！　雨がすごいんです」

起きてみたら、ザー、ザーとテントに雨が打ちつける音がしてうるさいくらいだった。風も強くてテントが揺《ゆ》れていた。よくこんな音の中で寝《ね》てたなと思った。

「うん、すげえな。靴《くつ》はビニール袋《ぶくろ》に入れとくか」

「はい」

時計を見たら十二時過《す》ぎだった。テントを留《と》めてるペグ（杭《くい》）が風で外れないかなと思っていたら、外で人の話し声がして、「ワー！」と叫《さけ》ぶ声がした。どうやら何かが風で飛《と》ばされたみたいだ。

「水が入ってくるかもしれないから、荷物は濡《ぬ》れないようにしまったほうがいいな。小屋に避難《ひなん》する場合もあるからレインウェアはすぐ着れるようにしておこう」

シゲもカンダも荷物を片《かた》づけだした。テントが水浸《みずびた》しになった経験《けいけん》はないけど、マキさんとハヤトさんから大雨の時に水が入ってきて、上着や寝袋《ねぶくろ》が濡《ぬ》れた話を聞いたことがあった。

となりのテツはまだグーグー寝《ね》ている。テツはいつも荷物をきれいに片《かた》づけてあるからまだ起こさなくてもいいか。

雨は少し弱くなってきた。でも風がさらに激《はげ》しくなってきて、テントがひしゃげて座《すわ》っていると頭に付《つ》きそうになる。なにかが飛《と》ばされて、ガラガラと転がっていく音なんかがあちこちから聞こえてくる。

「ん？　来た？」

テツも気がついたのか、ガバッと起《お》きた。

「うん、さっきからすごいんだよ。まわりの人も起きてるみたいだよ」

「このくらいならテントはたぶん大丈夫《だいじょうぶ》だよ。クロと全部のテントの点検《てんけん》してペグ打ち直したし」

外の話し声がふえたみたいだ。観崎《かんざき》先生の声が混《ま》ざっている気がした。

「あの声、ラブちゃんだよな」

「うん、やばかったら起こしに来るよ。雷《かみなり》鳴ったら小屋に避難《ひなん》かな」

そう言って、テツはまた寝《ね》た。風はさらにやばくなって、ゴーっと地鳴《じな》りのような音がする。森林限界《げんかい》の高所は高い樹木《じゅもく》もなくじかに風が吹《ふ》きつけてくる。山の天気は変《か》わりやすいのはわかっているけれど、こんなにすごいのははじめてだ。天雷无妄《てんらいむぼう》だ。

「外に出たら危《あぶ》ないし、寝《ね》てよう」

「大丈夫《だいじょうぶ》ですかね？」

「うん、なにかあったら起こすから寝《ね》ろよ」

シゲとカンダに言って、ぼくも寝《ね》た。自然《しぜん》に従《したが》え、だよな。きっとジタバタするほうが危《あぶ》ない。天雷无妄《てんらいむぼう》の話を聞いてなかったら、ジタバタしてたかもしれないな。ウトウトしながら風の音で何度か起きたけれど、いつの間にか風はおさまってぐっすり寝《ね》ていた。

「おはよう。すごかったなあ」

キッサンがテントから出てきた。ノリさんたちのテントもみんな雨と風の音で起きたらしい。女子のテントは大丈夫《だいじょうぶ》だったかなと思ったら、意外とみんなケロッとしていた。

観崎《かんざき》先生はとなりのテントが飛《と》ばされそうになって、助けに行ったそうだ。

帰りの黒部ダムでダダさんが美歩さんとぼくの写真を撮《と》ってくれた。

「ほら、副《ふく》部長とアシスタントの名コンビ、そこに立って」

「乾太《けんた》！　ツーショットだって」

ぼくはふざけて美歩さんにかしずくようなポーズを取った。この写真は大事にするぞ、と思った。

暴風雨《ぼうふうう》に見舞《みま》われたけれど、今年の夏合宿も無事《ぶじ》に終えた。

4

「へえ、部長になったの？　すごいじゃない」

坤太《こんた》から聞いた話だけど、お母さんはぼくが立山《たてやま》に出発する前もちょっと泣《な》いていたみたいだ。なのに、部長になったと言ったら喜《よろこ》んでいた。先生たちと三年生、二年生で話し合って、ぼくが部長、テツが副《ふく》部長をやることになった。自信《じしん》はないけど、がんばるしかないよな。

一番、喜《よろこ》んだのはじいちゃんだった。

「おお、よかったな。それはいい経験《けいけん》になるな。テツが副《ふく》部長ならたのもしい」

「おれはテツがいいって言ったんだよ。山のことはテツのほうが先輩《せんぱい》で教えてもらってるんだから」

立山《たてやま》の暴風雨《ぼうふうう》の時もテツは落ち着いていて、ぜんぜんあわててなかったと、帰ってきてじいちゃんに話したんだ。

「そういうテツがいれば、乾太《けんた》は驕《おご》らないでやっていけるんじゃないか？」

「うん、そっか。また亢龍《こうりゅう》みたいになったら大変《たいへん》だ」

「ゴロさんに乾惕《けんてき》を教わっているんだろう？　乾惕《けんてき》は小部隊《しょうぶたい》の長の立場だからな。リーダーを経験《けいけん》するとよくわかるようになるんだ」

「え、そうなの？　まだそれは教わってない。今度、聞いてみる」

観崎《かんざき》先生は「天野《あまの》部長、しっかりリーダーシップを発揮《はっき》してくれよ」と言って、背中《せなか》をドンとたたいた。


「部長になったそうだな」

乾惕堂《けんてきどう》に行ったら、ゴロさんにすぐ言われた。じいちゃんに聞いたんだな。

「はい」

「乾惕《けんてき》は部活動の部長はぴったりだな」

「じいちゃんからもそう聞きました。乾惕《けんてき》がリーダーなんて知りませんでした。リーダーシップのこと教えてください」

「今まで乾惕《けんてき》で教えたこと全部だ。自分で探《さぐ》って考えたほうが身につくぞ」

なんだ、がっかり。教えてもらえるとばっかり思ってた。でも、最近《さいきん》またゴロさんに依《い》存《ぞん》してるなと気にはなっていたんだ。

「はい、勉強します」

「渡《わた》り鳥《どり》のリーダーか。易経《えききょう》には渡《わた》り鳥《どり》が出てくる話もあるんだぞ」

「え、そうなんですか？」

まだ易経《えききょう》のことは知らないことばかりだな。渡《わた》り鳥《どり》の話もあるなんて、本当になんでも書いてあるんだ。

「ああ、風山漸《ふうざんぜん》という話に出てくる。山を登る時、部長は先頭《せんとう》を歩くのか？」

「リーダーは最後尾《さいこうび》か先頭《せんとう》のどちらかです。うちの部では正顧問《せいこもん》の先生が最後尾《さいこうび》に付《つ》くのでたいていは先頭《せんとう》を歩きます」

「まあ、どちらにいてもリーダーは隊《たい》を引率《いんそつ》することには変《か》わりないな」

「はい」

ぼくは最近《さいきん》、観崎《かんざき》先生の前、後ろから二番目を歩くこともある。そうするとみんなの動きがよく見えるんだ。

『漸《ぜん》』という言葉は漸《ようや》く、漸進《ぜんしん》という意味で段々《だんだん》と、順《じゅん》を追ってゆっくり進む。渡《わた》り鳥《どり》は見事な隊列《たいれつ》を作って美しく飛《と》ぶな。それにはまず順《じゅん》を追うことが大切なんだ」

登山はまさにそうだな。みんなで計画して準備《じゅんび》してと、段階《だんかい》を踏《ふ》んでいく。

「そして方向転換《ほうこうてんかん》する時も乱《みだ》れない。遅《おく》れるものがいる時は待つ。リーダーの統率力《とうそつりょく》が必要《ひつよう》だ。先頭《せんとう》を歩く時も後ろに目がついているように仲間《なかま》に意識《いしき》を向けるんだぞ」

渡《わた》り鳥《どり》のイメージはばっちりできた。きれいな隊列《たいれつ》で進めるようになれるだろうか？


十月、部長になってはじめての山行《さんこう》はダメダメだった。

「さあて、行きますか！」

一度やってみたかった号令《ごうれい》をかけてはりきって出発したけど、最初《さいしょ》の分岐《ぶんき》で道を間違《まちが》えて進みかけた。まだ部長の役目ができてなくて、部員の動きもどこかダラダラしていた。

ぼくの指示《しじ》の出し方が悪いんだ。家に帰って反省《はんせい》した。

山行《さんこう》の翌日《よくじつ》は部活がない日だったけれど、観崎《かんざき》先生に部室に呼《よ》ばれた。

「天野《あまの》、自信《じしん》がなさそうにやっていると部員が道に迷《まよ》うぞ。まず、指示《しじ》がわかりにくい。意志表示《いしひょうじ》をしっかりしないと伝わらないんだ」

「はい」

ノリさんから部長を引《ひ》き継《つ》ぐ時、「部長になるとラブちゃん、厳《きび》しいぞ〜。山行《さんこう》のあとで呼《よ》ばれてよく怒《おこ》られたよ」とは聞いていた。ノリさんがよく観崎《かんざき》先生と真剣《しんけん》に話しているのは知っていたけれど、本当に観崎《かんざき》先生の指摘《してき》は厳《きび》しかった。

「道を間違《まちが》えて気づいたら、『あ、間違《まちが》えた』、じゃなくて『間違《まちが》えたから引き返す』と部員全員に聞こえるように言わないとだめだろう」

たしかに、道を間違《まちが》えてしまって、少し恥《は》ずかしくてごまかしたんだ。

「はい、すみません」

「それから、昼食して出発する時に忘《わす》れ物がないかチェックするように言わなかったな」

出発前にいつも忘《わす》れ物がないか、最後《さいご》にちゃんとチェックしていたのに、先頭《せんとう》を歩くことに気を取られてた。

「先生も早坂《はやさか》先生も見ているけれど、先生がいないつもりでやるんだぞ」

「はい、まだノリさんがいる時と変《か》わらない気持ちでいました」

なんとなく、てれもあった。

「先生は最初《さいしょ》だから仕方ないなんて言わないからな」

キビシ〜、でも、納得《なっとく》だ。山ではなにがあるかわからない。最初《さいしょ》だからなんて言ってられないんだ。

「今まで牧田《まきた》や宮本《みやもと》を見てきてるんだから、まねしてリーダーを演《えん》じるんだよ」

そうだった。ノリさん二号にならなきゃいけないのに、ちっとも似《に》てなかった。注意はほんの短い時間だったけれど、胸《むね》にグサグサ刺《さ》さった。

ぼくのあとにテツも観崎《かんざき》先生に呼《よ》ばれていたから、いつもトレーニングしている非常階《ひじょうかい》段《だん》で待っていた。

「テツはそんなに厳《きび》しく言われなかったろ？」

「がっちり怒《おこ》られた。自分のことしか考えてねえって。だから部長にしなかったってさ」

テツはめずらしく肩《かた》を落として、階段《かいだん》に座《すわ》っていた。

「おれたち、もっとしっかり手を組まないとだめだな」

乾惕《けんてき》が教えていることはやってきたと思っていたけれど、その前の段階《だんかい》の見龍《けんりゅう》の見よう見まねもできてないんだ。反省《はんせい》、やりなおしだ！　家に帰って、易経《えききょう》のノートを開いた。

乾惕《けんてき》のところを読んでリーダーシップに必要《ひつよう》だと思ったことを書きだした。

- **自分がどうあるべきか、どういう振《ふ》る舞《ま》いをしなければならないかをいつも考える。**
- **自分にも人にもうそをつかない。誠心誠意《せいしんせいい》の行動をする。**
- **人にわかりやすい言葉で伝える。**

次の日の反省会《はんせいかい》でぼくは、部長としての役目ができていなかったこと、それから道を間《ま》違《ちが》えた時にちょっと恥《は》ずかしくて、ごまかしたい気持ちがあったことも話した。

十月の終わりにノリさんが部室に顔を出してくれた。ノリさんはＡＯ受験《じゅけん》という自己推《じこすい》薦受験《せんじゅけん》で大学を受けて、もう合格《ごうかく》が決まったというニュースが入っていた。

「ノリさん！　合格《ごうかく》おめでとうございます！」

「サンキュー！　乾太《けんた》部長、どう？　うまくやってるか？」

「さっそくラブちゃんに怒《おこ》られました」

ノリさんに観崎《かんざき》先生から言われたことを話した。

「ああ、おれも呼《よ》ばれて、同じようなこと言われたな。まずみんなに大事なことをちゃんと伝えることからだよ」

「はい」

人にわかりやすい言葉で伝えることだな。

「乾太《けんた》なら大丈夫《だいじょうぶ》だよ。おれ、マキさんから習ったことが多いよ。マキさんはさ、なにかに気づくとすぐに声かけてくれただろ？」

「そう、そう！　なんでも聞いてきてくれましたね」

マキさんはぼくたちが困《こま》っている時も、ゲラゲラ笑《わら》っている時も、「なに、なに？　どうしたの？」が口癖《くちぐせ》ですぐに聞いてきて、いつも見てくれてるなと思っていた。ちゃんと観《かん》察《さつ》していたんだ。気づいたらすぐ声をかけることも大事だな。

ノリさんと話していたら、やる気が出てきた。

5

「さて、国語表現《ひょうげん》の課題《かだい》は、もうわかってるね？　恋文《こいぶみ》、ラブレターです」

「え～～！」

「ついに来た！」

教室が一気にざわついた。いやがっているんじゃなくて、けっこうみんな喜《よろこ》んでいる。観崎《かんざき》先生がラブレターがテーマの作文を書かせることは校内で有名だ。だから「ラブちゃん」と生徒《せいと》の間で呼《よ》ばれている。

「もちろん、実際《じっさい》に想《おも》っている人に宛《あ》ててもいいし、架空《かくう》の相手でもいい。原稿《げんこう》用紙一枚以上、何枚でもいい。例文《れいぶん》を配る」

配られたプリントは小説家《しょうせつか》が書いたラブレター、それから上級生が書いたものもあった。こんなこと書けるか？

「毎年、何人か、ふざけてきわどいことを書いてくるんだが、点数はあげないぞー」

「先生、発表に選《えら》ばれても自分で読まなくていいんですよね？」

クラス委員長の石川咲《いしかわさき》が質問《しつもん》すると、また教室がざわついた。

「うん、自分で読みたい人は空欄《くうらん》に星印《ほしじるし》つけておいてくれ。それ以外《いがい》は先生が名前を言わずに代読《だいどく》する。だから恥《は》ずかしがらずに思いっきり豊《ゆた》かに表現《ひょうげん》して書くこと」

ラブレターか。ぼくはワンゲル部の部長になったから、そのことで忙《いそが》しくしていたけれど、美歩さんが引退《いんたい》して部室に来なくなってからというもの、ずっと胸《むね》に穴《あな》があいたようにスースーしている。美歩さんロス症候群《しょうこうぐん》だ。文化祭の時に美歩さんが手伝いに来てくれて少し治《なお》ったと思ったら、もっとひどくなった。

だけど、美歩さんに宛《あ》てたら、名前を書かなくてもラブちゃんにばれる。

提出《ていしゅつ》の期日がせまってきて、ぼくは自分の部屋で頭を抱《かか》えていた。かなえに宛《あ》てて書くこともちょっと頭をかすめたんだ。でも今は、うそつくことになるよな。

ぼくは架空《かくう》の人に宛《あ》てて書こうとしたけれど、何度書いても、書けなくて、覚悟《かくご》を決めつつあった。正直に美歩さんに宛《あ》てて書けば、きっと書ける。

よし！　ばれてもいいっか！　「乾乾《けんけん》」だ。

「えーっと、登山計画書《とざんけいかくしょ》、立山山行《たてやまさんこう》……」

美歩さんは立山《たてやま》にはもう一度行きたいって、帰ってきてから何度も言っていた。だから、ぼくが高校を卒業《そつぎょう》したら美歩さんと、みんなで立山《たてやま》に行きたい。その時のための登山計画《とざんけいかく》書《しょ》を書くことにした。牝馬《ひんば》の美中《びちゅう》みたいに、大地をどこまでもまっすぐに歩く、やさしくて強い美歩さんが好《す》きだってことも。

「ギャハー！　恥《は》ずかし〜！」

一人で大騒《さわ》ぎしながら書いた。でも、見えない未来《みらい》を思い描《えが》くのは楽しかった。この計画はかならず実現《じつげん》したいと願《ねが》いながら。不思議《ふしぎ》と作文を書いたら、胸《むね》のスースーが治《なお》った。

作文の発表の時は大盛《も》りあがりで、観崎《かんざき》先生が選《えら》んだ五人の作文を代読《だいどく》して、表現《ひょうげん》としてどこがすぐれているか、文章の構成《こうせい》や感情《かんじょう》の入れ方などを評価《ひょうか》した。ぼくの作文は読まれなかった。読めばワンゲル部のぼくかテツが書いたとわかってしまうからだろう。

観崎《かんざき》先生は部活で次の山行《さんこう》のことを話した時も、作文のことは何も言わなかったから、架空《かくう》の人に宛《あ》てたと思ったんだな。

発表の次の授業《じゅぎょう》で、先生が作文の評価《ひょうか》や文章の直し、感想《かんそう》を書き込《こ》んだものを返された。感想には登山計画《とざんけいかく》が主になって、表現《ひょうげん》が少なくなってしまっている、などなど。大地をどこまでもまっすぐに歩く……という表現《ひょうげん》のところは高評価《こうひょうか》だった。

書き込《こ》みを読んでいったら最後《さいご》のページに付箋《ふせん》が一枚貼《は》ってあって、「清書《せいしょ》して渡《わた》すべし！」と、時代劇《げき》みたいな言葉で書いてあった。やっぱ、わかるよな。まだ渡《わた》す決心はついてない。それに今、美歩さんは受験《じゅけん》勉強の真《ま》っ最中《さいちゅう》だ。美歩さんに登山計画書《とざんけいかくしょ》を渡《わた》すには、もっと部長らしくならなくちゃな。

「なにニヤついてるの？」

いつか本当に渡《わた》したいなと思いながら駅で電車を待っていたら、かなえが急に横から顔を出したから驚《おどろ》いた。

「な、なんだよ。ニヤついてる？」

「うん。ねえ、乾太《けんた》はラブレター、だれに書いた？」

ギョッとした。そんなことふつう、いきなり聞くか？　かなえなら聞くか。

「だれでもいいだろ」

「なーんだ、私《わたし》じゃないんだ。私《わたし》だったら乾太《けんた》部長とつきあおうかなと思ってたのに」

冗談《じょうだん》とも本気ともわからないように言って、首をかしげてニコッと笑《わら》った。前なら冗談《じょうだん》でも飛《と》びあがって喜《よろこ》ぶところだ。なんで今なんだよ。

「うん、中学の時ならかなえに書いたな」

「へえ、そうなんだ」

かなえはちょっと真顔になって、目をそらした。電車が来て乗り込《こ》んだら、かなえはハルが留学《りゅうがく》したことを聞いていなかったらしく、ハルの話題《わだい》になった。

6

「雨が止《や》まなかったら、山頂《さんちょう》手前の避難《ひなん》小屋で早めの昼飯《ひるめし》だな。小屋に着いた時に先生たちとテツに相談だ……」

山行《さんこう》出発の前日、ぼくは登山計画書《とざんけいかくしょ》にやるべきことを書き込《こ》んで確認《かくにん》した。計画どおりにいかないこともあるから、その場合はどうするかも考えておいた。

「よし！　寝《ね》よ」

雪のない季節《きせつ》の山行《さんこう》は十一月で最後《さいご》だ。あとは冬期のスノーハイキング、山スキー、そして三月は三年生の追い出し合宿だ。

「雨は昼前に止《や》む予報《よほう》だけど、足元が滑《すべ》りやすいから、岩場《いわば》はとくに注意。ゆっくり慎重《しんちょう》に登っていくよ。さあて、行きますか！」

「ウーッス！」

テツが返事をすると、「ウーッス！」とみんなもまねした。

観崎《かんざき》先生に「リーダーを演《えん》じるんだ」と言われて、自分がどうあるべきか、どう振《ふ》る舞《ま》わなくてはいけないかをよく考えた。

マキさん、ノリさんのように渡《わた》り鳥《どり》のリーダーとして部員を導《みちび》かなくてはいけない。恥《は》ずかしいとか、自信《じしん》がないとか関係《かんけい》ないんだ。そう思ったら意識《いしき》が変《か》わった。そうしたら急に、部員一人ひとり、だれが何をしているか、よく見えるようになった。非常階段《ひじょうかいだん》のトレーニングで三十キロ背負《しょ》ってつらくても、へでもないと思えるようになった。

山頂《さんちょう》手前の避難《ひなん》小屋に着いた時はまだ雨が降《ふ》っていた。山頂《さんちょう》は屋根のあるところがないから濡《ぬ》れながら炊事《すいじ》をすることになる。山頂《さんちょう》を見上げるとまだ濃《こ》いガスがかかっている。雨は止《や》むかな、微妙《びみょう》だ。観崎《かんざき》先生に相談した。

「先生、昼飯《ひるめし》はどうしますか？　山頂《さんちょう》まで行って雨が止《や》めばいいですけど……」

「天野《あまの》はどう思うんだ？」

そうか、こういう聞き方じゃだめなんだ。まずテツと話そう。早く決めなくちゃ。

「テツ、小屋で昼飯《ひるめし》にして荷物デポして（置《お》いて）山頂《さんちょう》に行くか、それとも山頂《さんちょう》に行って雨だったら帰りに昼飯《ひるめし》にするか、どう思う？」

そう聞きながらみんなの様子を見た。冷《つめ》たい雨の中を歩いてきたから、ちょっと疲《つか》れが見えた。ここで昼飯《ひるめし》だなと思った。

「たぶん、まだ止《や》まねえな。ここで食ったほうがいいんじゃない？」

「だよな」

やっぱりテツがいるとたのもしい。

「先生、テツとも話して、みんな少し疲《つか》れてるのでここで昼飯《ひるめし》を済《す》ませて、荷物を置《お》いて山頂《さんちょう》に行こうと思います。どうですか？」

「それがいい」

観崎《かんざき》先生も早坂《はやさか》先生もうなずいた。

「みんな、雨がまだ止《や》まないから小屋で昼飯《ひるめし》にしよう！　準備《じゅんび》してー！」

判断《はんだん》して、きちんと意志表示《いしひょうじ》だ。

冬期のスノーハイキング、スキー合宿を通して、ぼくはだんだん部長の役目を覚《おぼ》えていった。

7

「乾太《けんた》、進路のことは考えてるか？」

「うん、どうしようかな」

三年生の卒業式《そつぎょうしき》のあと、じいちゃんに聞かれた。お父さんとお母さんには前から言われていたことだけど、いよいよ大学のことを考えなくちゃいけないんだ。

たぶん、お母さんが進路を考えるように話してほしいとじいちゃんに頼《たの》んだんだな。

「山岳部《さんがくぶ》のある大学に行きたいと思ってる。それじゃ、ダメかな」

正直に話したら、じいちゃんは笑《わら》って聞いていたけれど、

「将来《しょうらい》どんな職業《しょくぎょう》に就《つ》きたいか、学びたい分野はなにかをまず考えることだ」

最後《さいご》にビシッと言われて、真剣《しんけん》に考えはじめた。学校でも進路指導《しんろしどう》の面接《めんせつ》があって、自分でも大学のこと、学部のことを調べてみた。

「山のことばっかりじゃなくて。大学のこと決めておかないと」

四月に入って、お母さんがせかすように聞いてきた。

「うん、自然環境《しぜんかんきょう》を勉強したいから環境学《かんきょうがく》かな」

「へえ、ちゃんと考えてたの」

子どもの頃《ころ》はパイロットにあこがれていたけれど、いつのまにか志《こころざし》はしぼんでしまって今の自分には合わないなと思う。今は、将来《しょうらい》、山や森林の自然《しぜん》に関《かか》わる仕事に就《つ》けたらいいなとぼんやりと思い描《えが》いている程度《ていど》で、じゃ「新たな志《こころざし》は?」と聞かれたら、明確《めいかく》なものはなにもない。こんなことじゃいけないよな。

ゴロさんの腰《こし》はだいぶよくなって、スタスタ歩けるようになった。今年に入ってから乾《けん》惕堂《てきどう》でのアルバイトは週に一度にして高校を卒業《そつぎょう》するまで続《つづ》けることになった。

仕事が終わってから、進路についていよいよ考えなくてはならないと話してみた。

「子どもの頃《ころ》の夢《ゆめ》と違《ちが》ってくるのは当然《とうぜん》だ」

「でも、将来《しょうらい》どんな職業《しょくぎょう》に就《つ》きたいか、はっきり描《えが》けていないんです。情《なさ》けないですけど潜龍《せんりゅう》になれてません」

ワンゲル部の先輩《せんぱい》たち、ノリさんは農業を学びたいと農学部、美歩さんは看護師《かんごし》を目指して医科大学の看護学部《かんごがくぶ》、ダダさんはインテリアデザインの道に進むために美術《びじゅつ》大学に進んだ。それぞれ、ぴったりな進路だなと納得《なっとく》したんだ。自分のことがわかっているんだなとうらやましかった。

「まあ、あせっても志《こころざし》は見つからんだろう」

「はい……」

「自分を磨《みが》いて、力を蓄《たくわ》えて待つことだな」

志《こころざし》を持て！　と厳《きび》しく言われるだろうと覚悟《かくご》していたけど、ゴロさんの返答は予想外だった。明確《めいかく》ではないまま、大学に進んでいいんだろうか。

「山は続《つづ》けていきたいので、山岳部《さんがくぶ》のある大学に行きたいんですけど、そんな希望《きぼう》じゃだめですよね」

「やりたいことをやってみろ」

またしても予想外だ。ぼくは将来《しょうらい》、なにをしたいんだろう？

8

三月の三年生追い出し合宿をぼくは楽しみにしていた。これが本当の最後《さいご》だけど、美歩さんと久《ひさ》しぶりに山に行ける。部活がない日だったけど、一人で部室に来た。合宿の準備《じゅんび》をしながら、知らず知らずのうちに鼻歌を歌っていた。

「天野《あまの》か。部室の電気がついているから、だれかと思った」

部室のドアが開いて、観崎《かんざき》先生が顔を出した。

「あ、先生、もう帰ります。今度は食材《しょくざい》が多いんで、また忘《わす》れ物しないようにと思って」

「あ〜、この間の味噌《みそ》なし豚汁《とんじる》はまいったな。ハハハ」

日光の戦場《せんじょう》ケ原《がはら》にスノーハイキングに行った時、クロが調味料《ちょうみりょう》セットを忘《わす》れて、大騒《さわ》ぎになった。笑《わら》える失敗《しっぱい》だったからよかったけれど、気をつけていても、予期しない失敗《しっぱい》やハプニングはいろいろある。

「じゃ、戸締《とじ》まり忘《わす》れずにな」

「了解《りょうかい》です！」

先生は部室を出ていく時に、ちょっと立ち止まった。

「あ、天野《あまの》、あの恋文《こいぶみ》はどうした？」

観崎《かんざき》先生は得意《とくい》のとぼけたような口調で聞いた。

「も、持っていきます」

じつはもう準備《じゅんび》してあるんだ。

「そうか。がんばれ！」

先生はニッと笑《わら》って、ドアをパタンと閉《し》めた。さすがラブちゃん、覚《おぼ》えていたんだ。


追い出し合宿は去年と同じ、山小屋に行った。スノーハイキングも楽しかった。山小屋の前でノリさんとダダさんがみんなを襲《おそ》って、雪まみれにされた。美歩さんも二人にゴロゴロ転がされてキャーキャーキャー言っていた。

「あ〜まいった！」

小屋の軒先《のきさき》で美歩さんが雪をはらっていた。テツはまだ集中攻撃《しゅうちゅうこうげき》されている。

「冷《つめ》てえ〜背中《せなか》に雪入れられた！　ハハ！　テツ、逃《に》げ回ってるよ」

「乾太《けんた》はすっかり部長らしくなったね」

「そうかなあ。まだラブちゃんに怒《おこ》られるけど」

登山計画書《とざんけいかくしょ》の封筒《ふうとう》を渡《わた》すチャンスなんてあるかな。

追い出しパーティーの最後《さいご》に三年生があいさつをした時、ノリさんは部員一人ひとりに言葉をくれた。

「乾太《けんた》は最初《さいしょ》、野球部に入るつもりだったけど、ひじをケガしてしまって、部活ができなかった。それで山行《さんこう》に参加《さんか》したんだけど、こいつは絶対《ぜったい》にワンゲルに入る！　入ってほしい！って思ったんだ。すごくがんばるからいい部長になったよな」

ぐっと涙《なみだ》がこみ上げそうになったけど、泣《な》いちゃいけないと思ってこらえた。パーティーの最後《さいご》は山の思い出話で盛《も》りあがった。

パーティーの片《かた》づけをしている時、ついにチャンスが来た。

「乾太《けんた》！　この椅子《いす》はもう使わないよね？　持ってきて」

「あ、はい、はい」

美歩さんが木の丸椅子《いす》を持って二階に上がっていった。

「乾太《けんた》部長、やっぱり元副《ふく》部長には勝てません！」

ノリさんにちゃかされながら、椅子《いす》を運んだ。二階に椅子《いす》を置《お》いて、急いでジャケットの胸《むね》ポケットに入れておいた封筒《ふうとう》を出した。

「美歩さん、これ、登山計画書《とざんけいかくしょ》作った。立山《たてやま》にみんなで行きたいからさ」

勇気《ゆうき》を出して渡《わた》した。もう、今渡《わた》さないと本当に後悔《こうかい》する。ふられるのも覚悟《かくご》だ。

「えっ！　うれしい。計画してくれたんだ」

「うん、でも家に帰ってから読んで。ねっ！　帰ってからですよ」

目の前で読まれたらさすがに恥《は》ずかしいから先に階段《かいだん》を下《お》りた。はあ～やった！　渡《わた》せた。うれしくてちょっとにやけたのかもしれない。視線《しせん》を感じてそのほうを見ると、観崎《かんざき》先生が笑《わら》っていたから、小さくVサイン。

その夜は眠《ねむ》りが浅《あさ》くて、夜中に目が覚《さ》めた。すると、となりの炊事場《すいじば》から灯《あか》りがもれていた。だれか起きてるのかな？　寝転《ねころ》がったままちょっとのぞいたら、美歩さんが炊事場《すいじば》の片隅《かたすみ》でヘッドライトを頭につけて、紙を広げていた。うわっ！　読んでる。家に帰ってからって言ったのに。朝、どんな顔すればいいんだよ。寝袋《ねぶくろ》に頭を隠《かく》してドキドキしながら、しばらくじっとしていた。

「ゴロさんと春子《はるこ》おばさんにはおまんじゅうにするか……」

帰りに売店でおみやげを選《えら》んでいたら、美歩さんがぼくのほうに歩いてきた。

「あ、あ、美歩さん、なに買った？」

「私《わたし》、乾太《けんた》の計画に乗る」

「……え！　ほんと？」

「うん、去年、沖永《おきなが》さんの話を聞いて泣《な》いたの見た時からいいやつだなと思っていて、それからだんだん好《す》きになったの。でも、私《わたし》、先輩《せんぱい》だし、乾太《けんた》は好《す》きな子がいたでしょ？」

もう、うれしくて、うれしくて舞《ま》い上がってたけど、美歩さんのストレートなところ、さすがだ、なんて感心もしてた。

「おれ、美歩さんがいいんだ」

ニコニコッと笑《わら》った美歩さんはすごくきれいだった。

うっそ！　やった！　帰りのバスに乗り込《こ》んでからも、体がふわふわして、雲の上にいるみたいだった。はじめて彼女《かのじょ》ができた。それも美歩さんだ！　一人で幸せに浸《ひた》っていたら、テツがとなりに座《すわ》ってニヤーッと笑《わら》いながら、ドン、ドンと体当たりしてきた。

「なに？」

「なにじゃないよ。よかったじゃん！　びっくりしちゃったよ」

売店でテツが真後ろにいたことはぜんぜん気づかなかった。

9

それから美歩さんとは二回デートした。デートなんてまだ慣《な》れなくててれくさい。と言っても、一回目は美歩さんの家の近くにある遊歩道《ゆうほどう》を歩いて、二回目はバーベキューができる海浜《かいひん》公園で昼飯《ひるめし》を作って食べた。山でしていることと同じ。家族のことや、友だちのことを話した。この春、うちの家族には変化《へんか》があって、お父さんが名古屋《なごや》から東京の本店に職場《しょくば》が変《か》わって、家に帰ってきた。

四月の山行《さんこう》は一年生が仮入《かりい》部したばかりなので、二年生と三年生だけで行った。昼飯《ひるめし》の時にハナが彼氏《かれし》ができたとみんなに話した。

「先輩《せんぱい》たちは彼女《かのじょ》さんいるんですか～？」

サツキがテツとキッサンとぼくに聞いた。ワンゲル部の部員には言わないつもりだったけど、

「乾太《けんた》はいるよ。美歩さんが」

テツがスープ飯《めし》をかっ込《こ》みながら、あっけなくばらした。観崎《かんざき》先生はギョッとした顔をして、みんなは一瞬《いっしゅん》シーンとした。予測《よそく》はしてたけど、まさか、こんなところで言うとは

思わなかった。ふう〜、部長はごまかしちゃいけないよな。

「そう！」

「えー！　ええーーー！」

みんな本当にひっくり返って驚《おどろ》いた。早坂《はやさか》先生まで。

「わっ、あっち、あっちい！」

「あー！　キッサンさん、大丈夫《だいじょうぶ》ですか？」

キッサンはあぐらをかいていた足にスープをこぼして、すかさず二年生がみんなで拭《ふ》いていた。


今年、ワンゲル部には新入生が四人、入った。男子二人、女子二人、だんだん女子部員がふえてきて、にぎやかになった。

「ワンダーフォーゲルは渡《わた》り鳥《どり》っていう意味。部長の乾太《けんた》を先頭《せんとう》に、みんなで同じ方向に進んで、助け合っていくのよ」

クミは最近《さいきん》、美歩さん二号と呼《よ》ばれていて、後輩《こうはい》をばんばん働《はたら》かせて、細《こま》かいことを取りしきってくれている。

「三年生は七月の山行《さんこう》で引退《いんたい》だな。六月でもいいんだぞ」

四月の山行《さんこう》の反省会《はんせいかい》のあとで観崎《かんざき》先生にいつ引退《いんたい》するかを決めろと言われた。

「え？　夏の合宿まで行くつもりですけど」

「夏合宿は内申点《ないしんてん》が基準《きじゅん》点以上じゃないと許可《きょか》が出せないんだ。聞いてないか？　宮本《みやもと》も多田《ただ》も谷岡《たにおか》ももともと成績《せいせき》がよかったから参加《さんか》できたんだ。牧田《まきた》たちも優秀《ゆうしゅう》だった」

「えー！　そんなこと聞いていません」

観崎《かんざき》先生はクミは希望《きぼう》があれば合宿に参加《さんか》していいと言った。

「天野《あまの》と山岡《やまおか》と岸本《きしもと》はぎりぎりだ。中間と期末の試験次第《しけんしだい》だな」

夏の合宿は八月上旬の日程《にってい》で穂高連峰《ほたかれんぽう》に行くと決まって、北穂高岳《きたほたかだけ》の山頂《さんちょう》に立つことを想像《そうぞう》していたのに、一気に下界《げかい》に突《つ》き落とされた気分だった。美歩さんに聞いたら、「ラブちゃんが勉強させるために言ってるだけじゃない？」と笑《わら》っていたけど、観崎《かんざき》先生は「本当に連《つ》れていかないぞ」と言いつづけた。

それからテツは山岳部《さんがくぶ》が有名な大学を受験《じゅけん》するために進学塾《しんがくじゅく》に通いだしたんだ。急に大学受験《じゅけん》が現実的《げんじつてき》になってきて、あせった。

テツとキッサンとぼくは猛勉強《もうべんきょう》して内申点《ないしんてん》をクリアして、めでたく夏合宿の参加許可《さんかきょか》をもらった。

八月の夏合宿、穂高連峰山行《ほたかれんぽうさんこう》の出発の前日、

「準備万端《じゅんびばんたん》ね。よくあれだけの荷物がこんなふうにまとめられるわね」

お母さんがドアの外に立って、部屋の荷物を見て言った。また「気をつけていくのよ」

と泣《な》くかと思ったら、それだけ言って、居間《いま》に戻《もど》っていった。

次の日の朝、出掛《でが》けにお父さんが眠《ねむ》そうに起きてきて、「おう、気をつけて行ってこい
よ」とだけ言って、また二階に上がっていった。

「行ってきます！」

「がんばって、行ってらっしゃい」

お母さんは笑《わら》っていて、もう泣《な》かなかった。

家を出たら、スマホの着信音《ちゃくしんおん》が鳴って、見たら美歩さんからだった。

(乾太《けんた》部長！　最後《さいご》の山行《さんこう》、がんばれ！　天気もよさそうだから北穂《きたほ》のいい写真送ってね。

気をつけて)

(ありがとう！　最後《さいご》の山行《さんこう》、楽しんでくる。写真送るよ)

「ああ、もうこれで最後《さいご》か。よし！　しっかり部長を務《つと》め終えて帰ってくるぞ」

まだ涼《すず》しい朝の空気の中を歩きながら、つぶやいた。

ぼくは、進路を決めたんだ。中徳《ちゅうとく》大学で森林科学を勉強したいと思って、まずＡＯ受験《じゅけん》

をすることにした。いろんな学部学科を調べたけれど、やっぱり山に関係《かんけい》する仕事に就《つ》きたいと思った。中徳大学《ちゅうとく》にはもちろん山岳部《さんがくぶ》もあって、雪山にもしっかり取り組んでいる。観崎《かんざき》先生も薦《すす》めてくれた。

穂高連峰《ほたかれんぽう》が最後《さいご》の山行《さんこう》というのはワクワクした。北穂高岳《きたほたかだけ》から槍ヶ岳《やりがたけ》までの展望《てんぼう》が見られたら、きっと次の目標《もくひょう》につながると思った。

一日目は、上高地《かみこうち》から涸沢《からさわ》キャンプ場まで行って、二日目に北穂高岳《きたほたかだけ》三、一〇六メートルを目指す。険《けわ》しい行程《こうてい》なので、一年生をしっかり見ないとならない。男子のヤマとイチは、体力があるから大丈夫《だいじょうぶ》だろう。女子のユキはちょっと富永《とみなが》に似《に》ていて、でかくて男みたいなんだ。気がかりなのはユキに誘《さそ》われて入ってきたナツミだった。体が細《ほそ》くておとなしくて、一見、山に登るようには見えないんだ。

天気図を描《えが》いて、上空の気象状態《きしょうじょうたい》を表した高層天気図《こうそうてんきず》も見た。穂高《ほたか》は多少の雲はあってもおおむね晴れの予測《よそく》だ。雷《かみなり》だけは要《よう》注意で高山《こうざん》では雲が同じ高さにいるので稲妻《いなずま》が落ちてくるのではなくて、横に走るそうだ。まだ雷《かみなり》には遭《あ》ったことがない。

涸沢《からさわ》キャンプ場を出発してから、ぼくの後ろにいるナツミに「がんばれー」と何度言ったかわからない。早坂《はやさか》先生も気にかけていた。穂高《ほたか》に来るために、ワンゲル部は岩登《いわのぼ》り講《こう》習会《しゅうかい》にも参加《さんか》して準備《じゅんび》してきた。それでも鎖場《くさりば》で泣《な》きながら登っていたから、「危《あぶ》ないから泣《な》いたらだめだよ！」と注意したら、それからはキリッとして泣《な》き止《や》んだ。

「泣《な》いてただろ？　大丈夫《だいじょうぶ》か？」

最後尾《さいこうび》の観崎《かんざき》先生の前にいたテツも心配して休憩《きゅうけい》の時にナツミに声をかけた。

「はい、すみませんでした」

「うん、でも、ちゃんとついてきてて、根性《こんじょう》はあるよね」

そう言ったら、うれしそうに笑《わら》って、その顔を見たら大丈夫《だいじょうぶ》だなと思った。

ぼくも一年生の八ケ岳《やつがたけ》は自分のことで精一杯《せいいっぱい》だったよな。苦しくても後輩《こうはい》の面倒《めんどう》を見られるようになりたいという目標《もくひょう》は達成《たっせい》できたのかもしれない。でも、まだまだ反省《はんせい》はたくさんあるし、課題《かだい》はいっぱいだ。

北穂高岳《きたほたかだけ》の山頂《さんちょう》に着いた時は雲の中だった。

「わ～　何にも見えねえ」

キッサンががっかりした声で言う。

「少しすれば晴れそうだよ」

「うん、晴れる」

テツが言い切る時の予報《よほう》は当たる。休憩《きゅうけい》していたら雲が生き物のように動きだして、日本最大《さいだい》の難所《なんしょ》と言われる大キレット、見ているだけで痛《いた》いくらい尖《とが》っている槍ケ岳《やりがたけ》がうっすらと見えてきた。その時、雲の中からニョキっとなにかが現《あらわ》れた。

「なんだ？　岩か。あれ？　爪《つめ》？」

気のせいか……。すると雲はまるで龍《りゅう》のようにうごめいて、視界《しかい》が晴れてきた。

「テツ、見ろよ、あそこ。飛龍《ひりゅう》が動いているみたいだ」

飛龍《ひりゅう》みたい、じゃなくて、あれは間違《まちが》いなく飛龍《ひりゅう》だ！　と思った。

「ほんとだ、龍《りゅう》みたいだな。ほら、槍ケ岳《やりがたけ》まではっきり見えてきた」

まるで飛龍《ひりゅう》がぼくのこれからを見せてくれているようだった。

次は槍ケ岳《やりがたけ》に行くぞ。まわりには槍ケ岳《やりがたけ》を筆頭《ひっとう》にあこがれの山々が連《つら》なっていた。こんな景色《けしき》が見られるなんて、まさかワンゲル部の部長になるなんて、高校に入った時は想像《そうぞう》もしていなかった。「乾乾《けんけん》」と進み続《つづ》けたからここまで来られたんだな。

山々を縦走《じゅうそう》していくことは登っては下《お》りてまた登る、その繰《く》り返しだ。

ぼくはこれからも乾惕《けんてき》の実践《じっせん》の繰《く》り返しをしていこう。そうしたら、ずっと自分を磨《みが》きながら進んでいける。

山頂《さんちょう》で、龍《りゅう》の国で見た躍龍《やくりゅう》のように思いっきりジャンプしてみた。

さあて、行きますか！

エピローグ「志《こころざし》を立てるまで」

1

二十五歳《さい》の夏、ハルがアメリカから帰国して、久《ひさ》しぶりに合唱団《がっしょうだん》五人組が顔を揃《そろ》えた。富永《とみなが》と美歩さんも一緒《いっしょ》だ。ミヤも彼女《かのじょ》を連《つ》れてきた。

泰平川《たいへいがわ》に近い高台に新しく開店したレストランは、生まれ育った街《まち》を一望《いちぼう》できた。花火大会の日の子ども夏祭りで合唱《がっしょう》した広場、泰平大橋《たいへいおおはし》、野球部の美村監督《みむらかんとく》とゴミ拾いした河《か》川敷《せんじき》まで見える。あれはこんな夏の暑いさかりだったな。

「久《ひさ》しぶり！　カンパーイ！」

ハルはさわやかにすっきりした顔をして帰ってきた。

「それでハルは社員になったのか？」

「うん。乾太《けんた》、ヨセミテ国立公園も案内《あんない》できるから来いよ。美歩さんとさ」

ハルはアメリカの旅行代理店《りょこうだいりてん》に勤《つと》めている。大学生の時からアルバイトをして、そのまま就職《しゅうしょく》したんだ。

「いいなあ、行ってみたいよ。美歩さんはヨセミテに行くのが夢《ゆめ》なんだよ」

「そう、ハーフドームっていう岩山に登りたくて。この間も写真集見てたのよね」

美歩さんは大学病院で看護師《かんごし》をしている。なかなか休みが合わないけれど、休みが取れた時は二人でよく山に行っている。

「おれたちも来年、アメリカに行こうか、富永《とみなが》」

「えー　うれしい。ハル、私《わたし》たちも行っていいの？」

「もちろん、どこに行きたいか考えておいてよ。それにしても剛《つよし》はまだ富永《とみなが》って呼《よ》んでるの？」

「家では春香《はるか》って呼《よ》んでるよ」

そう、富永《とみなが》はもう富永《とみなが》じゃなく内野《うちの》になった。剛《つよし》と富永《とみなが》は大学を卒業《そつぎょう》してすぐに結婚《けっこん》したんだ。剛《つよし》は大学でも空手を続《つづ》けて、今は企業《きぎょう》の空手部に所属《しょぞく》している。小さい頃《ころ》からの夢《ゆめ》をかなえて、空手家になった。やっぱり剛《つよし》はすごいやつだ。富永《とみなが》は音楽大学へ進んで、学校の音楽教師《おんがくきょうし》を目指していた。でも、剛《つよし》が関西《かんさい》の企業《きぎょう》に所属《しょぞく》したので、どうしても一緒《いっしょ》に行くと言って二人は結婚《けっこん》した。

「あー、おれも早く彼女《かのじょ》作ろ」

純《じゅん》は大学を卒業《そつぎょう》して音楽関係《かんけい》の仕事に就《つ》きたいと言って、コンサートの企画《きかく》をするイベント会社に就職《しゅうしょく》した。忙《いそが》しくて彼女《かのじょ》を作る暇《ひま》もないと嘆《なげ》いている。

「忙《いそが》しいんじゃなくてモテねえんだろ」

ミヤがへへっと笑《わら》う。となりには大学で知り合った彼女《かのじょ》が座《すわ》っている。ミヤは大学へ行かずにバイトしながらバンドをやっていくと言っていたけれど、高校卒業前《そつぎょうまえ》におふくろさんが再婚《さいこん》して妹もできたんだ。それから義理《ぎり》のお父さんとおふくろさんに大学に行けと説《せっ》得《とく》されて一浪《いちろう》して大学に入った。大学ではバンド漬《づ》けの日々で、今も働《はたら》きながら音楽活動を続《つづ》けている。

「そういえば、テツはなにやってんだよ」

大学時代、ミヤが出演《しゅつえん》していたライブハウスにテツと行っていた。テツとミヤはけっこう気が合って、よく三人で会っていた。

「今は穂高《ほたか》の山小屋で働《はたら》いて、トレーニングしてるよ」

テツは今度、ヒマラヤのアイランドピーク（六、一八九メートル）に遠征《えんせい》に行くことが決まった。テツは次男だけど、いずれ家の工場《こうば》を継《つ》ぐそうだ。おやじさんに三十歳《さい》までは自由にさせてくれと頼《たの》んで、工場《こうば》も手伝いながら、エベレスト登頂《とうちょう》を目指している。

「かなえにはこの間、道で会ったぞ。あいつ、やっぱりきれいだな」

かなえは短期大学に進学して、たまにミヤのライブに来ていた。短大を卒業《そつぎょう》する時、「乾《けん》太《た》はパイロットの夢《ゆめ》はあきらめたんだよね？」と聞かれて、そんなこと覚《おぼ》えていたんだなと思った。「うん、そうだな」と答えたら、「じゃ、私《わたし》が空を飛《と》んじゃうわ！」とピースサイン。冗談《じょうだん》かと思っていたら、かなえは本当に航空会社《こうくうがいしゃ》に入り、キャビンアテンダントになって空を飛《と》んでいる。「かなえめ、やるな」と思いながら、ちょっとくやしい。

「しかしさ、みんなどんな仕事に就《つ》くかと思ってたけど、乾太《けんた》は意外だったよな」

へえ、ハルはそんなふうに思ったのか。

「そうか？　おれは意外《いがい》じゃなかったけどな」

剛《つよし》は「そうなるんじゃないかと思ってた」と言っていた。ぼくはこの春、ようやく志《こころざ》した仕事に就《つ》けた。

今の職業《しょくぎょう》を志《こころざ》そうと思ったきっかけ、それは大学三年生の時のできごとだった。

2

「すげえ吹雪《ふぶき》だな」

大学三年の一月、ぼくはテツと、山岳部《さんがくぶ》の部員四人と雪山合宿に来ていた。避難《ひなん》小屋の外は猛吹雪《もうふぶき》だった。悪天候《あくてんこう》に足止めされ、避難《ひなん》小屋に停滞《ていたい》して二日目、山に入って六日目だった。まだ食料《しょくりょう》も充分《じゅうぶん》にある。

「明日は晴れるぞー！　って山が言ってるよ」

テツは山岳部《さんがくぶ》が有名な大正大学進学を目指したけれど一般入試《いっぱんにゅうし》で落ちた。しばらくの間、めずらしくガックリと落ちこんで、一浪《いちろう》して山小屋でバイトすると言っていた。だけど、第二志望《しぼう》だった中徳《ちゅうとく》大学の理工学部に合格《ごうかく》したとたんに元気になって、またともに山に登ることになったんだ。

テツは機械工学科《きかいこうがくか》で自動車工学を学び、ぼくは森林科学科で自然科学《しぜんかがく》を学んでいる。野外での実習《じっしゅう》や研究活動も多くて、大学に入ってからはほとんど山か森に出かけている。

ぼくたちは大学ではますます山にのめり込《こ》んで、山行《さんこう》を重ねてきた。ＯＢのコーチや先輩《せんぱい》に雪山の技術《ぎじゅつ》やクライミング（岩登《いわのぼ》り）など、みっちり指導《しどう》してもらった。

テツは四年生が引退《いんたい》してから山岳部《さんがくぶ》の部長、リーダーになった。

乾惕《けんてき》が教えている一人歩きの意味と「至《いた》る」と「終わる」の実践《じっせん》の大切さは大学の山岳《さんがく》部《ぶ》に入って身にしみてわかった。高校では観崎《かんざき》先生、早坂《はやさか》先生に見守られていたけれど、大学山岳部《さんがくぶ》の山行《さんこう》のほとんどは学生だけで出かける。合宿で長い時は十日間も山にこもりっきりだった。先々を予測《よそく》して計画を立て、落ち度がないように万全に準備《じゅんび》、装備《そうび》して山行《さんこう》にのぞむ。それでも予期《よき》せぬことが起きて、危《あや》うい目には何度も遭《あ》った。

岩壁《いわかべ》を登っていて、落石《らくせき》に当たりそうになったこともある。上から大きな石が落ちてきて、ビュン！と、脇《わき》をかすめていった時は命があってよかったと思った。猛吹雪《もうふぶき》の中視界《しかい》ゼロ、真っ白なホワイトアウトになり、あわや遭難《そうなん》という体験《たいけん》もしながら、山で心身を鍛《きた》えた。

見えないものを観《み》る目も大切だ。危機《きき》を素早《すばや》く察《さっ》するためには、ちょっとした異変《いへん》から先行きを察《さっ》する観《み》る目を養《やしな》わないといけないと悟《さと》った。

今回の避難《ひなん》小屋での停滞《ていたい》は想定していたけれど、思ったより天候《てんこう》の回復《かいふく》が遅《おそ》かった。

翌朝《よくあさ》、まだ風は強いけれど空は晴れて、ようやく吹雪《ふぶき》はおさまった。

「あのパーティ（グループ）、どうしただろうな」

「下《お》りられたでしょうかね」

二年生の後輩《こうはい》がいぶかしげに言う。

昨日《きのう》、この避難《ひなん》小屋で宿泊《しゅくはく》していた四人のパーティが下山《げざん》していった。朝から吹雪《ふぶ》いていて、天候《てんこう》は大荒《おおあ》れになると予測《よそく》していた。テツをはじめ、みんなで残《のこ》るように引き留《と》めたんだ。四十代、五十代の人たちで、女性も一人いた。「明日は仕事があるから。学生はいいなあ」と、引き留《と》めるのを振《ふ》り切って出発していった。その後、猛吹雪《もうふぶき》になった。

「もしかしたら、どこかでビバークしたかもな」

テツも気にかけていた。ビバークは悪天候《あくてんこう》やケガなどで動けなくなった場合、緊急的《きんきゅうてき》に野営《やえい》することだ。ツェルト（簡易《かんい》テント）を張《は》るか、雪洞《せつどう》を掘《ほ》って、そこで過《す》ごす。

朝食を作っていたら小屋の扉《とびら》が開いて、あの四人のパーティの男性のうちの一人が入ってきた。「仲間《なかま》が動けなくなった。低体温症《ていたいおんしょう》かもしれない。助けてくれ」

そう言う男性の声も弱々《よわよわ》しかった。

「どこですか！」

ぼくたち六人は全員、同時に立ちあがった。低体温症《ていたいおんしょう》は、脳《のう》や心臓《しんぞう》、内臓《ないぞう》などの体温が下がって、そのままにしておくと凍死《とうし》してしまう。聞いたら避難《ひなん》小屋からそう遠くはない。そんなに近くにいたのか、と思った。

下山《げざん》をあきらめて避難《ひなん》小屋に引き返す途中《とちゅう》でかなり長い時間、道に迷《まよ》い、雪洞《せつどう》でビバークしたそうだ。あの吹雪《ふぶき》では道に迷《まよ》うのも無理《むり》はない。後輩《こうはい》の二人を小屋に残《のこ》して、テツとぼくともう一人の同い年の部員と後輩《こうはい》の四人で行くことにした。

雪洞《せつどう》に着くと、男性の一人がかなり衰弱《すいじゃく》した様子で横たわっていた。まずいな……テツと顔を見合わせた。持ってきた上着を着せてレスキューシートとツェルトにくるみ、お湯を沸《わ》かして簡易《かんい》ゆたんぽを作って、胸《むね》のあたりに置《お》いて体を温めた。低体温症《ていたいおんしょう》の対処《たいしょ》は習って知ってはいたけれど、実際《じっさい》に応急処置《おうきゅうしょち》をしたのははじめてだった。

「乾太《けんた》、救助《きゅうじょ》を呼《よ》ばないとだめだ」

ここでは電話が通じないから救助《きゅうじょ》の要請《ようせい》ができない。テツの目は、ぼくに「行ってくれ」と言っていた。テツはここにいて男性を見ているほうがいい。

「わかった。おれが下の小屋まで行ってくる」

急いで救助《きゅうじょ》を呼《よ》びに行かなければ死んでしまうかもしれない。すぐに二年生の後輩《こうはい》と二人で山を下って山小屋まで向かった。山小屋の管理人《かんりにん》さんは顔見知《かおみし》りだ。

「避難《ひなん》小屋の近くに遭難者《そうなんしゃ》がいます！　低体温症《ていたいおんしょう》だと思います。救助《きゅうじょ》をお願《ねが》いします」

山小屋に駆《か》けこんで、警察《けいさつ》に連絡《れんらく》してもらった。

「やっぱり避難《ひなん》小屋のほうにいたのか」

管理人《かんりにん》さんがつぶやいた。聞けば、山小屋にはすでに警察《けいさつ》から電話があったという。四人のパーティの家族から夕方に帰ると言っていたのに、家に帰ってこない、連絡《れんらく》もなく、電話をかけても通じないと警察《けいさつ》に捜索願《そうさくねが》いがあったそうだ。四人のパーティが前もって警《けい》察《さつ》に提出《ていしゅつ》していた登山届《とざんとどけ》の行程表《こうていひょう》をもとに山岳警備隊《さんがくけいびたい》が捜索《そうさく》をはじめていた。

まもなく山小屋に到着《とうちゃく》した山岳警備隊《さんがくけいびたい》の姿《すがた》を見た時は心底《しんそこ》ホッとした。

雪洞《せつどう》の場所を教えたけれど、まだ風が強くて救助《きゅうじょ》のヘリコプターが飛《と》べそうにないというので警備隊《けいびたい》と一緒《いっしょ》に雪洞《せつどう》へ向かった。

警備隊《けいびたい》の人たちの救助活動《きゅうじょかつどう》はテキパキとして動きに無駄《むだ》がなく、たのもしかった。隊員《たいいん》が「よくがんばった。これから運ぶからもう少しがんばって」と、男性に声をかけた。ぼくたちも男性を担架《たんか》に乗せる手伝いをした。

そのうちに風がおさまって、救助《きゅうじょ》ヘリが飛《と》んできた。遭難者《そうなんしゃ》の男性はあっという間にヘリで運ばれていった。

「ありがとうございました！　気をつけて！」

隊員《たいいん》はぼくたちに礼を言って、山を下《お》りていった。

後日、隊員《たいいん》の人から電話をもらった。遭難者《そうなんしゃ》は助かって、元気に退院《たいいん》したとわざわざ連《れん》絡《らく》をしてくれた。うれしそうな声でこっちもうれしくなった。日頃《ごろ》練習してきたことが役に立って、仲間《なかま》の部員と無事《ぶじ》を喜《よろこ》びあった。

3

大学に行っても易経《えききょう》の勉強は続《つづ》けていた。ゴロさんは前から「アルバイトは高校卒業《そつぎょう》まででいい。易経《えききょう》の勉強には来い」と言っていた。腰《こし》は治《なお》っても、さすがにゴロさんも歳《とし》をとった。ぼくがいなくて大丈夫《だいじょうぶ》かと聞いたら、「よそで働《はたら》け！」と一喝《いっかつ》された。それで、手が必要《ひつよう》な時だけ呼《よ》んでもらうことにした。

　ぼくが大学二年になった年からゴロさんの孫《まご》の泰蔵《たいぞう》が乾惕堂《けんてきどう》を手伝っている。泰蔵《たいぞう》は北海道に住んでいるゴロさんの息子《むすこ》さんの子どもで、東京の大学に進学して、ゴロさんの家に住むことになったんだ。

　大学ではいろいろなアルバイトをした。一番長くやったのは、先輩《せんぱい》に誘《さそ》われてはじめた大学山岳部《さんがくぶ》では定番のバイト、高層《こうそう》ビルの窓掃除《まどそうじ》だ。ゴンドラや、ロープだけでぶらさがって窓《まど》の外側《そとがわ》や外壁《がいへき》の掃除《そうじ》をするんだ。高所《こうしょ》での作業《さぎょう》は山行《さんこう》のトレーニングにもなって、バイト代ももらえる。こんなにいいバイトはないとテツもずっとやっていた。他校の山岳部《さんがくぶ》の友だちもできた。

　大学四年になって、ぼくは森林保全《ほぜん》の仕事に就《つ》きたいとは考えていた。だけど、自分の気持ちの中に「なにかが違《ちが》う」という違和感《いわかん》があったんだ。

　その年の五月の連休《れんきゅう》に、バイトで知り合った大正大学山岳部《さんがくぶ》のヨシノブが山で遭難《そうなん》して三日後に遺体《いたい》で発見された。一つ年下で明るくてやさしい、いいヤツだった。大きな悲しみの中、本当に自分がやりたいことはもう心の中で決まっていたんだと気づいた。

　それから、ぼくは警察官《けいさつかん》になって、山岳警備隊《さんがくけいびたい》に入ると決めた。山の自然《しぜん》はすばらしい魅力《みりょく》があるけれど、自然《しぜん》は険《けわ》しく厳《きび》しい。山の安全を守る仕事を志《こころざ》したいと思った。

大学三年生の時、間近で見た救助活動《きゅうじょかつどう》がずっと頭に残《のこ》っていた。高校のワンゲル部、大学の山岳部《さんがくぶ》で経験《けいけん》と技術《ぎじゅつ》、知識《ちしき》を積《つ》みかさねてきたと思っていたけれど、プロとはまったく違《ちが》うんだと思い知らされた。隊員《たいいん》の人たちの使命感《しめいかん》あふれる姿勢《しせい》にぼくは圧倒《あっとう》された。

はじめて両親に「山岳警備隊《さんがくけいびたい》の仕事に就《つ》きたい」と話した時、父さんは「考えなおせ」と反対した。野球をやめると言った時もそうだったけれど、反対されて、より深く考えて決心することができた。最後《さいご》は「わかった。しっかりがんばれよ」と言ってもらって、父さんには感謝《かんしゃ》している。それから、黙《だま》って見守ってくれた母さんにも。

美歩さんは最初《さいしょ》から「がんばって！ 応援《おうえん》する」と大賛成《だいさんせい》だった。じいちゃんは、「よく決心したな」とひとことだけ言った。

もちろん、ゴロさんにも報告《ほうこく》した。

「うむ、確乎不抜《かっこふばつ》の志《こころざし》を打ち立てたな。いい顔になった」

「はい、ようやく潜龍《せんりゅう》になれました」

ゴロさんの真剣《しんけん》なまなざしを見ていたら、小学校五年生の夏にゴロさんと知り合えてよかったと思った。

山岳警備隊《さんがくけいびたい》に入隊《にゅうたい》するためには、警察官《けいさつ》の試験《しけん》に合格《ごうかく》して警察学校《けいさつがっこう》で基礎《きそ》を学ぶ。はじめは警察署《けいさつしょ》に配属《はいぞく》されて交番勤務《こうばんきんむ》を経《へ》たあと山岳警備隊《さんがくけいびたい》を志望《しぼう》する。まだ道は遠く感じた。

でも、だれでも最初《さいしょ》は潜龍《せんりゅう》からはじまるんだ。

「いいか、乾惕《けんてき》が教えていることは一生、実践《じっせん》しろ」

「はい、もちろん継続《けいぞく》していきます。まだまだ乾惕《けんてき》の教えていることができていると思ってませんから」

「もし、おまえが将来《しょうらい》えらくなって飛龍《ひりゅう》のようになったとしても、気持ちは乾惕《けんてき》でいるんだぞ。これでよかったのか、これでよかったのかと、つねに自分を疑《うたが》え」

そうだな。そうすれば、驕《おご》らずに亢龍《こうりゅう》にならないでいけるだろう。

「反省《はんせい》を怠《おこた》らなければ、老《お》いぼれても気持ちは若《わか》くいられる。わしやおまえのじいさんのようにな」

ガッハッハ！　とゴロさんは豪快《ごうかい》に笑《わら》った。

4

山岳警備隊《さんがくけいびたい》に入りたいと思ってから、家族やまわりの人に話すまでは少し葛藤《かっとう》もあった。

勤務先《きんむさき》はやはり山岳地帯《さんがくちたい》のある地方になるから、家を出なくてはならない。美歩さんともなかなか会えなくなる。でも、美歩さんは「それは関係《かんけい》ないでしょ。会いに行くから大丈《だいじょう》夫《ぶ》」と笑《わら》った。

それから、家のことだ。長男が出てしまっていいのかどうか、と思った。坤太《こんた》にもそのことを話した。

「兄ちゃん、そんなこと心配しなくていいよ」

さらりと笑《わら》いながら言った。

坤太《こんた》も自分の道を見つけて進んでいる。でも、ひと騒動《そうどう》あったんだ。

高校を卒業《そつぎょう》する時、坤太《こんた》は大学には行かないで青空ベーカリーで働《はたら》くと言いだして、大《おお》騒《さわ》ぎになった。

坤太《こんた》はぼくがワンゲル部に入って、家でも料理《りょうり》するようになってから、動画《どうが》サイトを見て、料理《りょうり》をしはじめてケーキやパンまで作れるようになった。もともと好きだったんだろうな。家族が知らない間に、ぼくが乾惕堂《けんてきどう》に通うように、坤太《こんた》は青空ベーカリーに通っていたらしい。

父さんと母さんが高卒《こうそつ》では早いと引き留《と》めた。それに小児喘息《しょうにぜんそく》は治《なお》っていても、粉《こな》をあつかう仕事で大丈夫《だいじょうぶ》なのかと家族で心配した。

それでも坤太《こんた》の決心は固《かた》く、どうしてもパン職人《しょくにん》になりたいと言って製菓《せいか》学校に入った。今は青空ベーカリーの主人の田中《たなか》さんの紹介《しょうかい》でフランスに本店があるベーカリーで修《しゅ》業中《ぎょうちゅう》だ。田中さんは後継《あとつ》ぎもいないから、坤太《こんた》に青空ベーカリーを継《つ》いでくれとまで言ってくれている。

「おれはいずれ青空ベーカリーに勤《つと》めるんだからさ。家のことは心配しないで行けよ」

山岳警備隊《さんがくけいびたい》に配属《はいぞく》が決まった時も、坤太《こんた》はそう言った。

「まあ、坤太《こんた》に頼《たよ》るつもりはないけどな」

素直《すなお》に「じゃ、頼《たの》んだ」とは言えなかった。でも、今は精一杯《せいいっぱい》、任務《にんむ》をまっとうしようと思っている。

5

そして、ぼくはこの春から念願《ねんがん》の山岳警備隊《さんがくけいびたい》の一員になった。

「乾太《けんた》はくそまじめで裏切《うらぎ》らねえから、警察官《けいさつかん》は合ってるよな」

「ハハ！　くそがついたか。そういうミヤもじつはまじめだよな」

隊員《たいいん》はふだんは駐在所《ちゅうざいしょ》で警察官《けいさつかん》として勤務《きんむ》していて、救助《きゅうじょ》の要請《ようせい》が入ったら、ただちに出動する。つねに出動できる準備《じゅんび》と心構《こころがま》えをしている。

山岳警備隊《さんがくけいびたい》の任務《にんむ》は想像《そうぞう》していたよりも厳《きび》しい。歩荷訓練《ぼっかくんれん》でもいつも四十キロから五十キロを背負《しょ》って登る。人を背負《しょ》って救助《きゅうじょ》できなくてはならないからだ。遭難者《そうなんしゃ》の遺体《いたい》を見つけた時は、心配している家族のことを考えると胸《むね》が痛《いた》くなる。

こうして休日、久《ひさ》しぶりに地元の仲間《なかま》と会っていても、大きな事故《じこ》があって出動要請《しゅつどうようせい》が入ったらすぐに戻《もど》らなくてはならない。

「乾太《けんた》たちはいつ結婚《けっこん》するんだよ」

そう言うハルはアメリカ人の彼女《かのじょ》と来年結婚《けっこん》すると言っている。

「来年か再来年《さらいねん》でいいよねって言ってるの」

美歩さんがニコニコして答えた。美歩さんは看護師《かんごし》の仕事をがんばっている。ぼくは警《けい》察《さつ》の試験《しけん》に受かった時、山岳警備隊《さんがくけいびたい》に入ったら、結婚《けっこん》したいと言ったんだ。

そうしたら、看護師《かんごし》はどこへ行っても勤《つと》め先があるからついていくとすぐに返事をくれた。ミヤは「結婚《けっこん》してもさん付《づ》けで呼《よ》ぶのかよ」と言うけれど、ぼくはやっぱり美歩さんにはかなわないんだ。

家族にも美歩さんと結婚《けっこん》を考えていると話したら、じいちゃんは「美歩さんはしっかりしたいい娘《むすめ》さんだ。外では乾太《けんた》を立ててくれるだろうが、家では尻《しり》に敷《し》かれるな。易経的《えききょうてき》には嫁《よめ》さんに頭があがらないほうがいいんだぞ」と笑《わら》っていた。ゴロさんにはじめて紹介《しょうかい》した時も、まったく同じことを言われた。結婚《けっこん》したら間違《まちが》いなく尻《しり》に敷《し》かれるのは自分でもわかっている。だから、ぼくはいつまでも美歩さんと呼《よ》ぶつもりだ。

易経《えききょう》の勉強はもちろん、今も継続中《けいぞくちゅう》だ。休みの日に帰ってきた時は、かならず乾惕堂《けんてきどう》に行っている。ゴロさんとは最初《さいしょ》、メールでやりとりしていたけれど、ゴロさんはやっぱりメールは苦手らしく、最近《さいきん》は文通《ぶんつう》している。一つ質問《しつもん》をすると、いつも便箋《びんせん》十ページくらい、びっしり答えが返ってくる。それを読みながら、明日も「乾乾《けんけん》」と進まなければ！と思うんだ。

易経《えききょう》は人生の登山地図のようなものだと思う。ありとあらゆる道が記されていて、しっかり読んで学べば、困難《こんなん》なことがあっても道に迷《まよ》うことなく、かならず明るい尾根道《おねみち》に出られる。そして自分が今、どんな時に置《お》かれているのか、どこに向かって、なにをすべきなのかを見渡《みわた》せるようになるんだ。

その日の夜、ゴロさんとじいちゃんに酒を飲みに行こうと誘《さそ》われた。二人とも今年八十歳《さい》になるけれど、まだ現役《げんえき》で仕事をしている。そのパワーにはいつも驚《おどろ》かされる。

「乾太《けんた》、龍《りゅう》にあこがれるのはわかるが、牝馬《ひんば》の話をおろそかにするなよ」

ゴロさんは同じことをもう三回も言っている。こうなると酔《よ》ってきた証拠《しょうこ》なんだ。

「しかし、あの牝馬《ひんば》はきれいな馬だったな〜。額《ひたい》に白いひし形の模様《もよう》があってな」

じいちゃんも酔《よ》いが回ってきたみたいだ。

「ひし形じゃない。あんな昔のことを覚《おぼ》えてるわけがない！」

楽しくお酒を飲んでいたのに、二人は急に言い争《あらそ》いをはじめた。黙《だま》って聞いていたら、どうやら龍《りゅう》の国の牝馬《ひんば》、美中《びちゅう》の話らしいとわかった。もう少しでけんかになりそうだ。

「あのー、牝馬《ひんば》の額《ひたい》の模様《もよう》が易経《えききょう》となにか関係《かんけい》があるんですか？」

「ない！」

ゴロさんとじいちゃんは口を揃《そろ》えた。なんだ、関係《かんけい》ないのか。

「じゃ、どんな模様《もよう》だったんだ？　忘《わす》れたくせに」

またじいちゃんが挑発《ちょうはつ》しはじめた。やだなあ、本当に仲《なか》がいいとこうなっちゃうのかな。

「もう～二人とも、いい歳《とし》してやめてくださいよ！　ぼくは牝馬《ひんば》の話も毎日思い出しています。美中《びちゅう》のことも忘《わす》れていませんよ」

「おー、そうそう！　名前は美中《びちゅう》だった！」

また二人は口を揃《そろ》えて、今度はワハハハ！　と、肩《かた》をたたきあって笑《わら》いだした。

「それで、額《ひたい》にあるのはハート型です」

「え？　ハート型？」

ほろ酔《よ》いの赤い顔をしたじいさんたちは、きょとんとした。

龍《りゅう》の国に行ったことは今も三人だけの秘密《ひみつ》だ。

おわりに

「子どものための易経本《えききょうぼん》を出版《しゅっぱん》したい」と編集者《へんしゅうしゃ》に話したことがきっかけでスタートした『こどもと読む東洋哲学《とうようてつがく》　易経《えききょう》』の企画《きかく》。おかげさまで『陽《よう》の巻《まき》』『陰《いん》の巻《まき》』は、子どもだけでなく、多くの易経初心者《えききょうしょしんしゃ》にも読んでいただきました。難解《なんかい》な易経《えききょう》をどうすれば易《やさ》しく伝えられるかをつねに考えてきた研究家として、こうした本を出版《しゅっぱん》できたことをうれしく思っています。

そして今回は、青年期の乾太《けんた》たちを！　という読者のご要望《ようぼう》に応《こた》えて、続編《ぞくへん》として『青《せい》龍《りゅう》の巻《まき》』を出版《しゅっぱん》しました。言ってみれば自立編《じりつへん》です。

易経《えききょう》には六十四の物語がありますが、最初《さいしょ》の龍《りゅう》の話「乾為天《けんいてん》」は陽《よう》について、次の牝馬《ひんば》の話「坤為地《こんいち》」は陰《いん》について書かれています。数ある中国古典《こてん》のなかでも易経《えききょう》は東洋最古《さいこ》の帝王学《ていおうがく》で、昔から一番難解《なんかい》とされてきました。

おとなが読んでも難《むずか》しいのに、「子どもと読む易経《えききょう》？」と思われるかもしれません。が、易経《えききょう》はすべて「たとえ話」で、さまざまな時に為《な》すべきことの具体的《ぐたいてき》な教えが書かれています。なかでも龍《りゅう》の話は最《もっと》もわかりやすく思い描《えが》ける話なので、子どもも自分に当てはめて考えられます。ですから『陽《よう》の巻《まき》』では、龍《りゅう》の成長《せいちょう》に重ね合わせて乾太《けんた》が成長《せいちょう》していく様子を楽しんでいただけたと思います。

乾太《けんた》の自立編《じりつへん》である今回は、再《ふたた》び龍《りゅう》の話「乾為天《けんいてん》」に戻《もど》って、三段階《だんかい》目の「乾惕《けんてき》」をメインテーマにしました。

乾惕堂《けんてきどう》という名前を店につけたゴロさんが本書の中で語ります。

「一人歩きする段階《だんかい》だ。自分の頭で考えて、努力邁進《どりょくまいしん》と反省《はんせい》を繰《く》り返すんだ」

「失敗《しっぱい》やトラブルを起こさないことよりも、勇気《ゆうき》をもって前に進んで失敗《しっぱい》に学ぶことのほうが大切だ」

実は「乾惕《けんてき》」は三段階《だんかい》目の時だけでなく、その後もずっと、飛龍《ひりゅう》になっても、さらに一生を通じて継続《けいぞく》することが必要《ひつよう》で、「潜龍《せんりゅう》の志《こころざし》」に次ぐ重要《じゅうよう》な課題《かだい》なのです。

私《わたし》は折《おり》につけ「潜龍元年《せんりゅうがんねん》」と自分に言い聞かせてきました。「潜龍元年《せんりゅうがんねん》」は、易経《えききょう》の言葉ではなく、私《わたし》が若《わか》い頃《ころ》に作りました。どんな立場や地位《ちい》にあっても、いつも最初《さいしょ》の潜龍《せんりゅう》の志《こころざし》に立ち戻《もど》る。乾惕《けんてき》に通じる言葉です。

本書の共著者《きょうちょしゃ》である都築《つづき》佳《か》つ良《ら》さんは、編集協力者《へんしゅうきょうりょくしゃ》としての出会いから二十一年、書き手としての私のたのもしい後継者《こうけいしゃ》に育ちました。

乾太《けんた》の物語は本書が最終編《さいしゅうへん》です。「でもまたいつか、ゴロさんと龍之介《たつのすけ》さんの若《わか》い頃《ころ》の話を番外編《ばんがいへん》でやりませんか」と編集担当者《へんしゅうたんとうしゃ》の内田朋恵さん。彼女《かのじょ》は私《わたし》たちの良き理解者《りかいしゃ》で、一緒《いっしょ》に出した本は本書で五冊《さつ》目になります。この乾太《けんた》の成長《せいちょう》物語が、みなさんにずっと読み継《つ》がれて、いつか番外編《ばんがいへん》が出版《しゅっぱん》できれば易経《えききょう》研究家冥利《みょうり》に尽《つ》きます。

最後《さいご》に、いつもはげましてくださる全国のセミナーや各講座《かくこうざ》の受講生《じゅこうせい》のみなさん、応援《おうえん》や協力《きょうりょく》してくださる多くの方々、ご縁《えん》のあったすべての方々に感謝《かんしゃ》いたします。

『陽《よう》の巻《まき》』『陰《いん》の巻《まき》』にいただきましたご感想やご批評《ひひょう》にこの場を借《か》りてお礼を申し上げます。またご批評《ひひょう》、ご叱正《しっせい》をいただくことが出来ればとてもうれしく思います。

二〇一九年一一月

竹村亞希子

著者略歴

竹村亞希子（たけむら・あきこ）

易経研究家。東洋文化振興会相談役。1949年名古屋生まれ。

中国古典「易経」を、占いでなく古代の叡知の書としてわかりやすく紹介。全国の企業、官庁で講演やセミナーを開催している。易経全文を読むのに14～15年かけるNHK文化センター（名古屋）「現代に生きる『易経』入門」講座は、今年で23年目に入った。

主な著書に『人生に生かす易経』『「易経」一日一言』易経CDシリーズ『易経講座　竹村亞希子講演録（全５巻）』『易経講座２「逆境をいかに生きるか」（全５巻）』『易経講座３「陰の時代のリーダー像」（全５巻）』『易経講座４「伝統と革新・進化」（全５巻）』（全て致知出版社）、共著に『こどもと読む東洋哲学　易経　陽の巻　夢をもつってどういうこと？』『こどもと読む東洋哲学　易経　陰の巻　結果が出ないときはどうしたらいい？』（新泉社）、『こどものための易経』（致知出版社）、ほかに日経eブック『江守徹の朗読で楽しむ易経入門』シリーズでは声の解説者としてもおなじみ。

都築佳つ良（つづき・かつら）

フリーライター。1962年東京生まれ。

編集プロダクションにて広告、出版に携わり、のちにフリーに。宗教、思想哲学の分野に興味を持ち、1999年より易経研究家・竹村亞希子氏に師事。易経の奥深い教えに魅了され現在に至る。竹村亞希子氏著書『リーダーの易経――時の変化の道理を学ぶ』（PHPエディターズ）、『リーダーの易経――「兆し」を察知する力をきたえる』『超訳・易経――自分らしく生きるためのヒント』（共に角川SSC新書）にて、編集協力、ライティングを担当。共著に『こどもと読む東洋哲学　易経　陽の巻　夢をもつってどういうこと？』『こどもと読む東洋哲学　易経　陰の巻　結果が出ないときはどうしたらいい？』（新泉社）、『こどものための易経』（致知出版社）がある。

こどもと読む東洋哲学
易経《えききょう》　青龍《せいりゅう》の巻《まき》
自分の足で歩いていくってどういうこと？

2019年12月21日　第1版第1刷発行

著　者　　竹村亞希子　都築佳つ良
発行者　　株式会社　新泉社
東京都文京区本郷2-5-12
電　話 03（3815）1662
ＦＡＸ 03（3815）1422
印刷・製本　萩原印刷株式会社

ISBN 978-4-7877-1924-9　C0095